# 数字化时代的法治与智能

## 挑战与机遇

梅中伟 著

九州出版社
JIUZHOUPRESS

**图书在版编目（CIP）数据**

数字化时代的法治与智能：挑战与机遇 / 梅中伟著
. —北京：九州出版社，2023.10
　　ISBN 978-7-5225-2295-1

Ⅰ.①数… Ⅱ.①梅… Ⅲ.①法治－研究－中国
Ⅳ.①D920.4

中国国家版本馆CIP数据核字（2023）第195466号

**数字化时代的法治与智能：挑战与机遇**

作　　者　梅中伟　著
责任编辑　安　安
出版发行　九州出版社
地　　址　北京市西城区阜外大街甲35号（100037）
发行电话　（010）68992190/3/5/6
网　　址　www.jiuzhoupress.com
印　　刷　天津中印联印务有限公司
开　　本　710毫米×1000毫米　16开
印　　张　19.5
字　　数　249千字
版　　次　2023年10月第1版
印　　次　2023年10月第1次印刷
书　　号　ISBN 978-7-5225-2295-1
定　　价　78.00元

追上未来，抓住它的本质，把未来转变为现在。

——车尔尼雪夫斯基

在数字时代，我们需要重新思考和重新定义，什么是公平？什么是道德？什么是法律？

——蒂姆·伯纳斯-李（Tim Berners-Lee）

卢梭说："人是生而自由的，却无所不在枷锁之中。"显然，在人类文明的发展中，人们更加关注自由，但也深深忧虑毁掉自由的会是人类自身。在思考 AI 这个命题时，有一种感触油然而生，AI 正在打破传统的秩序规则，并且在为自由做新的注解。

下一个思考又紧随而来，数字化与人工智能又将在多大程度上影响我们的生活，乃至人类未来的命运？在感受生活无所不在的数字化应用的同时，我们注意到技术的加速蝶变，可能导致的指数级变革正在到来。那些记忆犹新的过往来不及回想似已成为久远的历史，数字时代早已超出想象地改变了这个世界。更不必说那些我们看不到的当代工业产业体系中智能机器以及人工智能的服务体系，在不停昼夜地为人类服务。

数字化时代与智能时代所引起的变革洪流正在加速推进，这场变革是始终向前，而非可撤退的，是必须面对的，而无法回避的。

宇宙万物皆为秩序所构成，不论是自然或人类，都遵循着自然秩序与理性秩序的调整与规制。而数字化与人工智能的兴起正在塑造新的秩序，同时也在打破以往的固有秩序格局。

如果你问人工智能何时打败人类，可以肯定地说，在众多方面如算力、知识储备、采集分析、逻辑演化等方面，人工智能早已远远超越了人类自身的能力，并且在工业化、信息化、智能化的时代展现了自身无与伦比的优势和无限广阔的前景。孙达尔·皮柴认为，"人工智能是我们人类正在从事的最为深刻的研究方向之一，甚至要比火与电还更加深刻"。①

对于法治时代的发展而言，人工智能的每一次进步都将对现有的法治环境形成重大影响，并且对已有法治体系形成挑战。这些挑战的应对反映了人类对于秩序本身一次又一次新的思考与定义，我被这个主题深深吸引，又被众多尚未明晰的困惑所烦扰。因此，我关注这类变化，并始终与时代共同感受并思考人类的这些重大命题。

本书是本人对数字化时代中法治智能问题的一些思考和研究的结晶，希望通过本书能够为读者们提供一个深入了解和思考数字化时代中法治智能的平台。在本书中，将对数字化时代中的法治智能问题从多个角度进行透析，旨在为读者提供一个全面的视角，以便更好地理解数字化时代对法治的挑战和机遇。

首先，介绍数字化时代的背景和数字思维的重要性。数字化时代的到来引发了人类社会的深刻变革，数字技术已经渗透到各个领域，数字思维成了解决问题和创新的关键能力。数字思维是一种利用数字化技术进行数据分析、解决问题和创新的思维方式。它不仅需要数学、统计学和计算机科学等领域的知识，还需要逻辑思维、创新精神和数据分析等多种能力。数字思维不仅是个人应对数字化时代挑战的必备能力，也是推动数字化社会发展的关键力量。

---

① 事实上，人工智能的发展同样开启了人类社会治理新模式的研究。《2022世界人工智能法治蓝皮书》指出随着人工智能技术的快速发展和人工智能法治理论研究的深入，运用法治思维、法治方法引领保障人工智能安全、可靠、可控、健康发展已成为法律界、科技界的共识。

其次，探讨数字化时代中的法治智能问题。在数字化时代，法治面临着许多新的难题和变革，这些困境需要我们重新思考法治的原则和机制，以适应数字化时代的需求。在本书中，还探讨了数字化时代的法治智能所面临的具体问题，例如，人工智能的自主性和责任问题、数字化隐私与数据保护的权衡、知识产权的数字化管理、数字化刑事司法的监管难题，以及数字化政府与治理的公正与效率之间的平衡等。同时，也探讨了数字化时代为法治带来的机遇，例如，人工智能在司法判决中的应用、数字化技术在法律服务和争端解决中的创新、数字化治理在社会管理中的优势，以及数字化时代推动人权和社会公平的可能路径等。

在探讨数字化时代中的法治智能问题时，本书还提供了一些解决方案和思路。我们可以通过建立合适的法律框架和政策来保护数据隐私，平衡人工智能的使用和监管，确保公平和公正。此外，还介绍了一些国内外典型案例和实践经验，为读者提供有益的借鉴和启示。

在未来，法治智能将继续面临新的挑战和机遇。我们需要不断更新法律和政策，保持法治的先进性和适应性。同时，国际间的合作也至关重要，我们需要形成全球共治的理念和机制，共同应对数字化时代中的法治智能挑战。

在数字化时代中，法治智能的发展不仅需要政府、企业和社会组织的积极参与，还需要普及和广大公众的参与。

教育是培养数字时代法治智能的重要途径。我们需要加强数字素养的教育，使公众能够理解数字化时代的法治挑战和机遇，并具备正确的法律意识和道德判断力。政府、学校和社会组织可以共同努力，制定并推广数字素养教育的课程，培养人们对数字技术的理解和运用能力。

此外，政府和相关机构应制定适应数字化时代的法律、法规和政策。这些法律、法规应具备灵活性和适应性，软法的研究也是个不错的方向，能够及时应对技术发展和社会变化带来的新挑战。政府还应加强监管和执法力度，确保数字化时代的法治环境健康和稳定。

同时，企业和科技公司也承担着重要责任。他们应积极推动数据隐私保护、透明度和公平原则，并主动采取措施防止滥用和不当使用个人数据。科技公司可以加强自身的道德和社会责任意识，开展内部监管和审查机制，确保其产品和服务符合法律法规和伦理标准。

社会组织和公众参与也是数字化时代法治智能发展的关键。社会组织可以组织研讨会、论坛和培训活动，推动公众参与数字化时代的法治讨论和决策。公众可以通过参与公共事务、提出意见和监督行为，促进数字化时代的法治智能发展和应用。

总之，数字化时代的法治智能问题是一个复杂而重要的议题。只有政府、企业、社会组织和公众共同努力，才能够建立一个公正、透明和可信赖的数字化时代法治环境。我相信通过不懈的努力和合作，我们能够应对挑战，实现数字化时代的法治智能发展。

在本书撰写过程中，力求简明易懂，用通俗易懂的语言让读者轻松掌握数字化时代涉及的法治中的基本问题和主要特征。希望本书能够成为广大读者了解数字化时代中法治智能的有益工具，帮助读者更好地应对数字化时代的挑战和机遇。囿于本人知识的褊狭及能力的有限，许多问题谈得不够严谨与深刻，甚至可能存在错漏之处，在此诚恳地接受意见与建议，以期在未来的交流中予以完善提高。

最后，感谢所有对本书的撰写和出版提供帮助和支持的亲友、专家。他们的支持是本书得以出版的关键因素。还要特别感谢那些为数字化时代的法治智能做出贡献的从业人员。正是他们的努力和智慧，为数字化时代中的法治智能开创了新的局面。

再次感谢各位读者的支持和关注！

愿法治智能引领我们走向更加公正、公平和可持续的数字化未来！

**目 录**

CONTENTS

# 第六章 | 数字化时代的法治创新 / 197

我们不得不面对的最大难题，并非来自人类大脑是否属于机器的哲学问题。毫无疑问，大脑就是机器，而且是包含大量严格遵循物理定律的零件的机器。众所周知，我们的思想仅仅是一系列复杂处理过程的产物。而最重要的问题是，我们对这样一台复杂的机器并不够了解。因此，我们还没有做好应对这台机器的准备。

# 第七章 | 数字化时代的法治机遇 / 217

我相信人工智能将改变人类的未来，但必须牢记，人工智能是为了服务人类，而不是取代人类。

# 第八章 | 数字软法的发展与未来 / 233

未来你的同事将是机器人，你的朋友将是机器人，也许你的恋人也将是机器人，亲眼看着你离开这个世界的朋友也将是机器人。世界各地的多家医院也已采用机器照顾病危病人。那么，你不再与人交往后，人性会发生什么变化？

所有的理论都是灰色的，而宝贵的生命之树常青。

> 技术日新月异，人类生活方式正在快速转变，
> 这一切给人类历史带来了一系列不可思议的奇点。
> 我们曾经熟悉的一切，都开始变得陌生。
>
> ——约翰·冯·诺依曼[①]

## 第一章

# 引 言

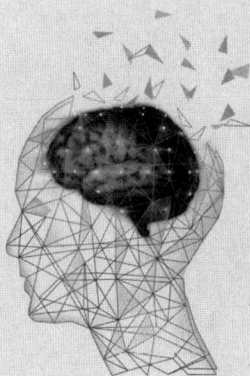

① 约翰·冯·诺依曼（John von Neumann，1903年12月28日—1957年2月8日），美籍匈牙利数学家、计算机科学家、物理学家，是20世纪最重要的数学家之一。1958年在技术快速发展的背景下，他首先提出"奇异性"一词。

在数字化时代，法律不仅仅是对行为的规范，更是对数据的管辖。

——迈克尔·波特①

## 一、数字化和智能化对社会、经济和法律产生的影响

数字化和智能化对社会、经济和法律产生了深远的影响，从多个方面体现了其挑战和机遇，那么这些机遇和挑战将会如何改变这个世界，改变人们日常的生活习惯呢？如果你还没有对此类问题做过深度考察，那么不妨先听听一些权威人士所表达的观点。

雷·库兹韦尔（Ray Kurzweil），著名的工程师、发明家和未来学家，被认为是智能时代的先驱之一。他认为，随着科技的发展，未来的智能时代将会带来无限的可能性，包括人工智能的超越人类智能和生物技术的巨大进步，从而使人类能够实现永生和超级智慧。②

① 迈克尔·波特（Michael E.Porter，1947—），哈佛商学院大学教授。他在世界管理思想界可谓是"活着的传奇"，是当今全球第一战略权威，是商业管理界公认的"竞争战略之父"，在2005年世界管理思想家50强排行榜上，位居第一。

② "人工智能预测蛋白质结构"被评为2021年度最重要的发现，Science更是将其列为"2021年十大科学突破进展"之首。困扰人类50年的蛋白质折叠问题得以解决。

**延伸阅读**

雷·库兹韦尔（Ray Kurzweil）于1948年2月12日出生在美国纽约。

他在音乐合成器和光学字符识别等领域拥有重要发明和创新。其早期发明包括第一个商业化光学字符识别设备，该技术在文字扫描和OCR（光学字符识别）应用中得到广泛应用。他还发明了一系列电子键盘乐器，并为电子音乐的发展做出了贡献。

在未来学和人工智能领域的研究和预测也使他成为知名人物。他提出了"技术奇点"（Technological Singularity）的概念，认为在未来人工智能和其他技术的进步将引发一系列剧变，超越人类智能的发展将会变为指数级增长。他预测了许多技术发展的趋势，包括生物技术、纳米技术和人工智能等领域。

除了科学和发明，雷·库兹韦尔还是一位畅销书作家，他的著作包括《奇点临近》（The Singularity Is Near）和《人类的未来》（The Age of Spiritual Machines）。这些书籍探讨了技术发展对人类社会和人类本身的影响，并引起了广泛的讨论和反思。

雷·库兹韦尔因其对人工智能、未来学和技术发展的研究和贡献获得了众多荣誉和奖项，被认为是一位具有深远影响力的思想家和创新者，在推动科技进步和思考未来的方向上发挥着重要作用。

实现永生是人类历史上的一个古老梦想。在未来的智能时代，随着生物技术的进步和人工智能的发展，追寻梦想的热情两次被点燃。实现永生的理论逻辑基于以下两个假设：

一是我们可以通过生物技术的进步和人工智能的发展来修复或替换我们身体中损坏或老化的器官和组织。这将使我们的身体细胞得以不断更新和修复，从而延长人类的寿命。

二是我们可以使用人工智能来实现大规模的数据分析和预测，以便我们更好地理解自己的身体和大脑是如何运作的。这将有助于我们创造新的技术和治疗方法，从而进一步延长寿命。

目前，实现永生仍只限于文学艺术作品，但有些生物和医学技术的进步正在延长人类的寿命。例如，有研究显示干细胞可通过转化为不同的细胞类型来修复受损的组织。此外，医学研究正在寻找能够延长寿命的基因和药物。虽然这些技术仍处于实验室阶段，但它们的发展为实现人类寿命的延长打下了基础。

当然，实现这一点还需要解决许多技术和伦理层面问题。如我们需要创造能够更好地理解人类身体和大脑的工具和技术；需要开发出能够替代或修复人类身体组织的生物技术；需要寻找能够延长寿命的基因和药物，并确定它们对人体的影响；需要考虑永生是否会导致社会和人类文明的长期稳定性和可持续性等。

**延伸阅读**

关于人类永生话题的讨论中，有一本被广泛认为是最具意义的作品，那就是英国作家阿道司·赫胥黎（Aldous Huxley）的小说《美丽新世界》（*Brave New World*）。

小说于1932年出版，讲述在未来社会，人类通过基因工程和药物控制实现了长寿和社会稳定，但也为此付出了个体自由和真实情感的代价。赫胥黎在小说中探讨了一系列问题，如个人自由与社会控制的对立、幸福与真实经历的关系以及人类追求永生是否值得等。他通过刻画小说中的角色和社会制度，揭示了现代科技可能带来的后果和人类作为有限生命体的困境。

> 《美丽新世界》的影响力广泛，挑战了传统观念，引发了关于科技进步、个体权利和人类存在意义的深入讨论。这本小说为读者提供了反思现代社会中追求永生的动机和后果的机会，并促使人们思考永生的伦理和道德边界。[①]

马克·安德森（Marc Andreessen），著名的风险投资家和软件工程师，认为数字时代将彻底改变传统产业和经济模式。早在 2011 年，他就提出"软件吞噬世界"的观点，认为软件将渗透到各行各业，重新定义产业边界，从而催生新的商业模式和机会。

在数字时代，数字化镜像和融合世界的观点，受到越来越多地关注，数字化镜像是指将现实世界中的物体、场景、人物等通过数字化技术进行复制和呈现，形成一个数字化的镜像世界。数字化镜像可以包括虚拟现实、增强现实、数字孪生等技术。通过数字化镜像，我们可以在虚拟世界中进行各种操作和体验，这种数字化体验可以扩展我们对现实世界的认知和理解。

数字世界观融合世界观点本质上是指，将数字化技术与现实世界相融合，使得数字化的体验和现实世界的体验可以相互渗透和交错。数字化技术可以扩展现实世界的边界，为我们提供更多的可能性和体验，同时也可以让我们更深入地了解现实世界的本质。数字世界观融合世界观点可以应用于多个领域，比如，游戏、娱乐、教育、医疗等。

在游戏领域，数字化镜像可以带来更加逼真的游戏体验，同时也可以让游戏和现实世界相融合。比如，通过增强现实技术将游戏中的角色呈现

---

[①] 技术上实现永生对许多人来说似乎是一种神话般的期待，但这仍然是一个十分有争议的话题。许多哲学家及学者坚决反对实现永生，在大卫·埃德蒙兹的著作《未来道德》中就表达了这样的观点，人类对于身边的一切事物都建立在人类知道自己的人生是有限的基础之上，这让我们珍惜所拥有的东西，并给予我们的行动赋予意义。众多学者认为，人类实现永生将使人类失去创新前进的根本动力。

在现实世界中。在教育领域，数字化镜像可以让学生更加深入地了解各种概念和现象，同时也可以让教育和现实世界相融合。比如，通过虚拟实验室让学生进行实验。总之，数字化镜像和融合世界的观点可以为我们带来更加广阔和丰富的体验和可能性，同时也可以让我们更加深入地了解和探索现实世界的本质。对于这样一个世界，你又是如何思考的呢？实际上，人类生活正在脱离传统，一定意义上，数字化生活已充分融入人们的日常生活，或者可以说，人类的未来生活是数字生活也是现实生活。[①]

## 延伸阅读

"软件吞噬世界"的表达源自著名风险投资家马克·安德森在2011年发表的一篇文章。他在文章中提出，软件在各个行业中的快速发展和广泛应用将会彻底改变世界，类似于食物链中的大鱼吞噬小鱼一样，软件将会吞噬传统行业，并成为推动全球经济和社会变革的力量。

这个观点的核心是认识到软件在现代社会中的重要性和影响力。随着计算机和互联网的普及，软件成为各个行业中的关键驱动力，不仅仅是在信息技术领域，而是渗透到金融、零售、医疗、交通、制造等各个领域。

---

① 在龙典所著的《数字化引擎——企业数字化转型落地行动指南》中非常形象地举出了京东智慧养猪场的例子，文中提到"在京东智慧养猪场的一场发布会上，京东数字科技给我们画了一张蓝图：在智慧养猪'部署'一年之内，可以使养殖人工成本减少30%~50%，养猪所用的饲料减少8%~10%，每头猪的平均出栏时间缩短5~8天。按照中国每年出栏7亿头生猪来计算，利用京东农牧智能养殖解决方案，中国养殖业的成本每年至少能下降500亿元。"这也从另一层面传递出数字化真正打破传统企业的边界，将实现产业界的跨界融合。

软件的快速发展和广泛应用带来了许多变革和机会，使得许多传统行业的运作方式发生了根本性改变。例如，通过软件和互联网，人们可以在线购物、在线支付、在线交流等，传统零售业正在面临巨大的挑战；在线教育和远程医疗的出现改变了传统的学习和医疗模式；共享经济平台通过软件连接供需双方，改变了传统的交通和住宿方式。

同时，软件也催生了许多新兴产业和创新的商业模式。互联网公司、移动应用、人工智能、区块链等技术和服务正在不断涌现，推动了经济的增长和社会的进步。

克劳德·香农（Claude Shannon），信息论的创始人之一，用实际行动验证了数字无限扩展信息传递和处理的能力，从而带来了信息爆炸的时代。香农在证明中指出，数字代码可以代表任何类型的信息。因此，所有信息都可以数字化。数字化的信息可以经过压缩后传输，从而大大减少传输时间和成本。最具革命性的是，他演示了二进制代码可以使数字化的信息从A地准确无误地传递到B地。这就是我们今天在互联网上读到的所有信息，不管是文字、图片、音频还是视频，都是用0/1二进制编码并传输的。他的理论奠定了数字通信和信息处理的基础，为现代数字时代的快速发展铺平了道路。

在人工智能取得重大进步的今天，人工智能与数字化两者紧密联系，可以理解成是香农信息理论在现实世界更深一层的展现。人工智能和数字化时代是相辅相成的，二者之间存在着密切联系和相互影响。人工智能可以为数字化时代带来更加智能化、高效化、个性化的服务和应用，同时，数字化时代也为人工智能的发展提供了更加广阔丰富的数据和场景。具体来说，人工智能与数字化时代的融合主要体现在以下几个方面。

第一，数据挖掘和分析。数字化时代产生了海量数据，而人工智能可以通过数据挖掘和分析技术，将这些数据转化为有价值的信息和知识。这种数据分析技术可以应用于各个领域。比如，金融、医疗、营销等，为企业和组织提供更加精准的决策支持。

第二，自然语言处理和智能对话。数字化时代中，人们通过语音和文字进行沟通和交流，而人工智能可以通过自然语言处理和智能对话技术，实现人机交互和智能客服。这种技术可以为用户提供更加便捷、高效、个性化的服务，也可以为企业和组织节省人力和成本。

第三，智能物联网。数字化时代，万物互联成为现实，而人工智能可以通过智能物联网技术，实现设备之间的智能连接和数据共享。这种技术可以为智能家居、智能城市等领域提供更加便捷、智能化的服务，同时也可以为制造业、物流等行业提供更加高效、智能化的管理和控制。

第四，人工智能创新应用。数字化时代为人工智能的发展提供了更加广阔丰富的场景和需求，人工智能也可以为数字化时代带来更多的创新应用。比如，基于人工智能的虚拟现实技术、智能交通系统、智能医疗系统等，都可以为人们的生活和工作带来更多的便利和创新。

## 延伸阅读

克劳德·香农（Claude Shannon），于 1916 年 4 月 30 日出生于美国密歇根州，2001 年 2 月 24 日去世，是 20 世纪最重要的数学家和电信工程师之一。

他在 1948 年发表的论文《通信的数学理论》（*A Mathematical Theory of Communication*）奠定了信息论的基础，论文提出信息熵的概念，这是衡量信息中的不确定性的度量。

此外，他还在布尔逻辑、数字电路、编码理论和密码学等领域做出了重要贡献。发明了"布尔代数电路"，这是现代计算机和电子设备中使用的基本逻辑元素。

二战期间，他还为贝尔实验室工作，为美军开发了密码系统。他的工作对于密码学的发展和信息安全的保护具有重要意义。

克劳德·香农以创新思维、精确性和对信息科学的开创性贡献而闻名于世，被誉为"数字时代的爱因斯坦"和"信息时代的哲学家"，对现代科技的发展产生了深远的影响。

蒂姆·伯纳斯－李（Tim Berners-Lee），万维网的发明人，认为数字时代和智能时代将通过互联网和万维网实现全球范围内的信息共享和协作。他强调了信息的开放性和无障碍性，认为数字时代将促进人类之间的联系和合作，从而带来社会和经济的全球化。

信息的开放性指的是信息应该公开、透明、可访问，而不是由少数人或特定群体垄断或掌握。这种开放性可以通过将信息发布在公共领域、开放式数据库或互联网上来实现，以便任何人都可以查看和使用。信息的无障碍性指的是任何人都可以获得和使用信息，而不受到任何不必要的障碍或限制。这种无障碍性可以通过确保信息以多种形式、多种语言、多种格式和多种技术途径进行访问，以满足各种人群的需求。例如，使用辅助技术的残障人士、语言障碍者、老年人和非母语人士等。

又如，开放式教育资源（OER）是一种可以免费使用和分享的教育资源，如在线课程、数字图书馆和学习工具。这些资源的开放性和无障碍性非常重要，它们可以帮助人们获得高质量的教育资源，从而提高自己的知识水平和技能。此外，这些资源还可以促进教育的公平性和包容性，因为任何人都可以免费获得它们，不受地理位置、经济状况或其他不利因素的限制。例如，国家开放大学、Coursera、Khan Academy 和 edX 等在线学习平台都提供了大量开放式教育资源，其中一些还为残障人士提供了可访问的版本，以确保信息的无障碍性。

在数字化时代，信息的开放性和无障碍性已成为重要的社会价值，促进了信息的共享、交流和利用，增强了社会的包容性和可持续发展。

## 延伸阅读

1989 年，蒂姆·伯纳斯－李在 CERN（欧洲核子研究组织）工作期间提出一个基于互联网的信息管理系统的构思，后来成为万维网的基础。他设计了一种用于浏览、访问和共享文档的系统，引入超文本和超链接的概念，使得文档能够通过互联网进行跳转和关联，实现了信息的全球共享。

为了实现自己的构想，他发明了用于创建和浏览网页的标记语言（HTML）和通信协议（HTTP）；还创建了第一个网页浏览器和网页服务器，并在 1990 年首次将其发布供公众使用。这个突破性的发明和开创性的设计使得万维网迅速发展成为全球范围内信息传播和交流的基础架构，对人类社会产生了深远的影响。

伯纳斯－李一直致力于推动万维网的开放和公平发展。他成立了万维网基金会（World Wide Web Foundation）和万维网联盟（World Wide Web Consortium，简称 W3C），致力于制定万维网的标准和推动其在全球范围内的发展。他还提出了开放数据、网络中立性和隐私保护等重要原则，倡导万维网成为一个开放、包容和互惠的平台。

伯纳斯－李的贡献被广泛认可和赞赏。他因对互联网的发展做出的杰出贡献，获得了许多荣誉和奖项，包括图灵奖（ACM A.M. 图灵奖）和诺贝尔和平奖的提名。

里德·霍夫曼（Reid Hoffman），是人工智能领域的权威人士，他认为智能时代将带来人工智能技术的广泛应用和普及，从而在医疗、交通、能源等领域带来革命性的变革。他关注人工智能对社会和经济的影响，包括自动化对就业市场的影响、人工智能伦理和安全等问题。例如，自动驾驶技术可能带来 AI 技术在交通运输领域的一项革命性变革。自动驾驶技术可以通过使用传感器和算法来帮助汽车、卡车和公共交通工具自主驾驶，从而减少人为操作的错误和事故发生率。自动驾驶技术还可以提高交通效率和减少空气污染，为交通系统带来重大的变革。根据美国国家公路交通安全管理局（NHTSA）的一项研究，自动驾驶技术有望减少90%以上的交通事故，这些事故中的94%是由人为错误导致的。自动驾驶技术可以提高交通效率，节省时间和成本。

人工智能技术在医疗领域的应用也具有颠覆性的变革。AI 技术可以帮助医生更准确地诊断疾病和制定治疗方案，从而提高医疗质量和效率。例如，AI 技术可以通过对大量医疗图像和数据进行分析，帮助医生快速诊断和治疗疾病，还可以帮助预测疾病的风险和预防措施。有研究显示，AI 技术在诊断乳腺癌方面的准确度已经达到 96％，比一些经验丰富的医生还要高。AI 技术可以提高医疗效率，节省时间和成本。根据 IBM Watson Health[1] 的研究，AI 技术可以将癌症患者的治疗时间从平均 19 天缩短至 4

---

[1] IBM Watson Health是IBM旗下的一个部门，专注于应用人工智能和认知计算技术来改善医疗保健行业。它的目标是利用先进的分析工具和大数据分析来提高医疗保健的质量和效率，从而改善患者的护理和治疗结果。IBM Watson Health利用IBM的人工智能系统Watson，结合医学知识和大量的医疗数据，进行数据分析、自然语言处理、机器学习和模式识别等技术，以提供个性化的医疗建议和决策支持。它可以帮助医生和医疗保健专业人员更好地理解患者的病情，提供更准确的诊断和治疗方案，并帮助医疗保健机构进行更有效的数据管理和健康信息交流。

天。另外，马来西亚等国通过与 Qure.ai① 合作，使用人工智能来分析 X 光片是否显示潜在早期肺癌风险。该项目将人工智能技术无缝融合至现有的结核病筛查项目中，以快速并大规模地提高早期肺癌的检测率。

在客户服务和销售领域，AI 技术改变了客户服务和销售领域的方式。例如，自然语言处理技术和聊天机器人可以帮助公司自动回答客户的问题，从而提高客户满意度和效率。AI 技术还可以通过分析大数据来识别客户需求和购买模式，从而帮助企业制定更有效地销售和市场营销策略。有研究显示，使用聊天机器人和自然语言处理技术的企业可以将客户支持成本降低 30% ~ 70%，从而提高客户满意度。AI 技术可以通过分析大数据来识别客户需求和购买模式，进而帮助企业制定更有效地销售和市场营销策略。例如，亚马逊公司使用 AI 技术来预测客户的购买意愿和偏好，从而提高其销售额。

以上事例说明人工智能技术带来的颠覆性变革的具体效果和潜力，同时也表明这些变革的巨大效应正在显现。

从上述观点，我们不难看出，作为站在数字化或者人工智能风口浪尖的专业人士，对于数字和智能化的未来充满信心，并坚信其对于人类社会的发展将引发巨大甚至是颠覆性的变革，这些变革不仅体现在经济秩序、社交关系、生活方式等方面，甚至会影响到人类自身的生物属性。这些观点极具诱惑性，也极大激发了人们对于技术变革所塑造的全新人类未来的渴望。

大量例证说明，数字化、智能化的时代已经对人类世界产生了持续的、巨大的影响，不论你支持还是抗拒，期待或是忧虑，它已经成为一股无法

---

① Qure.ai是一家总部位于印度的医疗人工智能公司，专注于开发和应用人工智能技术来改善医疗影像诊断和分析。他们的使命是利用AI技术解决全球医疗保健中的关键问题，改善患者的健康护理。

拒绝的时代浪潮汹涌而至。对于人类而言，这似乎是一次邂逅，又像一场无法逃脱的宿命。无论如何，人类必须抱着全面接受的心态去认知它、适应它、创造它，这就是未来数字化和智能化的人类文明前景。下面，我们从多个角度对技术革命带来的影响进行分析和阐述，以便从总体上对技术革命影响下的现实生活有一个概括性的了解。这里主要涉及社会影响、经济影响、法治影响等多个层面和角度。

**（一）广泛而深刻的社会影响**

首先，最直观的感觉是数字化和智能化改变了人们的生活方式、社交方式和价值观念，数字化"大爆炸"时代来临。例如，社交媒体的普及和数字化社交平台的快速发展，使得人们在社交互动中更加依赖数字技术，但这也对传统社会规范和社会价值形成了挑战。

Strategy Analytics 发布报告称，截至 2021 年 6 月，全球一半人口都拥有了一部智能手机，预计到 2030 年全球将有 50 亿人使用智能手机。

2021 年 4 月，美国市场调研公司电子营销家（eMarketer）发布的一份报告显示，美国人每天平均使用移动设备的时间已经达到 3 小时 58 分钟。2021 年 2 月，英国通信管理局（Ofcom）发布的一份报告显示，英国人平均每天使用手机的时间为 3 小时 37 分钟，其中 16~24 岁的年轻人平均每天使用手机的时间更长，达到 4 小时 24 分钟。根据中国互联网络信息中心（CNNIC）数据显示，截至 2022 年 6 月，中国手机用户规模为 10.47 亿，较 2022 年 12 月新增手机用户 1785 万人，使用手机上网用户的比例达到 99.6%。据《2022 年移动状态报告》显示，中国人平均每天用手机时长超过 5 小时。这些数据表明，手机的使用时间确实越来越长，手机已经成为人们日常生活中不可或缺的一部分。

维克托·迈尔－舍恩伯格（Viktor Mayer-Schönberger）是十余年潜心

研究数据科学的技术权威，他认为数字化带来了数据的海量和高速流动，从而对个人隐私、数据安全和知识产权等产生了深远的影响。他强调数字化时代需要重新思考数据管理和隐私保护的方式。

事实上，2012年1月25日，欧洲议会和理事会就发布了《关于涉及个人数据处理的个人保护以及此类数据自由流动的第2012/72、73号草案》，该文件涉及个人数据的处理、个人保护以及此类数据自由流动。文件首次提出数据主体应享有"遗忘权"。这意味着数据主体有权要求数据控制者永久删除与其相关的个人数据，并可以被互联网遗忘，除非数据保留具有合法的理由。[①]

2014年，西班牙男子冈萨雷斯起诉谷歌（Google），要求删除搜索结果中指向他住房被收回的文章的链接。"冈萨雷斯诉谷歌案"使"被遗忘权"成为数字网络时代著名事件。欧洲法院支持了该男子的主张，要求谷歌删除相关搜索结果。谷歌宣布开始执行欧盟最高法院的裁决，允许用户从搜索引擎结果页面中删除自己的名字或相关历史事件，即"被遗忘的权利"。谷歌表示，工程师们加班加点对技术架构进行了调整，对于用户请求删除的内容进行了评估，并已通过电子邮件通知了用户。谷歌处理了部分用户请求，必须指定删除的链接和理由，并让谷歌内部审查小组满意。对于通过审核的请求，谷歌将在欧盟成员国的谷歌网站搜索结果中删除相关链接。

---

[①] 从另一个角度看，笔者认为在数字化时代，采取主动的技术性手段才是解决网络隐私权侵权问题的关键。李修全在著作《智能化变革——人工智能技术进化与价值创造》也表达了同样的观点。他认为"发展可信赖的智能技术是推进智能化的必由之路，应从技术源头入手，研发保护个体隐私的可信赖的智能系统。个体隐私可以通过信息加密、去身份化等技术手段进行数据脱敏，也可以通过模型训练的方式，将所需要的规律性、知识性信息进行抽取建模，屏蔽细节数据，从而有效回避对体隐私的侵犯"。在数字化时代，隐私权侵权问题往往存在难认定、范围广、情况复杂难追责等问题，应从技术手段进行规避，也应作为防范侵权行为的前置要件进行规范。

该案凸显了言论自由支持者与隐私保护支持者在网络空间中的意见不一，以及技术挑战和额外成本的可能性。欧盟法院表示，人们的隐私权重于公众的兴趣。这次个人与平台的交锋以冈萨雷斯的胜诉收场，但案件本身所引起的思考却一直在继续，深层次反映了人们对于网络隐私权的普遍担忧。

2015 年，美国加州通过了"橡皮擦"法律，要求科技公司根据用户的要求删除涉及个人隐私的信息，避免可能会引发相关诉讼。

## 延伸阅读

关于公众对个人隐私和数据安全的担忧，许多研究和调查已经得出了一些结论：

根据皮尤研究中心（Pew Research Center）的一项调查，美国公民对个人数据隐私和信息安全的担忧非常普遍。该调查中，90% 的受访者表示非常担心个人数据被企业滥用，88% 的受访者表示非常担心个人数据被政府滥用。

爱德曼是一家美国公共关系和市场咨询公司，成立于 1952 年。自从2000 年，爱德曼每年发布全球信任晴雨表（Edelman Trust Barometer）。通过调查问卷的形式，评估全球政府、企业、非政府组织 NGO，以及媒体的信任度。其最新的报告指出，全球范围内，个人数据隐私和信息安全是公众最关心的问题之一。

欧洲委员会进行的欧洲晴雨表（Eurobarometer）调查显示，欧洲公众对个人数据隐私和保护的担忧日益增加。调查发现，80% 的受访者认为个人数据的保护至关重要，77% 的受访者担心个人数据被不当使用。

这些调查结果表明，公众对个人隐私和数据安全的担忧在全球范围内普遍存在。虽然具体数字有所不同，但数据隐私和信息安全仍是当今数字化时代的重要议题，并引起了广泛的关注和讨论。

诺贝尔经济学奖获得者约瑟夫·斯蒂格利茨（Joseph Stiglitz），认为数字化和智能化可能加剧社会的不平等现象。他指出，数字化和智能化技术可能导致劳动力市场的变革，从而对低技能工作产生负面影响，加剧社会中的收入差距和社会分化。

2022 年 10 月 13 日，国际机器人联合会在法兰克福发布新的全球机器人报告显示，2021 年，全球工业机器人新增装机量达 517385 台，堪称巅峰之年，同比增长 31%，超过新冠肺炎疫情前的 2018 年，增加幅度为 22%。截至目前，全球在役机器人存量达到 350 万台，创历史新高。

据国际机器人联盟（IFR）《2022 年世界机器人 – 服务机器人》报告显示，2021 年全球专业服务机器人的销售额增长了 37%。按地区分，增长最强劲的是欧洲，占据了 38% 的市场份额；其次是北美，为 32%；最后是亚洲，为 30%。2021 年，全球新安装的机器人数量达到创纪录的 51.7 万台，表明世界各国现在都在大力投资自动化，以在经济中保持竞争力。报告显示，制造业的平均机器人密度为每万名员工 141 台机器人。这代表每 71 名员工拥有 1 个机器人。

机器人的采用也因市场而异。2022 年，机器人密度排名前 5 位的市场是：

韩国（每万名员工 766 台）、新加坡（每万名员工 556 台）、日本（每万名员工 507 台）、德国（每万名员工 364 台）、中国（每万名员工 153 台）。也就是说，在韩国现在每 13 个人类工人中就有 1 个机器人，而在中国每 65 个人类工人中就有 1 个机器人，并且这种增长的趋势还在继续。

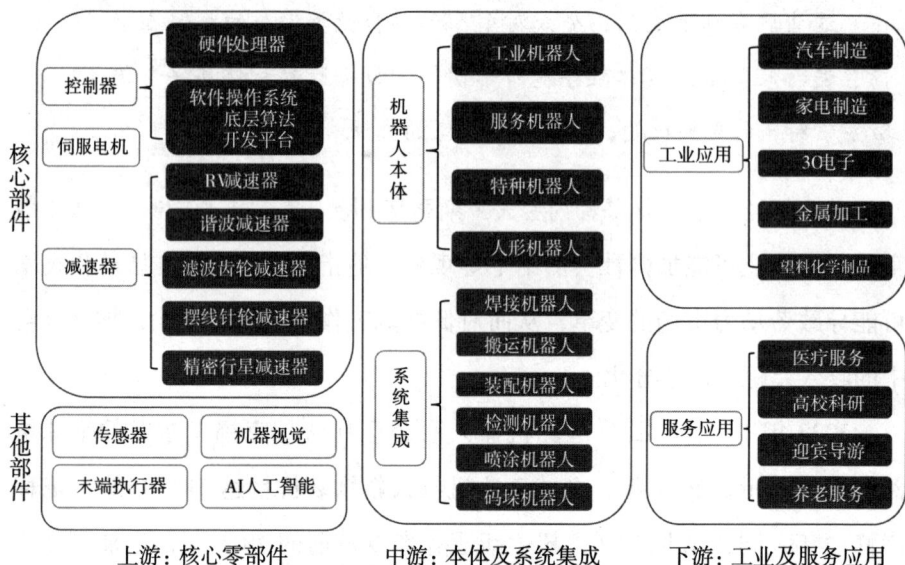

图 1-1  机器人产业链情况示意图①

这些技术对制造业和其他行业的生产效率产生了显著影响，也导致了失业率上升。2023 年世界经济论坛发布的调查报告显示：未来五年，随着经济疲软和企业大力采用人工智能等技术，巨大的颠覆将撼动全球就业市场。预计到 2027 年将创造 6900 万个新工作岗位，减少 8300 万个职位。这将导致净损失 1400 万个工作岗位，相当于目前就业人数的 2%。报告指出，新的数字化技术将改变许多行业，包括制造业、金融服务、医疗保健和能源。麦肯锡公司 2022 年发布的《美国工作的未来》调查报告也显示："在未来十年内，美国将有 1470 万年龄在 18～34 岁之间的年轻工人因自动化而失业，比例达到 40%。"

根据美国劳工统计局的数据，2019 年，软件开发人员是美国增长最快的职业之一，预计到 2029 年，该行业的就业人数将增加 22%。同时，劳

---

① 来源：知识星球论坛。

工统计局也预测，机器人和自动化系统的使用将在未来几年内导致一些工作岗位的减少，特别是在生产和制造业领域。与此同时，根据欧盟委员会的一份报告，数字化和智能化技术将对劳动力市场产生显著的影响，可能导致一些工作岗位的消失。报告指出，服务业和制造业将受到最大影响。

根据国际劳工组织职业统计数据和被调查组织报告的就业增长，排名最大的净就业降幅

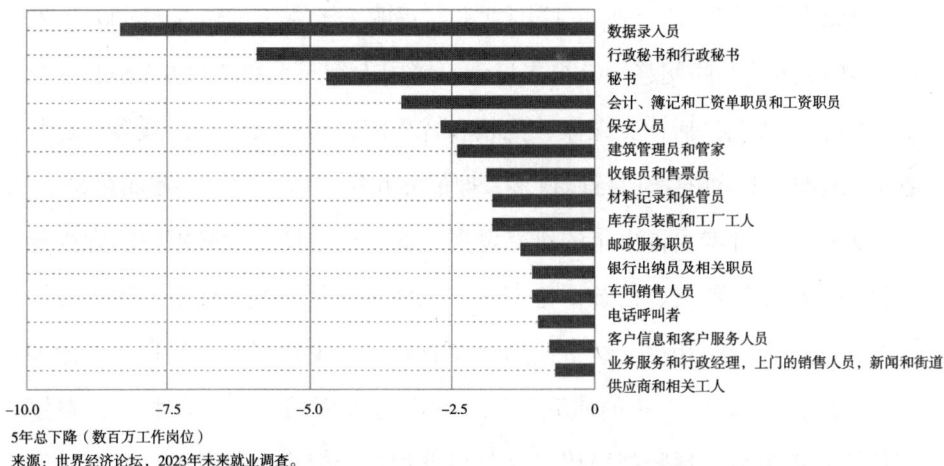

数据录入人员
行政秘书和行政秘书
秘书
会计、簿记和工资单职员和工资职员
保安人员
建筑管理员和管家
收银员和售票员
材料记录和保管员
库存员装配和工厂工人
邮政服务职员
银行出纳员及相关职员
车间销售人员
电话呼叫者
客户信息和客户服务人员
业务服务和行政经理，上门的销售人员，新闻和街道
供应商和相关工人

−10.0    −7.5    −5.0    −2.5    0

5年总下降（数百万工作岗位）
来源：世界经济论坛，2023年未来就业调查。

**图1-2 未来5年可能受机器人影响最明显的职业分析统计图**[①]

综上所述，数字化和智能化技术的发展已经改变了劳动力市场，导致一些工作岗位的消失和新的就业机会的出现。随着这些技术的不断发展和普及，劳动力市场将继续发生变革。

雪莉·特克尔（Sherry Turkle）是社会心理学家和技术评论家，她认为数字化和智能化可能对个体的心理健康产生影响。她关注社交媒体和智能设备对人类情感和社会认知的影响，认为过度依赖数字世界可能导致人们在情感上和社交上的失衡，从而对心理健康和社会互动造成负面影响。

2019年，匹兹堡大学科学家的一项研究发现，使用社交媒体的时间越

---

① 来源：世界经济论坛。

长，人们的社交孤立感和焦虑感就越强。该研究还发现，人们与家人、朋友的联系没有减少，但他们的社交圈子变得更小，交际能力下降。另一项研究表明，虽然社交媒体可以帮助人们扩大社交圈子，但也可能导致人们感到更孤独。该研究发现，使用社交媒体的时间越长，人们的孤独感就越强。

知名风险投资人——"互联网女皇"玛丽·米克尔（Mary Meeker）发布的 2019 年《互联网趋势》报告显示，美国人每天平均花费 6.3 小时在数字媒体上，其中包括社交媒体、视频和音乐流媒体以及电子游戏等。这些数字媒体使用时间的增加与孤独感、抑郁症和焦虑症的发生率增加有关。

另一项针对美国青少年的研究发现，那些经常使用社交媒体的青少年更容易出现社交孤立、情感不稳定和心理健康问题；与不使用或较少使用社交媒体的青少年相比，经常使用社交媒体的青少年有更高的自杀意念和行为风险。一项 2017 年的研究发现，那些过度使用智能手机和其他数字设备的人更容易出现睡眠障碍，这与情感和社交健康问题有关。研究还发现，睡眠障碍与焦虑症和抑郁症的发生率增加有关。

还有研究表明，数字化技术对人际交往的影响可能因年龄而异。年龄较大的人更倾向于使用数字技术维持社交联系，而年轻人更倾向于使用数字技术建立新的社交关系。尽管这些研究结论并不一致，但它们提供了一些证据表明数字化技术可能会对人们的社交行为和社交互动产生影响，从而导致孤独感的增加。

苹果公司的首席执行官蒂莫西·唐纳德·库克（Timothy Donald Cook），在接受 GQ 杂志采访时说："我认为你盯着手机屏幕的时间不应该超过和他人面对面沟通的时间，而这也是我们研发 Screen Time[①] 等功能的

---

① Screen Time：会提供每周手机的屏幕使用时间以及每个App花费的总时间以及使用次数。

初衷。我不知道你使用手机的习惯，但我会经常查看 iPhone 手机使用报告。我们并不希望用户过度沉浸使用 iPhone 手机，我们并不鼓励用户长时间使用手机。"而专家似乎为此做了延伸解释，即社交媒体和智能手机的普及可能导致人们越来越依赖数字世界，减少了面对面的社交互动，从而对人际关系和社会结构产生影响。

这些观点表达对数字化和智能化带来的社会影响的隐忧，涉及隐私保护、不平等现象、社交行为和心理健康等方面，强调了数字化和智能化对社会产生的多层面影响，需要综合考虑和应对。

另外，根据研究和数据统计，数字技术在社交互动中的应用和依赖程度呈现加速叠加趋势。

从以下几个方面的基础数据统计，就不难得出明显的结论。例如，在社交关系层面，在线社交活动频繁是网络时代的一大现象，全球范围每年在线社交活动拥有巨量的活跃度，如社交媒体平台 Facebook、Instagram、Twitter、微信、抖音等，在线社交网络、虚拟社交平台、在线社交游戏等也在不断增加。这些平台和应用提供了数字化的社交互动体验，吸引了大量用户。

# 延伸阅读 ①

以下是全球几大社交媒体统计数据，从中可以全面了解在线社交媒体和在线游戏产业媒体的发展状态。

Facebook

用户数量统计：截至2022年，拥有超过29亿的全球月活跃用户。

用户行为统计：每天在平台上发布的帖子数量超过3.5亿，产生的点赞数量超过100亿，每分钟上传的图片数量超过29万张。

社交关系统计：平均每个用户约有338个好友，每天发送的好友请求数量超过百万级别。

内容统计：平台内容涵盖了广泛的主题，包括用户生成的文本、图片、视频、链接等。

经济统计：平台通过广告和虚拟商品销售等方式获得大部分收入，截至2022年，其广告收入超过860亿美元。

Instagram

用户数量统计：截至2022年，拥有超过14.78亿的全球月活跃用户。

用户行为统计：每天在平台上发布的帖子数量超过1亿，每天产生的点赞数量超过60亿。

---

① 人类的先验知识在机器学习建模中扮演着至关重要的角色。在基于大数据的智能系统中，将人类的经验记忆和知识表示方式融入模型可以显著减小问题规模，简化模型复杂度，并降低计算需求。在早期的浅层神经网络阶段，虽然需要付出精力来手动筛选和构建特征，但实际上这是基于对原始数据以及相关领域知识的深刻理解而融入人类先验知识的过程。尽管深度学习减少了这一手动过程的依赖，但我们仍然需要通过其他方式将人类知识纳入模型中。例如，2017年AAAI发表的一篇论文成功地将已被实证的物理学规律嵌入到神经网络的学习过程中，通过弱标签介入学习的方法，实现了知识与数据的协同驱动，最终获得了该会议的最佳论文奖。

社交关系统计：平均每个用户有约 200 个关注者，每天产生的关注数量超过 1 亿。

内容统计：平台内容主要以图片和短视频为主，涵盖各种主题，包括用户生成的生活、旅行、美食、时尚等内容。

经济统计：平台通过广告和虚拟商品销售等方式获得收入，截至 2022 年，其广告收入超过 160 亿美元。

**Twitter**

用户数量统计：截至 2022 年，拥有超过 4.36 亿的全球月活跃用户。

用户行为统计：每天在平台上发布的推文数量超过 3 亿，每天产生的点赞和转发数量超过 40 亿。

社交关系统计：平均每个用户有约 400 个关注者，每天产生的关注数量超过 1000 万。

内容统计：平台内容主要以短文本形式的推文为主，涵盖了各种主题，包括新闻、时事、娱乐、体育等。

经济统计：平台通过广告和数据订阅等方式获得收入，截至 2022 年，其广告收入超过 41.4 亿美元。

**Minecraft**

用户数量统计：截至 2021 年，平台已经销售超过 2 亿份游戏副本，是全球最畅销的沙盒建造游戏之一。

用户行为统计：每天在平台上创建的虚拟世界数量众多，涵盖各种主题，包括城市、农场、科技、艺术等。

社交关系统计：平台内置了多人游戏模式，允许玩家与其他玩家互动、合作或竞争。据官方统计，截至 2021 年，平台的多人游戏模式每月有超过 1.3 亿活跃玩家。

内容统计：平台的虚拟世界由玩家自行创建，涵盖各种创意和想象力丰富的内容，包括建筑、艺术、游戏玩法等。

经济统计：平台通过游戏副本销售、虚拟商品销售和授权合作等方式获得收入，截至 2021 年，其总收入超过 100 亿美元。

**抖音（TikTok）**

用户数量统计：根据 2022 年 2 月的数据，全球范围内拥有超过 8.09 亿的注册用户。中国是抖音的最大市场，其次是印度、美国、巴西等国家。

用户行为统计：用户主要通过在移动设备上下载并安装应用程序进行使用。用户可以浏览、上传、点赞、评论、分享和关注其他用户的短视频。据数据显示，用户平均每天使用 App 的时间超过 60 分钟，用户活跃度较高。

社交关系统计：用户可以通过关注其他用户、点赞、评论和分享等方式与其他用户进行互动。用户可以在平台上建立自己的社交关系网络，并与其他用户交流、分享兴趣和互动。

内容统计：平台内容涵盖各种类型，包括但不限于音乐、舞蹈、搞笑、美食、旅行、时尚等。用户可以通过手机摄像头拍摄、编辑和发布自己的短视频内容。平台还支持用户生成内容（UGC）的传播，让用户可以通过创作和分享自己的内容来获得关注和粉丝。

经济统计：平台通过广告、电商和虚拟商品等方式来实现盈利。据统计，其广告收入在全球范围内持续增长，吸引了许多企业和品牌进行广告投放。此外，平台还支持用户通过虚拟礼物、会员制度等方式向创作者付费，从而为创作者提供了一种变现方式。

移动通信应用已成为人们社交的最主要桥梁，如 WhatsApp、微信（WeChat）等在全球范围内的使用量也在飞速增加。这些应用提供了实时聊天、语音通话、视频通话等功能，成为人们日常社交互动的主要工具。以知名移动应用 WhatsApp 和微信的基本统计数据为例。

WhatsApp：一款全球领先的即时通信应用，提供文字、语音、视频通话等多种通信方式。根据 WhatsApp 官方数据，截至 2022 年 12 月，WhatsApp 的全球月活跃用户（MAU）数量超过 20 亿。

微信：中国领先的社交媒体平台，除即时通信功能之外，还包括支付、社交、资讯、小程序等多个功能。根据腾讯公司发布的 2022 年第四季度和全年财报数据，截至 2022 年 12 月 31 日，微信的全球月活跃用户（MAU）数量超过 12.63 亿。

不难看出，社交网络媒体已成为最普遍的人类交互模式。

数字技术在社交互动中的应用不仅限于社交媒体和通信应用，还包括在线购物、在线支付、在线约会、在线教育等。这些数字化趋势都在改变着人们的社交行为和生活习惯，使之更加依赖数字技术来满足生存需求。

根据 eMarketer 的数据，2023 年全球电商销售额预计将达到 6.5 万亿美元，占据零售总销售额的 22%。在线购物平台，如亚马逊、阿里巴巴、京东等通过数字化技术和社交互动功能。例如，用户评论、商品分享、社交媒体广告等，促进了用户之间的社交互动，用户可以在平台上分享购物心得、互相推荐产品，增强用户之间的社交联系。

随着社交媒体的普及和发展，人们的互动和交流也日益依赖它们。社交媒体不仅可以帮助人们建立联系和互动关系，还可以影响人们的行为和决策。通过分享信息、观点和感受，社交媒体可以在人群中形成密切地联系和互动关系。此外，社交媒体也可以通过算法推送内容，引导人们的兴趣和关注点，从而影响他们的行为和消费决策。因此，了解社交媒体如何形成互动关系并影响人的行为，对于我们理解现代社会的互动模式和行为方式至关重要。

社交媒体如何形成互动关系从而影响人的行为？一些领域内的专家给出了他们的观点。

加州大学洛杉矶分校信息研究教授莎拉·罗伯茨（Sarah Roberts）认为："数字世界为我们提供了更多的社交机会和选择。虚拟社交圈子可以让我们更容易地与其他人联系，我们可以在 Twitter 上关注志同道合的人，或在 Facebook 上加入兴趣小组，以寻找与我们共同爱好的人。但需要记住的是，这种联系是不够真实的，也不是唯一的方式。我们需要花费更多的时间在现实世界中建立真正的关系，这需要面对面地沟通和社交技能。"同时，她也表达了"人们可能会受到（不良内容的）高度影响，进而变得麻木。目前还不清楚 Facebook 是否意识到这个问题的长期后果，更不用说追踪员工的心理健康了"这样的担忧。

社会学家和媒体学者丹纳·博伊德（Danah Boyd）认为，社交媒体的数字化趋势，可能导致青少年在社交互动中出现虚拟身份和现实身份之间的分离现象。例如，青少年在社交媒体上可以表现出与现实生活中不同的个性和行为，从而对他们的社交行为和人际关系产生影响。

科技评论家和作家尼古拉斯·卡尔（Nicolas Carr），认为社交媒体和智能手机的普及可能导致人们越来越依赖数字世界，减少面对面的社交互动。例如，人们在社交媒体上进行虚拟互动，而不是真实地面对面交流，从而可能导致人际关系和社会互动的缺失。

数字化和社会学领域的专家玛丽·查科（Mary Chayko）认为，社交媒体和智能化技术可能改变人们对社交互动的期望和行为。例如，人们在社交媒体上可以轻松地与他人互动，但这种互动往往基于虚拟世界中的个人信息和社交标识，可能缺乏真实性和深度，从而对社交互动产生影响。

上述观点面对社交互动数字化的趋势，强调了社交媒体和智能化技术对社交行为和人际关系的影响，包括虚拟身份和现实身份的分离、面对面交流的减少以及对社交互动期望和行为的改变等。这些观点强调了数字化时代对社交互动产生的深远影响，需要引起重视和深入研究。

## 延伸阅读

　　2012 年，Facebook 进行了一项名为"社交网络大规模情绪传染的实验证据"的实验，涉及情感传播在社交媒体平台上的影响。该实验的研究人员修改了部分用户新闻源中的帖子内容，以探究情感内容对用户自身帖子和互动的影响。

　　具体而言，研究人员调整了用户新闻源中显示的帖子情感的正负倾向。70 万用户被分成两组，一组用户被暴露在更多积极情绪的帖子中，而另一组用户则暴露在更多消极情绪的帖子中。研究人员分析了用户后续的帖子和互动行为，发现用户暴露在不同情感内容中后，他们的帖子情感倾向也会受到影响，呈现出情感传播的趋势。

　　这项实验引发了一些争议，因为在进行实验时，Facebook 并未直接通知用户。这引发了对伦理问题和用户隐私的担忧。Facebook 后来回应称，他们已经改进了实验的伦理和隐私审查程序。

　　这个实验的存在提醒我们，社交媒体平台上的内容和情感传播可能对用户的情绪和行为产生影响。需要指出的是，该实验的结果和方法也受到广泛的讨论和批评，部分人认为实验的效应较小，且缺乏实际的现实影响证据。

　　一些典型的社交互动平台和教育平台，数字化的交流也十分活跃。如在线约会。在线约会平台，如 Tinder[①]、Match[②]、Bumble[③] 等通过数字化技术和社交互动功能，例如，用户资料填写、私信、虚拟礼物等，促进用户之间的社交互动，用户可以通过平台寻找和认识潜在的约会对象，进行在线互动和社交交流。

随着数字化技术的发展，在线教育成为一种广受欢迎的学习方式。根据调研与市场公司（Research and Markets）的数据显示，全球在线教育市场规模在 2020 年达到 1339 亿美元，预计到 2026 年将增长至 3465 亿美元。在线教育平台如 Coursera、Udacity、百度网校等通过数字化技术和社交互动功能。例如，在线课程、学习社区、在线讨论等，促进了学生之间的社交互动，学生可以通过在线教育平台与其他学生、教师互动、交流学习心得、参加在线学习社群等。

这些数据统计结果表明，在线购物、在线支付、在线约会、在线教育等领域，数字化技术和社交互动功能的应用不断推动了社交互动的数字化趋势，改变了人们在这些领域中的行为和互动方式。

虽然数字技术在社交互动中的应用和依赖程度不断增加，成为人们日常社交活动中的重要工具。然而，也需要注意到数字技术在社交互动中可能带来的一些风险，需要在法律和伦理等方面加以规范和管理。另外，数字化和智能化也对劳动力市场产生了深远的影响，自动化和智能化技术的广泛应用可能导致传统劳动力岗位的减少，从而引发社会和就业结构的调

---

① Tinder：全球最大的在线约会平台。截至2020年3月，该平台在全球吸金超过7680万美元，位列全球移动应用收入榜冠军。美国是其第一大市场，用户占比41%；其次为英国和德国，占比分别为7%和5%。

② Match：美国最大的在线约会平台之一。截至2021年12月，Match在全球拥有超过2500万注册用户。

③ Bumble：知名在线约会平台。拥有来自150个国家、超过5500万的用户。其中，女性用户占比高出男性用户30%，而在吸引力法则下，男性用户的注册率也逐渐攀升。截至2020年9月，平台的月活用户达到1230万。

整和转型。例如，亚马逊公司在其物流中心推行了机器人自动化，从而减少了人工操作和包装工作，导致部分员工失去了工作岗位。这引发了关于自动化对劳工权益和社会稳定的讨论和争议。

### （二）巨浪涌动下的经济影响

数字化和智能化对经济产业产生了深刻的影响。数字化技术的应用使得传统产业链和商业模式发生了变革，新型数字经济和数字化产业得到了迅猛发展。例如，电商、在线支付、共享经济等数字经济形式的兴起，对传统零售、金融和服务业产生了巨大的冲击。

第一，在电商方面，根据 eMarketer 的数据，全球电商销售额从 2016年的 1.86 万亿美元增长到 2020 年的 4.28 万亿美元，2021 年达到 4.89 万亿美元，占据零售总销售额的 18.1%，预计 2023 年将突破 6 万亿美元，2025 年将突破 7 万亿美元。这表明电商在全球范围内取得了持续的增长，并且正在成为传统零售业的强大竞争对手。许多传统零售商面临着压力，需要通过数字化转型来应对电商的冲击。

对此，资深从业人士认为这方面影响将带来更多相关领域的变革。

风险投资家和创业家马克·安德森（Marc Andreessen）认为，数字化和智能化将改变各个行业的经济模式，并在未来产生巨大的经济影响。例如，数字化和智能化技术将改变生产、销售、分销、服务等经济活动的方式，从而提高生产效率、降低成本、创造新的商业模式和机会。

风险投资家和科技行业资深人士吉姆·布雷耶（Jim Breyer）认为，智能化将引领新一轮科技革命，对全球经济产生深刻影响。例如，人工智能、机器学习、自动化等智能化技术将在各个行业中应用，从而改变生产方式、企业组织、劳动市场等经济要素，引领产业变革和创新。

广告和公关业界的领军人物莫里斯·莱维（Maurice Lévy）认为，数字化和智能化将重塑广告和营销行业，对经济产生深远的影响。例如，数字化和智能化技术将改变广告和营销的方式，从传统媒体向数字媒体的转变，以及通过数据驱动的个性化营销和广告投放等方式，将对市场营销、品牌建设、消费者行为等产生深刻影响。

一些数字化战略和经济学家则普遍认为，数字化和智能化将推动数字经济的快速发展，并对全球经济产生深远影响。例如，数字经济包括数字技术、数字化产业、数字化服务等，将成为未来经济增长的重要引擎，对全球产业结构、就业市场、贸易模式等产生积极的变革和推动作用。

这些关于数字化和智能化对经济产生影响的观点，强调了数字经济的快速发展、数字化和智能化技术对产业结构和生产方式的改变、智能化对产业创新和变革的引领作用，以及数字化和智能化对市场营销和品牌建设的影响等方面。其中包括提高生产效率、降低成本、创造新的商业模式和机会，推动数字经济的快速发展，引领产业变革和创新，重塑广告和营销行业，以及对就业市场、消费者行为等产生影响。

此外，还有一些权威观点认为数字化和智能化对经济影响可能带来一些负面影响。例如，自动化可能导致一些低技能岗位的消失，数字化和智能化可能加剧数字鸿沟，导致信息不对称和隐私安全等问题。因此，数字化和智能化对经济影响也需要在推动经济增长和创新的同时，关注社会和人类的可持续发展。

总体来说，数字化和智能化对经济的影响将在未来持续增强，带来新的机会和挑战，需要政府、企业和社会各方共同合作，推动数字经济的可持续发展，并确保经济增长惠及广大人民群众。

第二，在线支付方面，数字支付正在成为全球范围内越来越普遍的支付方式。德国 Statista 的最新数据显示，2023 年数字支付领域的总交易额将达到 9.47 万亿美元，预计 2023—2027 年间总交易额将以 11.79% 的年增长率持续增长，到 2027 年达到 14.79 万亿美元。其中电子商务占交易额首位，预计 2023 年总交易额为 5.99 万亿美元，占比超过 63%，数字支付对电子商务的推进作用持续显现。在线支付不仅改变了传统金融业务的支付方式，也给传统金融机构带来了新的竞争压力。许多传统金融机构需要适应数字支付的发展趋势，提供更加便捷和安全的数字支付服务。

如何看待在线支付的前景？业界普遍认为，未来在线支付趋势将包括更多的数字货币和加密支付方式。例如，比特币和其他数字货币的普及可能会改变传统的支付方式，从而在在线支付领域产生深远影响。此外，区块链技术的应用也可能在在线支付领域产生创新和变革。还有，未来在线支付趋势将包括更多的移动支付和数字钱包的应用。例如，移动支付已在许多国家得到广泛应用，未来随着智能手机的普及和支付技术的不断创新，移动支付将成为在线支付的主要方式之一。同时，数字钱包的应用也可能在未来不断发展，为用户提供更加便捷和安全的支付方式。

支付行业的资深从业者约翰·多诺霍（John Donohoe）认为，未来在线支付趋势将包括更多的生物识别支付和智能支付方式。例如，指纹支付、面部识别支付、虹膜支付等生物识别支付技术的发展，或可能会改变传统的支付方式，提供更加安全和便捷的支付体验。此外，随着物联网技术的发展，智能支付方式如智能手环、智能手表等也可能在未来得到更广泛的应用。

更多的金融科技和支付领域的专家们则认为，未来在线支付趋势将包括更多的跨境支付和区块链支付。例如，随着全球贸易和跨境电商的不断增长，跨境支付将成为在线支付的重要方向，需要解决跨境支付的安全、便捷和成本问题。此外，区块链技术的应用也可能在跨境支付领域产生创新，提供更加安全和高效的支付解决方案。

第三，在共享经济方面，通过数字平台和在线支付的方式，让个人和企业能够共享资源和服务，从而改变了传统服务业的经营模式。根据普华永道（PwC）的数据，全球共享经济市场规模从 2014 年的 1500 亿美元增长至 2025 年，预计将达到 3350 亿美元。共享经济涉及多个行业，包括共享出行、共享住宿、共享办公、共享物品等，对传统服务业产生了巨大冲击，许多传统行业需要适应共享经济的兴起，调整经营策略以应对市场竞争。

人们对于共享经济在数字化和智能化方面的关注点，主要体现在以下几个方面：

一是经济效益。共享经济通过数字化和智能化技术，能够实现资源的高效利用，提高利润率和经济效益。例如，通过共享平台，个人和企业能够将闲置资源如车辆、房屋、工具等变现，从而提高资源利用率，降低成本，促进经济增长。这方面的实例很丰富，如 Task Rabbit，这是一个任务共享平台，让人们可以通过网络平台找到需要完成的各种任务。例如，清洁、组装家具、代购等，提高了人力资源的利用效率，类似猪八戒网等。还有 Share Grid，这是一个摄影器材共享平台，允许摄影师在平台上出租自己的摄影器材，提高了摄影器材的利用率，同时也让其他摄影师获得更便宜的器材租赁服务。

二是创新模式。共享经济通过数字化和智能化技术，推动了新的商业模式和创新。例如，共享出行、共享住宿、共享办公等新型业务模式的兴起，为消费者提供了更多的选择和灵活性，同时也促使传统产业进行转型和升级。这方面的实例如 Airbnb，它是一个知名的住宿共享平台，允许人们将自己的房屋或公寓出租给旅客，提高了房屋的利用率，同时也让旅客获得更多的住宿选择；还有 Uber，这是一个出行共享平台，让司机和乘客之间直接联系，提供更加便捷的出行服务，同时提高了车辆的利用率，类似的还有滴滴打车等。2018—2020 年，滴滴营收分别为 208.14 亿美元、

227.6 亿美元和 203.98 亿美元，Uber 的营收分别为 104.33 亿美元、130 亿美元和 113.9 亿美元（2020 年受疫情影响，滴滴和 Uber 全年的营收同比均出现下滑）。据滴滴招股书披露，截至 2021 年第一季度，滴滴平台平均月活跃用户数为 1.56 亿，同期 Uber 平台月活跃用户数为 9800 万。

三是社会影响。共享经济在数字化和智能化方面也对社会产生了积极的影响。例如，共享经济通过在线平台和数字技术，促进了人与人的互联互通，促进了社会交流和合作。Meetup 是一个在线社交平台，允许用户组织、参加各种线下艺术和文化活动以及聚会等。该平台通过数字化技术，将志同道合的用户聚集在一起，促进了社交和交流。2017 年，Meetup 被众创空间（WeWork）以 2 亿美元收购，2019 年 Meetup 在全球范围内的用户数超过 4400 万人。又如 BlaBla Car，这是一个在线拼车平台，人们可以通过它在长途旅行时共享汽车，节约旅行成本，人们可以结识新朋友，分享旅行经验，促进了社会的交流和合作。

四是可持续发展。共享经济在数字化和智能化方面也被认为有助于可持续发展。例如，共享出行能够减少汽车拥有量，缓解交通拥堵和空气污染；共享住宿能够提高房屋的利用率，减少资源浪费。这些可持续发展的实践有助于减少环境压力，推动资源的可持续利用。青桔单车和哈啰单车等在线共享单车平台，让人们可以共享自行车，从而缓解城市交通拥堵和污染。此外，这些平台还促进了绿色生活方式，提高了人们的生活质量。

五是面临监管和法律挑战。共享经济在数字化和智能化方面也面临监管和法律挑战。例如，共享经济平台的监管和合规问题，包括税收、劳工权益、安全和隐私等方面的争议。权威人士对共享经济的发展提出了一些监管和法律改进的观点，以保护消费者权益和确保市场公平竞争。

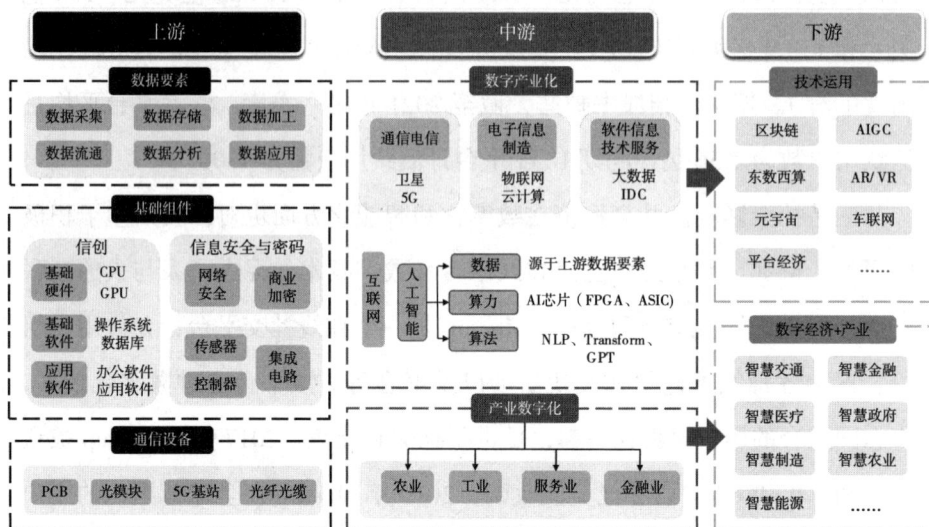

图 1-3　数字经济产业链图谱①

　　综上，共享经济在数字化和智能化方面具有积极意义，包括在经济效益、创新模式、社会影响和可持续发展等方面的认可，同时也需要在政府、企业和社会各方的共同努力下，建立合适的监管和法律框架，确保共享经济健康、可持续发展。

　　以上案例和观点表明，电商、在线支付、共享经济等数字经济形式的兴起对传统零售、金融和服务业形成了巨大冲击，推动了传统行业的数字化转型和创新，以适应日益数字化的经济环境。

　　智能化技术的应用也带来生产效率的提升和产业结构的调整。例如，人工智能在制造业中的应用可以实现生产自动化和智能化管理，从而提高生产效率和降低成本。例如，我国移动支付产业在过去几年中迅速崛起，改变了人们的支付方式和消费习惯，促进了线上线下的融合和数字经济的

①　来源：知识星球论坛。

发展。以下统计数据便是直观的反映。

一是交易规模。根据中国人民银行的数据，中国移动网络支付交易额由 2017 年的 202.93 万亿元增长至 2020 年的 432.16 万亿元，年均复合增长率为 28.66%，预计 2022 年中国移动支付市场交易额将达到 715.34 万亿元。移动支付在中国的支付市场份额占据了绝对的优势，成为人们日常生活中主要的支付方式之一。

二是行业应用。在我国，移动支付不仅在日常消费领域得到广泛应用，还在许多行业得到了推广和应用，如在线购物、外卖配送、共享出行、旅游酒店、医疗健康等。特别是在线购物和外卖配送领域，移动支付已成为主要的支付方式，促进了电商和外卖行业的快速发展，对传统银行业和支付行业构成了巨大的竞争，需要立法机构和监管机构同步建立相关的法律法规，以适应数字化和智能化的发展趋势。

### （三）巨浪激变中的法律影响

数字化和智能化对法律和法治提出了新的要求和挑战。数字化时代涌现出了许多新型的法律问题。例如，数据隐私、网络安全、知识产权、虚拟货币等，对传统法律框架和法治原则形成了冲击。数字化和智能化技术的快速发展和广泛应用，给传统法律体系带来了许多新的法律问题和争议。

再如，数据隐私成为数字化时代的重要法律问题。随着大数据、云计算、物联网等技术的普及，个人和企业的数据被广泛采集、处理和共享，涉及个人隐私和数据安全的问题愈加突出。Facebook 公司曾因未保护用户数据而卷入丑闻，引发了对于数字平台如何处理用户数据、保护用户隐私的法律诉讼和监管调查。这对传统隐私法律和监管机构提出了新的挑战，需要不断更新法律框架和法规，以保护个人隐私权益。①

## 延伸阅读

### 剑桥分析公司事件

2014 年，剑桥分析公司（Cambridge Analytica）通过一款名为"这就是你的数字生活"（This is Your Digital Life）的应用程序，收集了超过 8700 万 Facebook 用户的个人数据，包括个人资料信息、朋友关系、兴趣爱好等。

数据滥用：剑桥分析公司未经用户同意，将这些收集到的数据用于政治目的，包括帮助选举活动、选民操控和舆情操纵等。

曝光：2018 年 3 月，英国媒体《卫报》爆料了剑桥分析公司滥用 Facebook 用户数据的丑闻，引发了全球范围内的关注和争议。

法律诉讼和监管调查：此事件引发了一系列针对 Facebook 公司的法律诉讼和监管调查。包括美国联邦贸易委员会（FTC）对 Facebook 公司的调查，并于 2019 年以 50 亿美元的罚款达成和解；欧洲多个国家的数据保护机构对 Facebook 公司进行了调查，并对其进行罚款等。

---

① 《民法典》人格权编下专设"隐私权和个人信息保护"一章，但仍未明确提出"个人信息权"。原《民法通则》将个人信息作为一项利益而加以保护。有学者认为，在对个人信息的法律属性尚未有统一认识时，审慎处理更为稳妥。有学者则认为，为了有效地避免对信息自由、言论自由和其他自由的不合理限制，协调个人信息权益保护、信息自由以及公共利益的关系，对于自然人对个人信息的利益应当采取最低程度的保护，将其仅作为一种民事利益给予保护。以上种种观点突现对于个人信息有关权能的关注。事实上，笔者认为，人类在数字化科技发展趋势下，对于作为人的个体对于自身权能的维护也愈发艰难，因此，加大对个人信息权的保护尤显意义深远。

数据隐私改进措施：事件曝光后，Facebook 公司采取了一系列改进措施，包括加强用户数据的访问权限管理、提高数据隐私设置的透明度、限制应用程序的访问权限、增加对第三方应用程序的审核和监管等。

影响：丑闻对 Facebook 公司的声誉造成了严重损害，并引发了对于数字平台如何处理用户数据、保护用户隐私的广泛讨论并加强了监管。该事件也推动了一些国家和地区加强了对数字平台和社交媒体公司的监管和立法，包括数据隐私法律和法规的出台和完善。

另外，数字化技术的普及和信息的快速传播，使得知识产权的保护变得更加复杂和困难。例如，数字化时代涌现出了许多在线盗版、侵权、网络诈骗等问题，对传统知识产权法律和保护机制提出了新的要求。此外，人工智能技术的发展也引发了关于知识产权归属和权利保护的争议。例如，自动化生成的作品、机器学习生成的专利等，对传统知识产权法律和审查机构提出了新的挑战。

## 延伸阅读

### 案例一：海盗湾

"海盗湾"（Pirate Bay）是一个成立于 2004 年的瑞典在线盗版网站。它允许用户通过 Bit Torrent 协议分享和下载电影、电视剧、音乐、软件等资源。然而，这些资源大多数是未经授权的，侵犯了原作者的版权。

海盗湾多次面临诉讼和封锁，但在其上线的几年里，其用户量一直很大。2014 年，瑞典警方突袭了海盗湾的服务器，并关闭了该网站。随后，海盗湾通过其他国家的服务器重新上线，很快再次被封。这个案例引发了全球范围内对在线盗版问题的关注，也对数字版权保护提出了挑战。

### 案例二：尼日利亚王子诈骗

"尼日利亚王子（Nigerian Prince）"诈骗是一种常见的网络诈骗方式。诈骗者通常通过电子邮件、社交媒体等渠道，假扮成尼日利亚等国的富有人士或政府官员，向目标受害者发送虚假的求助信息，声称需要帮助转移大笔资金，并承诺给予丰厚的报酬。然而，受害者在向其提供个人信息和资金后，通常无法获得所承诺的回报，最终遭受经济损失。

这种诈骗方式在全球范围内广泛存在，多数涉及国际跨境诈骗，给个人和企业造成了巨大经济损失，同时也对网络安全和信任产生了负面影响。

这两个案例凸显了数字化时代在线盗版和网络诈骗问题的全球性和严重性，亟须全球范围内的法律法规和合作来应对这些问题。

数字化时代的背景下，法律框架和法治原则也需要不断创新和适应新的技术和社会发展趋势。例如，一些国家和地区已经出台了数字隐私法、网络安全法、人工智能法等，以应对数字化和智能化带来的法律问题。这些法律框架需要对数字化和智能化技术的应用进行监管，保障个人权利和社会公共利益。例如，欧盟于2018年实施了通用数据保护条例（GDPR），规定了个人数据的处理、存储和共享要求，以保护个人隐私和数据安全。

此外，一些国家还在人工智能领域探索了新的法律框架。例如，对自动驾驶车辆的法律规定、对人工智能算法的透明度和责任的法律要求等。在数字化和智能化时代，法治原则也需要得到更新和适应。法治原则包括平等、公正、合法、透明、效能等，需要在数字化和智能化技术的应用中得到保障和实施。例如，数字化时代涌现出了许多在线交易、电子合同、数字货币等新型经济活动，对传统的法律合同和经济法律提出了新的要求。法治原则需要确保数字化和智能化技术的应用在经济活动中合法、公正、透明，以促进经济的健康发展。

另外，数字化和智能化还涉及人工智能技术的应用和监管。人工智能技术包括机器学习、自然语言处理、计算机视觉等，广泛应用于金融、医疗、交通、教育等领域。然而，人工智能技术的应用也涉及隐私、安全、道德、公平等伦理和法律问题。例如，自动驾驶车辆的安全和责任、人工智能算法的透明度和公正性、人脸识别技术的隐私和滥用等。法治原则需要确保人工智能技术的应用在符合伦理和法律要求的前提下，保障个人权利和社会公共利益。

综上所述，数字化和智能化对社会、经济和法律产生了深远的影响。数字化时代带来了新的法律问题，如数据隐私、知识产权保护等，需要更新和创新法律框架和法规。同时，数字化和智能化也对传统的法治原则提出了新的要求，包括平等、公正、合法、透明、效能等。在数字化和智能化时代，法律和法治需要紧密结合，保障个人权利和社会公共利益，促进数字化和智能化技术的合法、公正、透明和负责任的应用。

## 二、研究数字化、智能化与法治的重要性和意义

随着数字化和智能化的迅猛发展，互联网和新技术正在深刻改变人们的生活和社会。从在线社交网络到虚拟社交平台，从在线约会到在线盗版和网络诈骗，数字化时代带来了许多机遇和挑战。如何保护个人权利、维护社会秩序，实现法治和智能化的有机结合，成为当今社会面临的重要问题。

研究数字化、智能化与法治的重要性和意义不仅仅是学术问题，更是关系到社会、经济和文化的方方面面。数字化和智能化技术的快速发展对

传统法治观念和法律体系带来了新的挑战。与此同时，数字化和智能化也为法治提供了新的机遇。例如，数字证据、智能合同和在线争端解决等。法治和智能化的结合将影响人们的日常生活、社会组织和全球治理。

在这个背景下，研究数字化、智能化与法治的重要性和意义显得尤为必要。通过深入探讨数字化、智能化与法治之间的互动关系、问题和解决方案，可以为构建数字化时代的健康、安全、可持续发展的社会环境提供理论和实践的支持。同时，研究数字化、智能化与法治还可以为政策制定者、法律从业者、企业和个人提供有益的参考，帮助他们更好地理解和应对数字化时代面临的挑战和机遇。

因此，深入研究数字化、智能化与法治的重要性和意义，对于理解和应对数字化时代的法律和社会问题至关重要。具体而言，研究数字化、智能化与法治的重要性和意义在于以下几点。

## （一）挖掘法律与法治在数字化和智能化时代的适应性

数字化和智能化技术的快速发展对传统法律和法治概念提出了新的挑战。研究数字化和智能化与法治的关系，可以帮助人们深入理解数字化时代对传统法律和法治的冲击，探讨数字化和智能化时代背景下的法律框架和法治原则，使之更好地适应和引领数字化和智能化时代的发展。

## （二）解决数字化和智能化时代的法律问题

数字化和智能化时代涌现了许多新的法律问题，如数据隐私、网络安全、知识产权等。研究数字化和智能化与法治的关系可以帮助人们深入分析这些法律问题的本质、原因和解决方法，从而为制定相应的法律政策和法律实践提供有力的支持和指导。

## 延伸阅读

### 案件一：谷歌街景图 WiFi 窃取案

谷歌公司在其街景图项目（Street View）中，未经授权就收集了用户的 WiFi 网络数据，包括电子邮件、密码等信息的事件。以下是该案的简要经过：

收集 WiFi 网络数据：2007—2010 年，谷歌的车辆在全球范围内进行街景图像的收集工作。除了拍摄照片之外，这些车辆还配备了 WiFi 网络数据收集设备，用于记录和收集无线网络的位置和身份信息。谷歌后来承认，这些车辆未经授权收集了用户的 WiFi 网络数据，包括电子邮件、密码等信息。

曝光和调查：2010 年，谷歌宣布在其街景图项目中发现了 WiFi 网络数据收集的错误，并公开道歉。此后，该事件引发了全球范围内的法律诉讼和监管调查。多个国家和地区的监管机构对谷歌展开调查，包括美国、加拿大和欧洲等国。

隐私侵犯指控和和解协议：谷歌因此面临多项涉及隐私侵犯的指控。事件曝光后，谷歌与多个国家和地区的监管机构达成和解协议，包括支付罚款和改善隐私保护措施等。

后续处理：谷歌对事件做出多次道歉，并采取了一系列措施改善其数据隐私保护措施，包括增强对 WiFi 网络数据收集的监管和授权，改进数据处理流程，加强员工培训等。

这起窃取案，引发人们对数字平台如何处理用户数据、保护用户隐私的广泛关注，也加强了对于数据隐私保护的法律法规和监管措施。

### 案例二：艾可飞数据泄露案

2017 年，美国征信机构艾可飞（Equifax）发生了一起严重的数据泄露事件，导致约 1.45 亿用户的个人信息被非法获取。以下是该案的经过：

数据泄露发现：2017 年 7 月 29 日，艾可飞发现其系统遭到未经授权的访问，导致大量用户个人信息可能被非法获取。经调查发现，该数据泄露事件始于 2017 年 5 月 13 日，持续了两个多月之久。

用户信息泄露：据艾可飞披露，该泄露事件涉及约 1.47 亿用户的个人信息，包括姓名、社会安全号码、出生日期、地址、驾照号码、信用卡号码等，其中包括美国、加拿大和英国等国的用户。

公众关注和调查：该数据泄露事件引起了广泛的公众关注和媒体报道。一旦这些个人信息被用于身份盗窃和欺诈活动，可能对受害者造成严重的财务和信用损失。多个监管机构和政府部门对艾可飞展开调查，并要求其解释数据泄露事件的原因和应对措施。

法律诉讼和和解协议：艾可飞因其未能保护用户信息而面临大量的法律诉讼，包括集体诉讼和个人诉讼。最终，艾可飞与美国联邦贸易委员会（FTC）、美国消费者金融保护局（CFPB）等监管机构达成和解协议，同意支付高达 7 亿美元的赔偿金，并采取一系列措施来改善数据安全和隐私保护措施。

数据安全改进措施：艾可飞在事件后采取了一系列措施来改进其数据安全和隐私保护措施，包括加强网络安全防御、更新安全补丁、改进访问控制、加强员工培训等，以提升用户信息的保护水平。这起数据泄露案凸显了数据安全和隐私保护的重要性，引起了对于企业如何保护用户信息和应对数据泄露的广泛关注，并促使相关法律法规和监管措施的进一步加强。

### 案例三：万豪国际酒店数据泄露案

2018 年 11 月，万豪国际酒店集团（Marriott International）披露其旗下子公司喜达屋酒店集团（Starwood Hotels & Resorts Worldwide）的数据库遭到未经授权的访问，导致约 5.3 亿客户的个人信息被非法获取。以下是该案的经过：

数据泄露发现：2018年9月，万豪国际酒店集团发现其旗下子公司喜达屋酒店集团的数据库存在异常访问，于是展开调查。经过调查，发现该数据库遭到了从2014年开始的未经授权的访问，客户信息可能在这段时间内被非法获取。

用户信息泄露：集团披露，该次泄露事件涉及的用户信息包括姓名、邮件地址、电话号码、护照号码、生日、性别、账户信息等大量敏感个人信息，涉及全球范围内约5.3亿客户。

公众关注和调查：该数据泄露事件引起了广泛的公众关注和媒体报道。一旦这些个人信息被用于身份盗窃和欺诈活动，可能对受害者造成严重的财务和信用损失。多个监管机构和政府部门对万豪国际酒店集团展开调查，并要求其解释数据泄露事件的原因和应对措施。

法律诉讼和和解协议：万豪国际酒店集团因未能保护客户信息而面临大量的法律诉讼，包括集体诉讼和个人诉讼。最终，万豪国际酒店集团同意支付高达1.24亿美元的赔偿金，并采取一系列措施来改善数据安全和隐私保护措施。

数据安全改进措施：万豪国际酒店集团在事件后采取了一系列措施来改进其数据安全和隐私保护措施，包括加强网络安全防御、更新安全补丁、改进访问控制、加强员工培训等，以提升客户信息的保护水平。

### 案例四："视觉冒险"漏洞事件

这是一起于2018年曝光的Facebook数据泄露事件。当时，Facebook发现其"视觉冒险"（ViewAs）功能存在漏洞，使攻击者能够盗取用户的访问令牌，从而获得对用户账户的完全控制权限。该漏洞导致了约5000万用户的个人数据被泄露，包括用户的个人资料信息、私信、朋友列表等。Facebook随即采取了紧急措施修复漏洞并通知受影响的用户。这起事件进一步引发了公众对于Facebook用户数据隐私和安全的关注，并促使监管机构对Facebook的数据保护措施进行了审查和调查。

以上这些事件都对数字化时代企业在处理用户数据时的责任和数据隐私保护措施提出了重要警示，强调了企业应加强数据安全和隐私保护，合规处理用户数据，降低数据泄露和隐私侵犯的风险。

另外，知识产权的保护问题也不容小觑。以下是几个全球著名的案件，涉及知识产权保护问题，在数据化、智能化时代，维护知识产权秩序的难度骤然加大。

## 延伸阅读

### 案例一：苹果与三星

这是一场全球范围内的专利诉讼战争，起因于苹果公司指控三星公司侵犯了其 iPhone 和 iPad 的设计专利。这场诉讼始于 2011 年，涉及多个国家的多个法院，涵盖了设计、技术和软件等多个方面。双方在多个案件中互相指控对方侵犯专利，并争取获得专利侵权的赔偿和禁售令。这场专利诉讼历时多年，经过多轮诉讼和上诉，最终于 2018 年达成了和解协议。

### 案例二：谷歌与甲骨文

这是一场长期的版权诉讼，起因于甲骨文（Oracle）指控谷歌在其 Android 移动操作系统中侵犯了 Java 编程语言的版权。甲骨文认为，谷歌在 Android 操作系统中使用了 Java API（应用程序接口）而未经授权，侵犯了其版权。这场诉讼历时多年，涉及多次审理和上诉，最终于 2021 年由美国最高法院裁定，谷歌使用 Java 开发 android 系统 API 不构成对 Java 的侵权。

### 案例三：索尼音乐娱乐与奈普斯特

这是一场具有里程碑意义的音乐版权诉讼，发生在数字化时代音乐在线传播初期。奈普斯特（Napster）是一个点对点（P2P）文件共享软件，允许用户在互联网上免费分享和下载音乐文件。然而，奈普斯特被指控侵犯了大量音乐版权，特别是索尼音乐娱乐旗下的音乐版权。索尼音乐娱乐与奈普斯特进行了长期的法律诉讼，最终于 2001 年达成和解，奈普斯特停止免费音乐共享服务，并支付了巨额的版权赔偿金。这场诉讼对于数字化时代音乐版权保护和在线音乐传播的法律规范产生了深远的影响。

网络安全成为全球各国在新的智慧网络时代高度关注的板块。我们可以通过以下这些案件来透视网络安全的重要性。

**延伸阅读**

### 案例一：美国政府与汇丰银行

2012 年，汇丰银行因其在网络安全方面管理不善，导致其美国分行被黑客攻击，导致超过 8.7 万个银行账户信息被泄露。美国政府指控汇丰银行未能采取足够的措施来保护客户数据，并对其进行了指控。汇丰银行最终同意支付 1.75 亿美元的罚款，并进行了一系列网络安全改进措施，以解决此案引发的安全问题。

### 案例二：联邦调查局（FBI）与苹果公司

2015 年 12 月，"圣伯纳迪诺枪击案"[①]发生后，美国联邦调查局（FBI）要求苹果公司帮助解锁恐怖分子使用的 iPhone 手机，以获取有关枪击案的重要信息。苹果公司拒绝了该请求，称这将破坏其客户的数字隐私。此案引发了一场争议，涉及政府对数字设备的访问权、隐私权和安全利益的权衡。最终，FBI 通过其他方式解锁了手机，此案没有进一步审理，但引发了全球范围内关于数字隐私和国家安全之间平衡的辩论。

---

① 2018年9月2日晚，美国加州圣伯纳迪诺的一座公寓大楼内发生枪击案。截至2018年9月4日，已致8人受伤，其中一名17岁男子重伤。

**案例三：罗马尼亚黑客攻击案**

2006年，一名罗马尼亚黑客团伙通过网络攻击方式入侵了美国政府、军事和商业机构的计算机系统，窃取了大量敏感信息，并进行勒索。此案引发了国际刑警组织（Interpol）的介入，经过跨国调查和合作，最终抓获了涉案的黑客，并将其引渡到美国接受审判。此案对于全球网络安全合作和跨国网络犯罪的打击产生了积极的影响。

随着科技的不断发展，网络安全问题将继续引发法律诉讼和监管调查，并推动相关法律法规的不断完善。对于企业和个人来说，加强网络安全意识、采取有效的安全措施，并遵守相关法律法规是至关重要的。同时，政府和国际组织也需要加强合作，共同应对全球范围内的网络安全挑战，确保数字化和智能化时代的可持续发展和安全运行。

为了应对网络安全问题，美国、欧盟、中国等国家和地区都在法律制度方面进行积极有效的规制，美国通过了《美国网络安全法》《网络情报共享和保护法案》《美国数据隐私和保护法》等法律，旨在促进网络安全防御、网络情报共享和隐私保护。此外，美国还设有联邦机构，如网络空间安全办公室（CSO）、美国国防部（DoD）、美国国家安全局（NSA）、美国国土安全部（DHS）、网络空间安全和通信办公室（CS&C）等。

近年来，美国政府连续在网络安全领域制定一系列相关法律法规。仅2022年，美国加快在信息通信领域的立法步伐，围绕网络安全、个人信息和隐私保护、新技术发展和监管等主题出台了一系列立法。已出台的有《加强美国网络安全法》《关键基础设施网络事件报告法》《优化网络犯罪度量法》《国家网络安全防范联盟法》《供应链安全培训法》《州与地方政府网络安全法》《联邦网络劳动力轮岗计划法》《人工智能劳动力培训法》《量子计算网络安全准备法》《小企业网络培训法》等11项法律。另外

《促进数字隐私技术法案》《美国数据隐私和保护法案》《改进数字身份法案》等多部进行创新性制度设计的立法尚在制定过程中。

欧盟在网络安全领域也有一系列相关法律法规。欧洲议会和欧洲理事会于 2016 年通过了《欧盟网络和信息安全指令》（NIS 指令），要求成员国采取措施确保关键信息基础设施的安全，并规定了网络安全的报告、合作和监管要求。2023 年 1 月 13 日，《关于在欧盟全境实现高度统一网络安全措施的指令》（以下简称 NIS2 指令）正式生效。NIS2 指令旨在消除不同成员国在网络安全要求和网络安全措施实施方面的差异。

中国政府也制定并实施了一系列网络安全法律法规，包括《中华人民共和国网络安全法》《中华人民共和国个人信息保护法》《中华人民共和国数据安全法》等。这些法律法规旨在加强对网络基础设施、网络运营者和个人信息的保护，规定了网络安全的基本要求、责任和义务，并规定了网络安全监管和处罚措施。

## （三）保障个人权利和社会公共利益

数字化和智能化技术的广泛应用涉及个人权利和社会公共利益的平衡。研究数字化和智能化与法治的关系，可以帮助确保数字化和智能化技术的应用在合法、公正、透明和负责任的前提下，保障个人权利和社会公共利益。随着数字化和智能化技术的发展，个人数据的收集、存储和处理变得越来越普遍。研究数字化和智能化与法治的关系，可以帮助人们确保合法的个人数据收集和使用，并确保个人隐私权得到有效保护。例如，一些国家和地区制定了数据保护法律和法规，规定了企业在处理个人数据时应遵循的原则和规定，包括合法性、目的限制、透明度、安全性等，以保护用户的个人隐私权。

在保障个人权利和社会公共利益层面，政府制度构建基本包含了以下几个重点关注的领域。

一是公平竞争。数字化和智能化技术的应用可能会对市场竞争产生影响，研究数字化和智能化与法治的关系可以确保公平竞争的环境。一些国家和地区对数字化和智能化领域的竞争行为进行监管，禁止垄断、限制滥用市场支配地位、规范市场竞争行为等，以维护市场的公平和透明。例如，欧盟的《通用数据保护条例》（General Data Protection Regulation，简称 GDPR），规定了个人数据的保护措施，要求企业必须尊重个人数据的隐私权和保密性，避免数据泄露和滥用等问题。美国的《美国数据隐私和保护法》（The American Data Privacy and Protection Act，即 ADPA）草案，旨在加强数据隐私和保护措施，规范企业和政府机构的数据使用行为。中国的《网络安全法》《数据安全法》要求企业必须采取措施保护用户的数据隐私和安全，加强网络安全监管和管理，防范网络犯罪等问题。新加坡的《个人数据保护法》（Personal Data Protection Act）规定了个人数据的保护措施，强调企业必须保护个人数据的隐私权和保密性。日本的《个人信息保护法》（Personal Information Protection Act）要求企业必须遵守隐私保护的规定，保护用户的个人数据不被泄露和滥用。

二是公共安全。数字化和智能化技术的应用可能涉及公共安全领域，例如，人脸识别、社会信用体系等。研究数字化和智能化与法治的关系可以确保这些技术在应用过程中遵循法律和伦理原则，保障公众的安全和权益。例如，一些国家和地区对人脸识别技术的应用进行了法律规范，明确了使用范围、权限、数据安全等要求，以确保合法、公正、透明的应用。欧盟出台了《通用数据保护条例》（GDPR），面部图像构成特殊类型个人数据下的"生物识别数据"，因而比一般个人数据适配更高的保护要求。该条例禁止未经同意处理和分享生物识别数据，特别是商业应用。并且，数据主体任何形式的被动同意均不符合 GDPR 的规定。美国旧金山市立法禁止政府机构使用人脸识别技术，因为该技术在不同性别、种族、年龄的人群中存在误识别的问题，可能导致歧视和侵犯隐私。加拿大的《个人信息保护和电子文档法》（PIPEDA）规定，个人信息的收集和使用必须经过明确的同意，并对个人信息的收集和使用进行透明和保护。中国的《个人信息保护法》规定，针对小型个人信息处理者、处理敏感个人信息以及人脸识别、人工智能等新技术、新应用，制定专门的个人信息保护规则、标准。同时，中国最高人民法院发布了《关于审理使用人脸识别技术处理个人信息相关民事案件适用法律若干问题的规定》，以 16 个条文对涉及人脸识别技术相关案件在侵权责任、合同规则以及诉讼程序方面的法律适用做出了规定，明确信息处理者若以捆绑、强迫自然人同意等手段获得人脸识别授权，法院将不予以支持。

**延伸阅读**

### Facebook 集体诉讼案

该诉讼于 2015 年首次在美国伊利诺伊州提起。一群用户对 Facebook 提起集体诉讼，指控该公司在未经用户明确同意的情况下使用了其面部识别技术。该技术允许 Facebook 自动识别和标记用户在上传照片中的面部，并向其他用户提供面部识别功能。

原告认为，Facebook 未经用户明确同意便收集和使用了其面部识别数据，从而违反了伊利诺伊州的《生物识别信息隐私法》（Biometric Information Privacy Act，简称 BIPA）。BIPA 要求在收集、存储和使用个人的生物识别信息（包括面部识别数据）时，必须事先获得用户的明确同意。

经过多年的审理，该案最终于 2020 年达成了 6.5 亿美元的和解协议。根据协议，Facebook 同意向约 160 万名受影响的用户支付补偿，并改变其面部识别技术的使用方式。

这个案件是关于面部识别和隐私权的重要诉讼之一，引起了公众对于面部识别技术和数据隐私的广泛关注，也凸显了法律界对于如何平衡科技发展和个人隐私保护之间的挑战和争议。

三是责任追究。数字化和智能化技术的应用可能会涉及社会责任和法律责任。研究数字化和智能化与法治的关系，可以明确相关主体的责任和义务，并建立相应的法律制度和监管机构。例如，一些国家和地区对互联网平台的内容管理、用户生成内容的监管等进行了规范，美国的《通信规范法》第 230 条规定互联网公司不承担用户在其平台上发布的内容的法律责任，但仍需遵守有关反诽谤和版权侵权等的法律规定。欧盟的《数字服务法案》要求互联网公司在处理用户生成内容时遵守透明度、公正性和质量等原则，并设立有效的投诉机制。《中华人民共和国网络安全法》要求网络运营者应加强对其用户发布信息的管理，发现法律、行政法规禁止发布或者传输信息的，应当立即停止传输该信息，采取消除等处置措施，防止信息扩散，保存有关记录，并向有关主管部门报告。新加坡的《网络安全法 2018》要求互联网企业应对用户生成的内容进行审核和管理，确保内容符合本地法律法规，并设立有效的投诉机制。澳大利亚的《网络安全法》规定互联网企业需要在其平台上设立有效的投诉机制，加强用户生成内容的审核和管理。印度的《信息技术法》要求互联网企业加强对用户生成内容的监管和管理，特别是在涉及国家安全和公共秩序方面。这些规范的内容和要求各不相同，但都表明了各国和地区对于互联网平台内容管理和用户生成内容的监管趋势。

### （四）推动科技与法律的融合和创新

数字化和智能化时代需要法律与科技的融合和创新，以更好地适应和引领技术的发展。研究数字化和智能化与法治的关系可以促进法律和科技的互动与合作，推动法律的创新和适应性，从而更好地应对数字化和智能化时代的挑战和机遇。在科技与法律的融合和创新方面，有许多典型的做法。

比如智能合同。智能合同是基于区块链技术和智能合约编程语言的一种创新型合同形式，通过代码和算法来执行和执行合同条款，无须第三方中介。这种技术在数字货币、数字资产和供应链管理等领域得到广泛应用。目前，智能合同的应用状况主要包括以下几个方面。

区块链领域：智能合同在区块链领域得到了广泛应用。区块链是一种分布式账本技术，智能合同可以在区块链上进行编码和存储，以实现自动化的合同执行。例如，以太坊（Ethereum）是一种支持智能合同的公链，已经成为智能合同应用最为广泛的平台之一，涵盖了金融、供应链、房地产等多个领域。

## 延伸阅读

以太坊是一种基于区块链技术的开源平台，旨在支持智能合约的创建和执行。以下是对以太坊的一些基本信息和特点描述：

区块链平台：以太坊是一个分布式的、去中心化的区块链平台，通过使用密码学技术和共识算法来确保网络的安全和可靠性。

智能合约：以太坊的独特之处在于其支持智能合约的创建和执行。智能合约是一种自动化的合约，其条款和条件以可执行的代码形式存在于区块链上。这使得开发者能够创建去中心化的应用程序（DApps）和协议，实现各种功能和交互。

以太币（Ether）：以太坊网络的本机加密货币称为以太币（Ether，简称 ETH）。以太币在以太坊网络上用作交易费用和激励机制，同时也是智能合约的执行单位。

可编程性：以太坊的设计目标之一是提供高度可编程性，使开发者能够构建各种不同类型的去中心化应用程序。以太坊使用一种名为 Solidity 的编程语言来编写智能合约。

ERC-20 标准：以太坊引入了 ERC-20 标准，这是一种用于创建代币的技术规范。许多加密货币项目都选择在以太坊上发行自己的代币，因为 ERC-20 标准提供了一种标准化的方式来定义和管理代币。

去中心化应用生态系统：以太坊的目标之一是建立一个强大的去中心化应用生态系统。这个生态系统由各种 DApps、智能合约、代币和基于以太坊的协议组成，涵盖了金融、游戏、身份验证、供应链管理等各个领域。

以太坊在区块链领域具有重要地位，它推动了智能合约和去中心化应用的发展，并为开发者提供了一个强大而灵活的平台来构建创新的区块链解决方案。

金融行业：智能合同在金融行业的应用也较为广泛。例如，智能合同可以用于数字货币和资产的交易和管理，实现自动化的支付、结算和合规操作；还可以用于保险合同的理赔和理赔处理，简化和加速了理赔流程。

跨境贸易：智能合同在跨境贸易中的应用也逐渐增多，可以用于自动化的国际贸易合同，包括订单、付款和物流等环节，提高了交易的透明度、可信性和效率。例如，一些跨境电商平台已经开始使用智能合同来管理供应链和支付结算。

不动产和知识产权：智能合同在不动产和知识产权领域也有应用。例如，可以用于不动产交易和产权登记，实现交易的安全、透明和高效；还可以用于知识产权的管理和授权，确保知识产权的合法权益。

其他领域：智能合同在其他领域的应用也在不断拓展，包括供应链管理、能源交易、医疗健康等。智能合同的应用正在不断演进和发展，尚处于不断探索和实践阶段。

需要注意的是，智能合同的应用状况在不同地区和行业之间存在差异，目前还存在一些技术、法律、隐私等方面的挑战和限制，需要不断解决和完善。随着技术的不断发展和应用场景的扩展，智能合同有望在未来发挥更加重要的作用。

### （五）数据隐私保护

随着数字化时代数据隐私保护的重要性日益凸显，一些创新型技术和方法被引入以加强数据隐私保护。例如，差分隐私技术可以在保护数据隐私的同时，保持数据可用性和可分析性，从而实现隐私保护和数据分析的平衡。一个应用差分隐私技术的例子是谷歌的 COVID-19 接触者追踪应用程序。该应用程序旨在帮助公众识别和接触 COVID-19 患者。当用户选择参与该应用程序时，他们的位置数据被收集并进行差分隐私处理。这意味着位置噪声被添加了一些随机噪声，以确保不可能通过重新识别单个用户来揭示其位置。然而，仍可以在病毒暴发时用这些数据来识别病毒暴发的趋势和热点地区，以帮助公共卫生官员采取相应的措施。通过采用差分隐私技术，该应用程序可以保护用户的隐私，同时提供有用的信息来帮助控制疫情的传播。

### （六）人工智能与法律

人工智能在法律领域的应用也在不断创新。例如，自动化的法律文书生成和自然语言处理技术可以提高律师和法律从业者的效率和精确性。此外，人工智能在法律风险评估、合同管理、法律预测等方面也得到广泛应用。

## （七）电子司法

电子司法是利用数字技术和互联网实现司法流程的数字化和自动化。例如，一些国家和地区已经引入在线诉讼平台和电子法庭系统，使诉讼过程更加高效和便利。同时，电子司法也涉及数字证据的采集、认证和管理等方面的创新做法。例如，英国的"HMCTS 在线"为民众和律师提供了一个简单易用的在线平台，可用于提交文件和处理民事、刑事诉讼等业务。自 2019 年上线以来，该平台被广泛使用，其中包括在线申请离婚、在线处理交通罚单等各种案件。在美国，一些州已经引入电子诉讼平台，例如，纽约州的"纽约电子诉讼系统（NYSCEF）"和得克萨斯州的"得克萨斯州电子诉讼网络（eFile Texas）"。这些平台使律师和民众能够在线提交法律文件，并在线查看法庭决定和案件进展情况。此外，新加坡的"电子诉讼平台"可用于管理各种民事和刑事案件，从提交文件到庭审都可在线进行。该平台使法院工作人员能够更高效处理案件，并为当事人提供更加便捷地访问司法系统的途径。

## （八）互联网金融与监管科技

例如，虚拟货币和区块链技术对传统金融业务和监管体系产生了深刻的影响，促使相关法律法规的创新和完善。

美国金融行动特别工作组（FATF）发布了一份针对虚拟货币交易的指导意见，明确了虚拟货币交易所需要遵守的反洗钱（AML）和反恐怖融资

（CFT）法律法规。

2017 年，日本颁布了《支付服务修正法案》，将虚拟货币纳入其监管范畴，并设立了虚拟货币交易所的许可制度。此外，日本还成立了虚拟货币交易所协会，对虚拟货币交易所进行自律监管。

欧洲证券及市场管理局（ESMA）和欧洲银行业监管局（EBA）等机构发布了一系列针对虚拟货币和区块链技术的指导意见和建议，旨在促进欧洲金融监管体系的创新和完善。

我国央行及七部委曾于 2017 年发布《关于防范代币发行融资风险的公告》，明确禁止一切形式的代币发行融资活动。此外，中国还加强了对虚拟货币交易所的监管，多次关闭和取缔涉嫌违法违规的交易所。

这些案例表明，虚拟货币和区块链技术已经引起了国家和地区监管机构的高度关注，相关的法律法规也在不断创新和完善，以适应新形势下的金融业务和监管体系。这些新的应用趋势都展示了科技与法律的融合和创新，推动了法律领域的现代化和适应数字化时代的发展趋势。然而，随着科技的不断进步和社会的不断变革，科技与法律的关系也将继续演进和创新。

总而言之，研究数字化、智能化与法治的重要性和意义在于深入理解数字化时代对传统法律和法治的冲击，解决数字化时代的法律问题，保障个人权利和社会公共利益，推动科技与法律的融合和创新，从而更好地应对数字化和智能化时代的变革和挑战。通过研究数字化和智能化与法治的关系，可以促进法律的发展与创新，为数字化和智能化时代的可持续发展提供支持，保障个体权利，维护社会公共利益，推动科技与法律的协调发展，从而实现数字化和智能化时代的法治化和智能化。此外，深入研究数字化、智能化与法治的关系还有助于各国之间的法律协调与合作，促进国际数字化和智能化技术的合规和规范化，推动全球数字经济和科技创新的持续发展。

综上，研究数字化、智能化与法治的重要性和意义不仅体现在应对数字化和智能化时代带来的法律问题和挑战上，也体现在推动法律和科技的融合与创新，保障个体权利和社会公共利益，促进国际合作与规范化发展上。数字化和智能化时代，对法治和智能技术提出了新的要求和挑战。因此，深入研究数字化、智能化与法治的关系，对于促进可持续发展和实现数字化时代的法治目标具有重要的意义。

真正的问题并不是智能机器能否产生情感，
而是机器是否能够在没有情感基础的前提下产生
智能。

——马文·明斯基（Marvin Minsky）

# 第二章

# 数字化时代的法治概述

数字化时代不仅需要技术的创新，也需要法律的创新。

——里德·黑特兰（Reed Hundt）

在数字化时代，技术的快速发展和数字信息的普及已经对社会和人类的各个领域产生了深远影响。数字化的浪潮给人们的生活带来了便利和机遇的同时也带来了新的法律，也对伦理带来了新的挑战。在该背景下，数字化时代的法治理念与应对变得至关重要。

法治是指以法律为基础，通过制定、执行和适用法律，确保社会秩序和公正的原则。当下，法治的概念需要与技术的快速发展相结合，以应对数字化时代所带来的各种挑战。数字化时代的法治不仅仅涉及传统的法律框架和规范，还需要适应新兴技术和数字领域的特殊情况。

数字化时代的法治需要解决一系列重要问题。例如，数据隐私和安全、知识产权保护、网络犯罪、数字身份识别以及人工智能的伦理和责任等。同时，数字化时代也给了法律领域创新的机会。例如，在线争端解决、智能合同和区块链技术等，这些新的法律工具有助于更好地适应数字化时代的需求。

数字化时代的法治，其重要性不仅在于确保公正和秩序，还在于保护个人权利、平衡权力关系、促进公众信任和社会稳定。只有通过健全的法律制度和有效的执法，我们才能在数字化时代中实现可持续发展和人类福祉的目标。因此，数字化时代的法治需要不断演进，以应对技术和社会的不断变化。这需要政府、法律界、技术界和公众的共同努力，建立合作机制，制定适应时代需求的法律政策和规范，以确保公正、公平和可持续的数字化社会。

# 一、数字化时代的定义、特点和趋势

## （一）数字化时代的定义

数字化时代是指在信息技术高度发展的背景下，数字技术在社会、经济、文化等领域被广泛应用和深入渗透的时代。它以数字技术为核心，涵盖了数字化产业、数字化经济、数字化社会和数字化生活等多个方面。可以把数字化时代比作一个全新的交通网络，就像交通网络可以让人们更方便地到达目的地一样，数字化技术可以让信息传播得更快速、更广泛，便于人们获取、处理和分享。

过去，你想要找到某个商品或服务，可能需要走许多家店铺或打很多电话才能找到合适的选择。但在数字化时代，你可以在网上搜索，找到许多不同的选择，并通过在线评价和社交媒体了解其他人的经验和建议，更加便捷地做出决策。同样地，数字化时代也让企业和组织更容易将信息传达给广大受众，通过社交媒体、电子邮件、移动应用等各种渠道与客户和利益相关者进行互动。数字化时代的到来，已经极大地改变了我们的生活方式和工作方式，成为推动社会进步和经济发展的重要力量。

## （二）数字化时代的特点

从总体上看，数字化时代的特点概括起来主要包括以下几个方面。

### 1. 数字化趋势发展迅猛

数字化（Digitalization）是指将模拟信息转换为数字形式，通过数字技术和数字平台实现信息的数字化、存储、处理和传输的过程。它是数字化时代的核心特征。

数字化绝对不是传统意义上的信息。许多人没有搞清楚数字化与信息化之间的区别，认为信息化等同于数字化，这样理解便是对数字化的误解。信息化可以简单地理解为基于一个业务点或者线来展开，数据只是信息系统的一个附加品，原先线下的物理信息连接到线上由计算机识别并储存。数字化则是将数据看成资产来进行有效运营，并链接不同需求方的全方位互动形式。

数字化的发展历史可以追溯到 20 世纪计算机技术的起步阶段，经过了多个阶段的演变和推动。

（1）电子计算机时代（20 世纪 40—50 年代）。电子计算机的出现标志着数字化的起步。早期的电子计算机如 ENIAC 和 UNIVAC 等，以其强大的计算能力和数据处理能力为数字化奠定了技术基础。数字化主要应用于科学、军事和工业等领域。

（2）计算机网络时代（20 世纪 60—80 年代）。随着计算机技术的不断发展，计算机网络开始崭露头角。20 世纪 60 年代末 70 年代初，互联网的雏形开始出现，为数字化的全球传播和共享奠定了基础。随着互联网的逐步发展，电子邮件、文件传输协议（FTP）、万维网（World Wide Web）等技术的出现，推动了数字化的快速发展。

（3）数字通信时代（20 世纪 90 年代—21 世纪初）。数字通信技术的发展为数字化提供了更加高效、便捷的传输方式。数字化通信技术如数字移动通信、数字电视、数字广播等的出现，促进了数字化在媒体、通信和信息传输领域的广泛应用。此时还涌现了众多数字化的标志性产品和服务，如个人电脑、数字相机、数字音乐、数字电影等。

（4）移动互联网时代（21 世纪 10 年代至今）。移动互联网的崛起进一步推动了数字化的发展。智能手机和移动应用的普及，使得数字化得以深入个人生活、社交互动、商务交流等各个方面。同时，云计算、大数据、人工智能等新兴技术的发展，也为数字化提供了更加强大的技术支持，推动了数字化在各行各业的广泛应用。

随着科技的飞速发展和人类社会的不断进步，预计未来数字化将进一步融合和渗透到各个领域，包括人工智能、物联网、区块链、生物技术等，将对经济、社会、文化和个人生活等方面产生深刻影响。未来数字化将进一步推动产业升级、优化资源配置、提升生产效率、提高生活质量等，同时也面临着数据安全、隐私保护、伦理道德等挑战和问题，需要综合考虑技术、经济、社会和法律等多方面的因素来推动数字化的持续发展。

数字化的发展历史可看作是从电子计算机时代到计算机网络时代，再到数字通信时代和移动互联网时代的不断演进。每个时代都带来了新的技术、应用和机遇，推动了数字化在各个领域的广泛应用和不断发展。

## 延伸阅读

第四次科技革命，也被称为"工业4.0"或"智能工业"，是指在数字化、智能化、网络化和信息化的基础上，将生产、物流、服务等各个环节整合成一个全球性的生产网络，以实现高效、柔性和个性化的生产模式。

在第四次科技革命中，数字化和智能化起着关键作用。数字化是第四次科技革命的基础，是实现信息化和网络化的关键。通过数字化，可以实现对数据的高效处理、传输和存储，实现各个环节的无缝连接和协同作业。而智能化则是第四次科技革命的核心，是实现自主、智能、高效的生产模式的关键。通过智能化技术，可以实现对生产过程的自动化和智能化控制，以提高生产效率和质量，降低生产成本。

　　数字化和智能化技术在第四次科技革命中的应用非常广泛。在生产领域，数字化技术的应用可以实现生产过程的数字化和自动化控制，提高生产效率和质量。例如，工业物联网技术可以实现对生产过程的实时监测和控制，以提高生产效率和生产质量。而智能化技术则可以实现对生产过程的自主控制和智能调节，以适应生产环境的变化和需求的变化。例如，机器人和人工智能技术可以实现对生产过程的智能化控制和优化，以提高生产效率和生产质量。

　　在服务领域，数字化和智能化技术的应用也非常广泛。例如，在物流和配送领域，数字化技术可以实现对货物的实时跟踪和监测，以提高物流效率和准确性。而智能化技术则可以实现对配送路线和时间的优化和智能调度，以提高配送效率和准确性。

　　因此，数字化和智能化技术在第四次科技革命中扮演着非常重要的角色。它们的应用和发展，将推动人类社会迈向更高层次的生产和服务模式，实现高效、柔性和个性化的生产和服务。

## 2. 数据经济规模巨大

　　根据中国信通院发布《全球数字经济白皮书（2022年）》，数字经济是全球经济复苏的重要支撑，2021年47个国家的数字经济增加值总规模达到了38.1万亿美元，同比名义增长15.6%，占GDP的比重达到了45.0%。产业数字化是数字经济发展的主要驱动力，占比高达85%。其中，第三产业数字化引领了行业转型发展，数字经济在一二三产业中的占比分别为8.6%、24.3%和45.3%。发达国家在数字经济方面具有明显的领先优势。2021年，发达国家数字经济规模达到了27.6万亿美元，占47个国家总量的72.5%。数字经济在发达国家的占比为55.7%，远高于发展中国家的29.8%。从增速来看，发展中国家数字经济同比名义增长22.3%，高于同期发达国家数字经济增速 9.1 个百分点。中、美、欧三极格局在全球数字经济发展中占据重要地位。2021 年，美国数字经济规模达到 15.3 万亿美元，位居世界第一，中国数字经济规模为 7.1 万亿美元，位居第二。德国、英国和美国数字经济在各自国家 GDP 中的占比均超过了 65%。全球主要国家的数字经济同比高速增长，挪威数字经济同比增长 34.4%，位列全球第一。

数字经济包括了数字技术、数字化产业和数字化应用在经济中的广泛应用，涵盖了数字化产业、数字化服务、数字化贸易、数字支付、数字金融、数字政务等多个领域。数字经济的快速发展对中国经济的增长、就业和创新产生了积极影响，并在中国经济转型升级中发挥了重要作用。

### 3. 数字化产业全面推进

数字化产业是指利用数字技术和互联网进行创新、生产和交付产品和服务的产业。数字化产业包括了各种领域，如互联网、电子商务、数字娱乐、人工智能、大数据、物联网、云计算、数字金融等。数字化产业方面，欧美国家相对发达，拥有众多科技企业和创新公司，如谷歌、苹果、亚马逊、微软等。这些企业在互联网、人工智能、大数据、物联网等领域积累了丰富的经验和技术实力。

（1）互联网用户数量。互联网用户数量是衡量数字化产业用户基础的重要指标。根据世界银行和万维网科学研究所（IWS）公布的数据，2019—2022 年全球互联网行业用户数量逐年上升。2021 年，全球互联网行业用户总数达 51.69 亿人，同比增长 11.24%。截至 2022 年 6 月 30 日，全球互联网行业用户数达 53.86 亿人。

（2）电子商务交易额。电子商务交易额是数字化产业中电子商务领域的核心指标。根据联合国贸发会议（UNCTAD）发布的《全球电子商务报告（2020 年版）》数据，截至 2020 年，全球电子商务交易额达到了 26.7

万亿美元，同比增长了 4%，占全球零售总额的 19%。据媒体报道，2021年，全球电商市场交易规模超 5.3 万亿美元（约合 34.72 万亿人民币），同比增长 14%，移动设备交易额占所有电商消费额的 52%。预计到 2025 年，全球电商交易规模将达到 8.3 万亿美元（约合 54.37 万亿人民币），其中，亚太地区将达到 4.33 万亿美元（约合 28.36 万亿人民币），欧洲将达 1.4 万亿美元（约合 9.17 万亿人民币），北美将为 2.23 万亿美元（约合 14.61 万亿人民币）。

（3）人工智能应用。人工智能在数字化产业中得以应用广泛，涵盖了自然语言处理、图像识别、机器学习、智能推荐等领域。根据市场研究公司 Tractica 的研究报告，2025 年全球人工智能芯片的市场规模将达到 726 亿美元，年均复合增长率达 46.14%。AI 将成为未来高性能计算领域的主要需求。

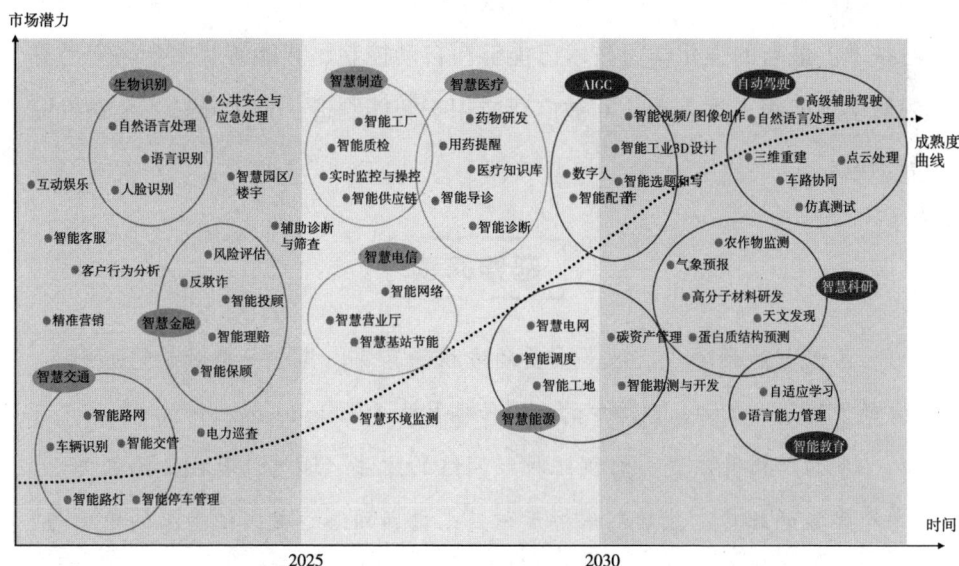

图 2-1　IDC 人工智能场景应用发展示意图[1]

---

[1] 来源：互联网数据中心。

人工智能是一个快速发展的领域，在技术方面取得了令人瞩目的成果。

自然语言处理（NLP）：NLP是一种使计算机能够理解和处理人类语言的技术。最新的NLP技术已能够实现语言翻译、语音识别、语义理解和情感分析等功能，并被广泛应用于语音助手、在线翻译、自然语言搜索等领域。

图像识别和计算机视觉：图像识别和计算机视觉是使计算机能够理解和分析图像的技术。最新的技术已能够实现图像分类、目标检测、图像分割、人脸识别等功能，并被广泛应用于智能监控、自动驾驶、医学图像分析等领域。

深度学习：深度学习是一种基于神经网络的机器学习技术。最新的深度学习技术已能够在语音识别、图像识别、自然语言处理等领域实现超级人类表现，并被广泛应用于自动驾驶、智能机器人、金融风险控制等领域。

强化学习：强化学习是一种通过不断试错和奖惩来改进决策的机器学习技术。最新的强化学习技术已能够在自动控制、智能游戏、金融交易等领域实现超级人类表现，并被广泛应用于智能制造、自主导航、金融投资等领域。

## 延伸阅读

人工智能领域中有很多重要的方程和算法，其中一个对于它影响最大的方程是人工神经网络中的反向传播算法（Backpropagation）。

反向传播算法是一种训练神经网络的方法，通过计算损失函数关于每个参数的梯度，然后利用梯度信息来更新网络参数，使网络的输出与期望的输出更加接近。该算法的提出使得深度神经网络能够有效地进行训练，解决了以往神经网络在训练过程中面临的困难。

通过反向传播算法，神经网络可以从大量的数据中学习并提取特征，实现图像识别、语音识别、自然语言处理等领域的突破。它的广泛应用为深度学习的兴起奠定了基础，推动了人工智能的快速发展。

需要指出的是，除了反向传播算法，还有其他许多重要的方程和算法对人工智能的发展产生了巨大影响，如梯度下降算法、卷积神经网络、长短期记忆网络（LSTM）等。这些方程和算法相互交织、相互促进，共同推动了人工智能技术的进步。

反向传播算法可以分为两个主要步骤：前向传播和反向传播。

前向传播：输入数据通过神经网络进行前向传递，每一层都对输入进行加权求和并通过激活函数进行非线性变换，产生输出。这个过程一直持续到达到输出层，得到神经网络的预测结果。

反向传播：首先，通过与预期输出进行比较，计算神经网络的预测误差（损失）。然后，反向传播算法从输出层开始，根据链式法则逆向计算每个参数对于损失的贡献度。根据这些贡献度，调整每个参数的值，使得网络的输出误差最小化。这个过程反复进行，直到达到预定的停止条件（例如，达到最大迭代次数或损失函数收敛）。

通过反向传播算法，神经网络可以根据预期输出和实际输出之间的误差，自动调整网络中的参数，以提高预测的准确性。这种算法的关键在于计算每个参数的梯度，以指导参数更新的方向和幅度。

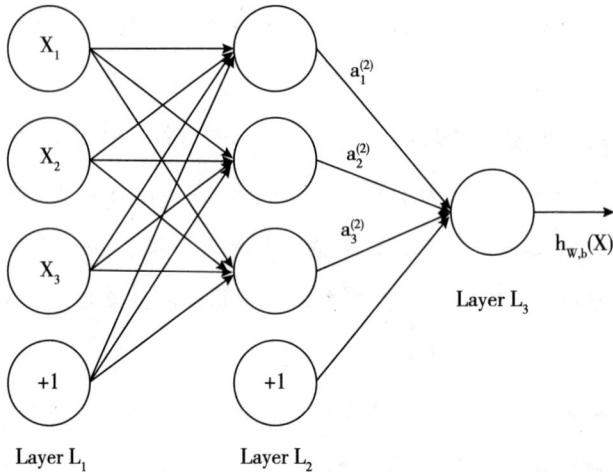

图 2-2 反向传播算法神经模拟图

### 4.大数据的广泛应用

数据化是数字化时代的重要特征。数字化时代产生了大量的数字化数据，包括个人信息、企业数据、社会数据等。这些数据被广泛采集、存储和分析，从而推动了数据驱动的决策和创新，促进了智能化的发展。根据国际数据公司（IDC）的预测，到 2025 年，全球每年产生的数据量将达到 175Zettabytes（1Zettabyte=10^21Bytes）。大数据在数字化产业中应用广泛，涵盖了数据分析数据挖掘、数据驱动的决策等领域，数字化时代对于数据的处理和分析能力要求日益增长。根据市场研究公司 IDC 发布的《2021年 V1 全球大数据支出指南》数据，全球大数据和分析市场规模预计将在 2024 年达到 2983 亿美元。根据 IDC 的数据，到 2025 年，全球约 70% 的企业将依赖数据驱动决策，以提高业务效率和创新能力。根据市场研究公司 Gartner 的预测，到 2022 年，全球约 75% 的企业将投资于数据分析和人工智能技术，以提高业务决策和创新能力。同时，数字化时代促进了跨组织、跨国界的数据共享和合作。例如，开放数据平台、数据联邦和数据协作成为数字化时代的趋势，通过共享和合作数据，可以实现更好的创新和合作。

### 5. 移动化是数字化时代的显著特点

移动设备如智能手机和平板电脑的普及，使得人们可以随时随地通过移动互联网获取信息、进行交流和在线活动。移动应用和移动支付等技术的迅猛发展，改变了人们的生活方式和消费习惯。根据国际电信联盟（ITU）的数据，截至 2021 年底，全球移动手机用户数量约为 54.1 亿人，占全球人口的约 68.4%。这显示了全球移动手机的广泛普及和普遍应用。随着移动技术的不断发展和智能手机的普及，移动手机已成为人们生活和工作中不可或缺的一部分，对于数字化时代的经济、社会和文化发展产生了深远影响。

### 6. 数字化时代强调开放性和共享性

开放源代码、开放数据、开放创新等概念在数字化时代得到广泛应用，促进了创新和合作，推动了数字经济和数字社会的蓬勃发展。

### 7. 安全和隐私保护要求高

数字经济产生了极大动能，但相关的问题也随之而来。对人类而言，是否已经做好充分的准备应对它可能产生的各类法律与道德问题，这是一项复杂而严峻的考验。随着大数据和互联网的普及，数据隐私和安全成为数字化产业中的重要法律问题，也出现了一些数据泄露和网络安全事件。面对日益复杂的数据保护和隐私安全形势，欧盟于 2018 年实施的《通用数据保护条例》（GDPR）规定了对个人数据的保护和处理要求，涉及全球范围内的跨境数据传输和用户隐私权的保护。

（1）数字化产业中的数字产权保护

一是数字知识产权的保护是创新和创意的重要推动力。数字化技术的快速发展催生了大量的数字化内容和创新作品，如软件、数字媒体、数字艺术等。保护数字知识产权，包括专利、商标、著作权等，可以激励创新者和创意人创造更多具有商业和社会价值的数字化作品，促进数字经济的繁荣和持续发展。例如，数字电影《阿凡达》。影片由詹姆斯·卡梅隆执导，于 2009 年上映。该片采用了先进的 3D 数字影像技术，创造出了一个绚丽的幻想世界，让观众感觉如同身临其境。电影宏大的视觉效果、强大的故事情节和深刻的主题，引起了广泛的社会讨论和思考，无疑《阿凡达》是一部成功且影响深远的数字化作品。又比如，由拉斐尔·洛扎诺·赫默（Rafael Lozano-Hemmer）创作的《脉冲》。该作品由两个互动式安装装置组成，使用了大量的传感器、光线和音效技术，以及计算机算法和程序。作品的第一个组件名为"搏动指数（Pulse Index）"，展示了几千个参观者的心率，并将其呈现为闪烁的灯光和音效。第二个组件名为"脉冲室（Pulse Room）"，是一个互动式安装，让参观者在整个空间中看到自己的心率呈现出的光影效果。这个作品不仅是数字化的科技杰作，同时也体现了人体与技术的互动和交流。

二是数字化技术的快速发展和信息互联网的普及，使数字知识产权的保护变得复杂和困难。数字化内容的复制、传播和使用变得更加容易，侵权行为也更加难以监管和打击。

另外，数字化技术本身也对传统的知识产权保护模式和法律框架提出了新的挑战。例如，区块链技术对版权管理和数字鉴权的影响。传统的数字鉴权方式存在着被篡改、被冒用等风险，而区块链技术可以实现去中心化、公开透明、不可篡改、不可伪造等特点，从而可以更加安全、高效地进行数字鉴权和版权管理。具体来说，区块链技术可以通过将版权信息和数字内容的哈希值等信息记录在区块链上，实现数字内容的唯一性和不可篡改性。这些信息可以通过智能合约实现自动化管理和控制，从而确保版权方的权益得到保护。区块链技术还可以实现版权交易的去中介化，即通过智能合约实现版权交易的自动化，从而降低版权交易的成本和时间，这对于版权方和使用方都是一种好处。

**延伸阅读**

哈希值是指将任意长度的消息（明文）压缩成一个固定长度的字符串，该字符串通常用于确保数据的完整性和唯一性。哈希算法是一种将数据转换为哈希值的算法，通常用于加密和安全领域中。

哈希值具有以下特点：

唯一性：不同的明文产生不同的哈希值，同一个明文产生的哈希值也是唯一的。

不可逆性：无法从哈希值反推出明文，哈希算法只能将数据转换为哈希值，无法将哈希值还原为原始数据。

固定长度：不同长度的明文经过哈希算法处理后，产生的哈希值长度是固定的。

常见的哈希算法包括 MD5、SHA-1、SHA-256 等。哈希值广泛应用于数字签名、数据完整性校验、密码存储等场景。

三是数字化时代具有跨国界和跨领域的特点，数字知识产权的保护需要国际合作和跨领域合作。各国应加强合作，共同制定和完善数字知识产权保护的国际标准和法律框架，加强知识产权的跨国界执法合作，共同应对数字化时代的知识产权保护挑战。2018 年 7 月，《第二十次中国欧盟领导人会晤联合声明》指出中欧双方强调推广与保护知识产权对于创新与可持续发展的重要性，并承诺加强中欧知识产权对话，深化知识产权保护合作，并充分利用新的技术合作项目。民间组织间的合作加强，在知识产权维护中的作用日益突现，如国际反假冒联盟（International Anti Counterfeiting Coalition，简称 IACC）在国际活动中的活跃。该组织成立于 1978 年，起初由世界上 15 家知名制造商自发成立，随后，该组织的作用和意义逐渐扩大，目前参加该联盟的已有 32 个国家和地区的公司和社团共计 220 家。

四是数字知识产权保护需要综合施策，包括法律、技术和教育等多层次的手段。法律方面，需要不断完善数字知识产权的法律法规和执法手段，加大侵权行为的打击和处罚力度；技术方面，可以通过数字水印、数字签名、数字版权管理等技术手段，加强对数字内容的鉴权和保护；教育方面，应当加强对数字知识产权的普及和教育，培养公众的版权意识和合法使用数字内容的观念。

五是数字知识产权保护还要注重平衡不同利益关系。数字知识产权保护应当综合考虑创新者、创意人、用户、产业链各方的利益。要避免过于严格的保护措施对创新和数字经济发展造成不必要的限制，也要防止盲目放宽保护导致侵权行为泛滥。应当在法律和政策制定上寻求平衡，确保数字知识产权保护能够促进创新和经济发展的可持续性。

六是数字知识产权保护需要创新和灵活的管理方式。数字化时代的知识产权保护需要采取创新和灵活的管理方式，与数字技术的发展相适应。例如，可以通过建立数字化的知识产权管理平台，提供便捷的数字鉴权和版权管理服务；可以探索基于区块链技术的数字知识产权保护方式，实现去中心化的版权管理；可以借助人工智能等技术，加强对侵权行为的监测和打击。

（2）网络安全所涉及的相关性问题

随着数字化产业的发展，网络诈骗和电子犯罪也在不断增加。例如，网络钓鱼、网络诈骗、电子支付欺诈等形式的电子犯罪案件层出不穷。这些案件涉及网络安全、用户权益和金融安全等多个法律领域。综合分析，近年来，全球网络诈骗和电子犯罪呈现以下特点。

第一，网络犯罪呈上升趋势。

犯罪分子利用互联网和数字技术的便利性和匿名性，实施各种形式的诈骗、网络攻击、数据盗窃、网络钓鱼等犯罪活动。据统计，全球范围内的网络诈骗和电子犯罪案件数量逐年增加，涉及金额也不断攀升。美国联邦调查局（FBI）数据显示，2019年美国报告的网络犯罪案件数量为467,361起，涉及损失总金额超过35亿美元。欧洲刑警组织（Europol）发布的《欧洲联合体犯罪报告》指出，2019年欧洲范围内的网络犯罪案件增长迅速，尤其是金融诈骗和网络勒索软件攻击等类型的案件。

## 延伸阅读

### 全球网络犯罪的统计数据和趋势

网络攻击数量增加：自2019年以来，全球网络攻击数量持续增加，其中包括恶意软件攻击、勒索软件攻击、数据泄露等。

全球网络犯罪的增长与数字化社会的发展密切相关。随着数字化程度的提高，企业、政府和个人都更加依赖于网络，网络攻击者也利用这一点来盗窃数据、破坏基础设施等。

网络犯罪者的目标通常是企业、政府和金融机构。这些目标通常拥有大量的敏感信息和财务数据。因此，成为攻击者的目标。

网络犯罪往往跨越国界从事。因此，打击网络犯罪需要各国政府和执法机构之间的合作。

总体来说，全球网络犯罪活动呈现出不断增长的趋势，这就对企业、政府和个人的网络安全意识提出了更高要求。加强网络安全意识，采取更多的措施来保护个人和企业的信息安全是非常重要的。

据中国公安部公布信息显示，截至 2022 年 11 月底，全国共破获电信网络诈骗案件 39.1 万起，同比上升 5.7%；全力打好网络犯罪歼灭战和网络空间生态治理战，共侦办侵犯公民个人信息、黑客破坏攻击等网络犯罪案件 8.3 万起，打掉各类网络黑产团伙 8700 余个，抓获犯罪嫌疑人 15.6 万名。据 2022 年中国互联网金融风险专项整治工作领导小组发布的数据显示，近 5000 家 P2P 网贷机构全部停业，过去 5 年累计查处非法集资案件 2.5 万起。据 2022 年全国检察长会议公布的数据显示，全年共有起诉利用网络实施诈骗、赌博等犯罪 23.7 万人。

澳大利亚竞争与消费者委员会（ACCC）发布的《2019 年澳大利亚网络诈骗报告》显示，2019 年澳大利亚报告的网络诈骗案件数量达到 25.6 万起，涉及损失金额超过 1.32 亿澳元。澳大利亚公平竞争和消费者委员会（ACCC）发布的数据显示，2022 年，澳大利亚因网络诈骗损失创下历史新高，损失总额达到 31 亿美元，相比 2021 年增加了 80%。其中，网络投资类诈骗损失最大，达到 15 亿美元，远程访问诈骗和支付重定向诈骗分别造成了 2.29 亿美元和 2.24 亿美元的损失。

第二，犯罪活动通常具有隐蔽性和复杂性。

一是跨国性质。犯罪分子可以通过互联网跨越国界实施犯罪活动，导致了犯罪侦查和打击的复杂性，涉及不同国家之间的法律、执法合作和信息共享等问题。犯罪分子经常利用虚拟私人网络（VPN）等技术手段掩饰自己的真实身份和位置，增加了打击网络诈骗和电子犯罪的难度。

2018 年，国际警察组织（国际刑警组织）与多个国家和地区警方合作，成功破获了一起涉及全球多国的网络诈骗案件，捣毁了涉案的犯罪团伙。该案件涉及一起电信诈骗，罪犯通过在互联网上设立虚假客服中心和金融机构网站，诱骗受害人提供个人和金融信息，并骗取巨额财产。该犯罪团伙通过网络技术和跨国合作，将犯罪范围扩散至多个国家和地区，包括中国、菲律宾、马来西亚、泰国等。通过跨国合作，警方成功抓获了涉案嫌疑人，并在多个国家和地区追回被骗资金。这次成功的案例表明，跨国合作在打击跨国网络犯罪中起到了关键作用，不仅有助于追究犯罪分子的刑事责任，还有助于保护受害人的权益和维护网络安全。

二是犯罪手段的多样化。网络诈骗和电子犯罪的手段多种多样，包括电子邮件诈骗、假冒网站、网络钓鱼、勒索软件攻击、社交媒体诈骗、在线支付欺诈、网销假冒伪劣产品等。犯罪分子不断创新和变换手段，以应对法律和技术的打击，增加了网络诈骗和电子犯罪的难以防范性和打击的复杂性。如2016年，英国 Tesco 银行的近万名客户在一夜之间遭受大规模的账户被盗，共损失数百万英镑。调查发现，这次事件是由外部黑客利用银行系统的漏洞实施的电子犯罪行为。2017年，全球范围内爆发了"蠕虫式"勒索病毒软件 WannaCry 攻击事件，该病毒利用 Windows 操作系统漏洞传播，感染了全球数十万台计算机，也包括中国的企事业单位和个人用户。此次攻击造成了严重的数据损失和经济损失，引发了全球范围内的关注和警惕。

这些统计数据表明，网络诈骗和电子犯罪目前已经成为一项严重的社会问题，涉及金额巨大且呈增长趋势。

网络诈骗和电子犯罪的复杂性和跨国性质要求提高综合治理的手段和方法。政府、企业、社会组织和个人应共同参与网络诈骗和电子犯罪的防范和打击。这包括加强法律法规建设，提高执法力度和技术手段，加强国际合作和信息共享，提升个人和企业的网络安全意识和防范能力，推动技术创新和安全标准的提升等。许多国家和地区的政府采取了措施来加强网络诈骗和电子犯罪的打击。例如，美国特勤局将其电子犯罪特别工作组（Electronic Crimes Task Force）和金融犯罪特别工作组（Financial Crimes Task Force）合并为一个名为网络欺诈特别工作组（Cyber Fraud Task

Force，简称 CFTF）的统一组织，在美国和欧洲都设有办公室等专门机构，负责调查和打击网络犯罪活动。中国也设立了国家反诈中心等机构，推动网络诈骗和电子犯罪的预防和联合治理工作。

许多企业在其信息安全管理中采取了措施来预防和应对网络诈骗和电子犯罪。例如，金融机构采取了多层次的安全措施来保护客户的金融信息，包括加密技术、身份验证和欺诈检测系统。科技公司也投入了大量资源来研发和部署先进的网络安全解决方案，以保护其产品和服务的安全性。许多社会组织致力于提高公众对网络诈骗和电子犯罪的认知，并为受害者提供支持和帮助。例如，消费者保护组织、网络安全协会和非营利组织等，通过举办宣传活动、提供咨询和援助服务，帮助公众识别和防范网络诈骗和电子犯罪。

个人在网络诈骗和电子犯罪的防范和打击中也起着重要作用。个人应加强对网络安全的意识，谨慎对待陌生人的联系和信息，不轻信陌生人的诱骗和要求。个人应保护好个人隐私和账户信息，使用强密码，并定期更新软件和应用程序，以减少被攻击的风险。

这些只是网络诈骗和电子犯罪防范和打击的一部分举措，综合治理网络犯罪需要政府、企业、社会组织、个人共同参与，形成合力，共同保护网络空间的安全和稳定。

在应对网络诈骗和电子犯罪时，预防为主是重要原则。通过加强个人和企业的网络安全教育，提升网络安全意识和防范能力，减少网络诈骗和电子犯罪的发生。此外，加强网络安全技术的研发和应用，提高网络安全的技术防范水平，对网络诈骗和电子犯罪进行及时监测、预警和打击，从源头上减少犯罪活动的发生。综上所述，面对网络诈骗和电子犯罪在全球范围内的严峻形势，有效打击犯罪活动已超过单个国家努力的范畴。因此，各国政府、执法机构和企业应加强合作，共同推动网络安全和信息保护工作，保护个人和社会的合法权益。

### （三）数字化时代的发展趋势

1. 人工智能、机器学习、自然语言处理等智能化技术将继续快速发展，推动数字化时代向智能化时代迈进。

智能化技术将在各个领域得到广泛应用，包括自动驾驶、智能医疗、智能城市等，进一步改变人类生产、生活和社会组织方式。例如，在自动驾驶方面，欧美国家在自动驾驶技术领域积累了丰富的技术创新经验，包括激光雷达、相机、传感器、人工智能等关键技术的不断突破和应用。欧美国家形成了自动驾驶技术产业生态，涵盖了自动驾驶硬件、软件、系统集成、测试验证等多个领域，形成了一定的产业规模和价值链。欧美国家在自动驾驶技术的法律法规和标准制定方面较为成熟，包括对自动驾驶车辆上路测试和商业化应用的规范和管理。在企业级应用方面一些企业逐步走向成熟，例如以下三个企业。

特斯拉（Tesla）：特斯拉是一家美国电动汽车制造商，也是自动驾驶领域的先行者。特斯拉的自动驾驶系统称为"Tesla Autopilot"，通过使用多个传感器、摄像头和激光雷达等技术，实现了在特定条件下的自动驾驶功能。特斯拉的自动驾驶技术在高速公路上实现了自动驾驶、自动变道、自动停车等功能，并在市场上取得了一定的用户认可。

Waymo：Waymo 是谷歌旗下的自动驾驶技术公司，前身为谷歌自动驾驶项目。Waymo 在自动驾驶领域积累了丰富的经验和技术，并于 2018 年推出了商业化的自动驾驶出租车服务——Waymo One。Waymo One 在美国亚利桑那州的几个城市中提供了自动驾驶出租车服务，用户可以通过手机应用预订并使用自动驾驶出租车。

Uber（优步）：Uber 是一家全球知名的网约车服务公司，也在自动驾驶领域进行了一定的尝试。Uber 在自动驾驶技术方面推出了"Uber 自动驾驶项目"，通过在车辆上安装各种传感器和设备，实现了自动驾驶测试车辆的上路测试。然而，由于安全事故和监管限制等因素，Uber 在自动驾驶领域的发展面临一定的挑战。

我国在自动驾驶技术的应用场景上有一定优势。例如，自动驾驶出租车、无人配送、自动驾驶公交车等领域取得了一些实际应用成果。政府积极推动自动驾驶技术的发展，发布了一系列政策和规划，包括《智能网联汽车创新发展战略》等，为自动驾驶技术的研发和应用提供了政策支持。中国在自动驾驶技术领域吸引了大量的投资和合作，包括国内外企业在中国设立研发中心、合作研发自动驾驶技术，并在自动驾驶车辆的测试和商业化应用方面取得了一些进展。

2. 数字经济将继续呈现高速增长趋势

数字化技术推动了新兴产业的兴起，如互联网金融、电商、共享经济等，也催生了新的商业模式和价值链，促进了经济全球化和数字化贸易。随着数据的不断积累和应用，数据将成为数字化时代的重要资源和治理对象。数据隐私、数据安全、数据治理等将成为数字化时代的重要法律和政策议题，推动数字化时代的法治建设。

3. 数字化时代将进一步推动人与机器的融合

人工智能、虚拟现实、增强现实等技术将进一步改变人类的认知、交流和行为方式，人机融合将在各个领域呈现出新的应用场景和发展趋势。

## 延伸阅读

### 人机融合相关技术

● 脑机接口（Brain-ComputerInterface, BCI）技术：脑机接口技术旨在实现人脑与计算机之间的直接交互。最新的案例之一是患有运动障碍的人通过脑机接口技术控制外部设备。例如，研究人员已经成功开发了可以通过脑波控制的假肢和轮椅，使残疾人能够恢复一定的运动能力。

● 可穿戴设备和增强现实（Augmented Reality, AR）：可穿戴设备和增强现实技术正在实现人与机器之间的更紧密融合。例如，智能眼镜和头戴式设备可以提供增强现实体验，将数字信息与现实世界融合在一起。这些设备使用户能够以更直接的方式与计算机系统进行交互。例如，通过手势、语音命令或眼动控制。

● 人工智能助理和机器人：人工智能助理和机器人在与人类进行自然语言交互方面取得了巨大进展。最新的案例包括智能语音助手（如 Siri、Alexa 和 Google Assistant）的发展，这些助手可以回答问题、执行任务和提供个性化的建议。另外，在机器人领域也出现了更紧密的融合。例如，可交互的陪伴机器人和服务机器人。

### 4. 万物互联，科技企业引领智能时代发展

互联网的普及和发展使得人与人、人与物、物与物之间可以实现高效地连接和信息交流。互联网技术不断拓展边界，涌现出了社交媒体、电商、在线教育、云服务等新型业态，促进了数字化经济的快速发展。一些国家在"万物互联"领域的发展较为突出，包括美国、中国、德国、日本等。这些国家在技术研发、产业应用、政策支持等方面都取得了一定的成果。例如，美国的硅谷地区一直以来都是全球科技创新的领军地带，涌现

出了众多的"万物互联"科技公司和项目；中国则在物联网产业方面取得了快速的发展，推动了物联网技术在城市、农业、工业、交通等领域的广泛应用；德国在工业4.0（智能制造）领域有着较高的技术水平和产业基础；日本在物联网应用于智慧城市和智能交通等领域有着丰富的经验。万物互联的时代，科学技术将深度推进智能化产业的发展，实现万物互联高度信息共融。

## 延伸阅读

### 万物互联时代，现代科技企业引领智能产业方向

**谷歌：**谷歌的"万物互联"项目包括多个领域的创新，例如：

- 安卓（Android）操作系统：作为最受欢迎的移动操作系统之一，Android推动了智能手机和平板电脑的普及，为人们提供了丰富的移动互联体验。

- 谷歌（Google）搜索引擎：通过提供准确、高效地搜索结果，帮助人们从互联网海量信息中获取所需的知识和信息。

- 谷歌地图（GoogleMaps）：提供详细的地理信息和导航功能，帮助人们在城市和乡村之间进行导航和定位。

- 谷歌云平台（Google Cloud Platform）：提供云计算和数据分析服务，支持企业和个人构建和扩展各种应用程序和服务。

- 谷歌智能助手（Google Assistant）：语音助手技术，使用户能够通过语音与设备进行交互并获取各种信息。

**特斯拉：**特斯拉的"万物互联"项目包括以下几个重要方面：

- 电动汽车：特斯拉生产并销售一系列高性能电动汽车，如Model.S、Model3、ModelX和ModelY。这些汽车具有先进的自动驾驶功能和智能互联特性。

- 特斯拉超级充电站网络（Tesla Supercharger Network）：为特斯拉车主提供快速充电服务，使他们能够长途驾驶，并促进电动汽车的普及和可用性。

- 电池技术：特斯拉致力于发展高容量、高效率的电池技术，用于电动汽车和能源存储系统，以促进可再生能源的利用和能源转型。

- 特斯拉自动驾驶（Tesla Autopilot）：特斯拉在自动驾驶技术方面取得了显著进展，通过使用传感器和人工智能算法，使车辆能够实现自动驾驶和自动化安全功能。

## 海康威视（Hikvision Digital Technology）：

- 海康威视成立于2001年，是全球领先的视频监控和物联网解决方案提供商之一。

- 该公司在视频监控领域推动了物联网技术的应用。通过结合摄像头、传感器和大数据分析等技术，海康威视提供了全面的视频监控解决方案，包括安防监控、智慧城市、智能交通等领域。

- 海康威视的物联网技术和产品被广泛应用于公共安全、城市管理、交通监控和工业自动化等领域，对中国物联网的发展起到了重要推动作用。

## 阿里巴巴（Alibaba Group）：

- 阿里巴巴是中国最大的互联网公司之一，涵盖电子商务、云计算、金融科技等领域。阿里巴巴在物联网领域的重要项目之一是"阿里云物联网平台"（Aliyun IoT Platform）。

- 阿里云物联网平台是一个综合性的物联网解决方案，提供设备连接、数据管理、设备安全和应用开发等功能。它支持各种物联网设备和传感器的连接和管理，使企业和开发者能够构建自己的物联网应用和服务。

- 阿里巴巴的物联网平台在智能家居、智能制造、智慧农业等领域得到广泛应用，为中国物联网的发展做出了重要贡献。

## 西门子（Siemens AG）：

- 西门子是一家全球领先的工业技术公司，对工业 4.0 的发展和实践做出了重要贡献。

- 该公司在工业 4.0 方面的著作包括《工业 4.0 实施指南》（Industry 4.0 Implementation Guidelines），这本指南提供了关于实施工业 4.0 的方法和实用建议，涵盖了数字化、自动化、智能制造等方面的内容。

- 西门子还推出了 MindSphere，这是一个基于云计算的物联网操作系统，为企业提供了数据分析和应用开发的平台，以实现工业 4.0 的数字化转型。

## 博世（Bosch）：

- 博世是一家全球领先的技术和服务供应商，在工业 4.0 领域有着重要的贡献。

- 该公司参与了工业 4.0 的研究和实践，并提出了一系列的工业 4.0 概念和解决方案。

- 博世在工业 4.0 方面的著作包括《博世工业 4.0 之路》（Bosch's Path to Industry 4.0），其中描述了博世在数字化转型和智能制造方面的经验和实践。

- 博世还开发了 IoT Suite，这是一个基于物联网的解决方案，用于实现工业设备的连接、数据分析和远程监控，以支持工业 4.0 的实施。

## 东京电力公司（Tokyo Electric Power Company, TEPCO）：

- 东京电力公司是日本最大的电力供应商之一，也在智慧城市和智能交通方向展开了一系列项目。

- 该公司通过物联网技术和数据分析，实施了智慧能源管理项目。例如，他们使用智能电表和传感器收集电力使用数据，以优化电力分配、节约能源，并为用户提供能源管理建议。
- 此外，东京电力公司还在智能交通方面进行了实验项目，如智能交通灯和交通流量监测系统，以提高交通效率和安全性。

**东京大学智能交通系统实验室**（ITSL, The University of Tokyo）：

- 东京大学智能交通系统实验室是日本一流的研究机构之一，专注于物联网在智能交通领域的应用研究。
- 该实验室开展了多项研究项目，如智能交通管理系统、自动驾驶技术和智能车辆通信等。
- 他们的研究旨在利用物联网和先进的交通技术，提高交通安全、减少交通拥堵，并改善出行体验。

5. 智能时代所面临的法律伦理问题将更为突出和复杂

人工智能在数字化产业中应用日益广泛，包括自动驾驶、智能推荐、人脸识别等领域。随着人工智能技术的快速发展，相关法律问题也愈加凸显，涉及隐私、安全、责任等方面。[①] 比如，自动驾驶技术的快速发展引发了一系列法律争议，特别是事故的责任认定问题。再如，人脸识别技术在安全、支付、社交媒体等领域得到广泛应用，也引发了隐私争议。还有智能推荐技术广泛应用于媒体、在线广告和电商平台等领域，同样引发了有关信息安全的争议。人工智能生成的作品是否享有知识产权，以及如何

---

① 当算法作为一只无形的手，随时调整调度着我的身边的一切时，许多人陷入到焦虑与恐慌之中，《人工智能时代的算法治理机制与方案》的作者张欣认为"算法出现并迅速占据商业和公共决策场域这一事实，首先意味着客观上个人主体性的消解。在算法作出与人们利益攸关的决策时，人们可能处于一种无从知晓、无力参与、无法异议并最终难以抵抗的"失控"状态。人们的担忧并不是不无道理的，或许在算法的进化面前人类更担心的是时刻可能暴露在"黑森林法则"下的茫然。

分配相关权益，也引发了法律争议。例如，2018 年一幅由人工智能生成的艺术作品在佳士得拍卖行以高价售出，创造了人工智能作品在拍卖市场上的新纪录。这幅作品名为 *Portrait of Edmondde Belamy*，由法国艺术团队 Obvious 使用生成对抗网络（GAN）技术创作而成。作品以一种非常逼真的方式，描绘了一位 19 世纪风格的贵族肖像。拍卖会上，这幅作品以 43.25 万美元的价格售出，超过了预估价的 8 倍。该事件引起了人们对人工智能在创意和艺术领域的潜力的广泛讨论。关于该作品是否享有著作权的争议，涉及人工智能创作和著作权法律界限的问题。这些典型案例反映了数字化产业中存在的法律问题的多样性和复杂性。

6. 数字化时代将进一步加速全球化的步伐

数字化技术极大地促进了信息的全球传播和合作，推动了跨国企业的发展和全球产业链的深度融合，也带来了全球范围内的数字化治理和合作挑战。

总的来说，数字化时代的定义、特点和趋势在不断演变和发展。数字化时代将深刻地改变人类社会的各个领域，对法治、经济、社会和文化等产生深远的影响，需要不断地进行深入研究和探讨，以应对数字化时代带来的挑战和把握数字化时代的机遇。

## 延伸阅读

　　随着数字化产业的不断发展和技术创新的不断推进，统计分析也变得日益重要。统计分析可以帮助企业和政府了解数字化产业的发展趋势、市场规模、用户行为等关键信息，从而指导决策和制定政策。

　　数字统计主要涉及以下方面：

　　**数字经济统计**：数字化产业作为现代经济的重要组成部分，对经济发展产生了深远影响。数字经济统计可以包括数字化产业的产值、就业情况、投资和融资情况等方面的统计分析。这些统计数据可以帮助政府和企业了解数字化产业的经济贡献和发展趋势，为政策制定和投资决策提供依据。

**用户行为统计：**数字化产业通常与用户密切相关，因此对用户行为的统计分析也是重要的一部分。例如，通过对用户在数字化平台上的活动进行统计分析，可以了解用户的偏好、消费习惯、使用行为等，从而为企业提供有针对性的产品和服务，优化用户体验。

**市场分析：**数字化产业通常处于快速变化和高度竞争的市场环境中，因此对市场进行统计分析是必不可少的。例如，通过对市场规模、市场份额、市场增长率等进行统计分析，可以帮助企业了解市场竞争态势和趋势，为市场定位和市场战略提供参考。

**数据分析：**数字化产业通常涉及大量的数据，如用户数据、产品数据、交易数据等。通过对这些数据进行统计分析，可以帮助企业了解数据的内在规律和价值，从而优化业务流程、改进产品设计、提升用户体验等。

**社会影响分析：**数字化产业对社会产生深远影响，如对就业、教育、医疗、社交等领域的改变。通过对数字化产业的统计分析，可以了解其对社会经济和社会生活的影响，为政府制定相关政策和社会管理提供参考。

这些只是数字化产业中可能涉及的统计分析领域的一部分，随着数字化产业的不断发展和技术创新，统计分析在数字化产业中的应用也将不断拓展和深化。①

---

① 有学者提出算法的社会属性就是人类社会关系的算法化观点。认为社会行为关系的算法化是计算机和智能科学发展的当然结果。在信息和智能科学领域，在事物和行为的价值标准、规则、内容、模式、关系等数据化后，算法的深入研发应用已经在深入广泛地确定、建构和运行着当下的人类社会关系。在此种意义上，算法就是人类社会行为关系。这一观点较为准确概述了算法关系下的人类社会关系属性。

# 二、数字法治的基本概念、原则和要求

## （一）法治的基本概念

对于法治概念可以从多个角度进行定义，总体来说，法治是指在国家政权的保障下，以法律为基础，按照法律规定和程序进行治理，实现社会秩序的合理性、公正性和稳定性。作为一种现代政治制度和社会文明进步的标志，法治体现了公民平等、权利保障、公共秩序和经济发展的基本要求。法治的基本概念、原则和要求是指在法治体系中所需要遵守的基本规则和要求，其中包括法律面前人人平等、法定权利和法定程序、法律责任和法律保障、司法独立和公正等方面的内容。在法治的基础上，政府、企业、个人都必须遵循法律的规定，遵守法律的程序，以保证社会的稳定和经济的繁荣。因此，法治的基本概念、原则和要求对于一个国家的发展和社会的进步具有重要意义。

## （二）法治的原则

法治的原则因不同的政治制度和法治环境有所不同，但从现代法治的基本精神概括，可以从以下几个共性的基本方面进行理解和把握。

### 1.合法性原则

通常理解，政府和公权力的行使必须在法律的授权下进行，不得越权行使权力。政府应当依法行政，不得任意干预市民的合法权益。①合法性原则是法治的重要原则之一，它要求一切行政行为和司法裁判都必须合法合规，依法行使权力，遵循法律的规定和程序，保护公民的合法权益。例如，以下司法领域体现的合法性原则。

（1）刑事案件中的合法性原则。在刑事案件中，合法性原则要求执法机关和司法机关在侦查、审判和执行刑罚过程中必须合法合规。例如，警察在侦查过程中必须遵循法律程序，不得使用非法手段获取证据；法院在审判过程中必须依法采纳合法证据，并依法判决，不得随意剥夺被告人的合法权利。

**延伸阅读**

### 米兰达诉亚利桑那州案

时间：1966 年

地点：美国

案情简介：这是一起谋杀案，涉及被告米兰达，最终确立"米兰达警告"原则。

---

① 2015年11月，美国一名叫维克多·柯林斯（Victor Collins）男子的尸体被发现在另一名男子詹姆斯·贝茨（James Bates）的浴缸中，引发了一项涉及谋杀指控的调查。詹姆斯·贝茨拥有一款Amazon Echo，这是一种家用智能音箱，融合了人工智能虚拟技术，它可能成为这一犯罪案的关键——见证人。当地阿肯色州警方发布了一份搜查令，要求亚马逊公司提供当时的数据。在2017年2月的法庭文件中，亚马逊公司曾引用美国宪法第一修正案的言论自由条款，以维护人工智能设备可能记录的人类语音指令和对这些指令的响应的隐私。然而，一个月后，亚马逊公司放弃了这一主张，但这一事件再次引发了有关人工智能是否也应享有保护言论自由的讨论。

合法性原则的重要性：该案对于合法性原则在刑事案件中的重要性具有重要意义。米拉达案的审判过程中，被告在被警方审问时没有被告知其权利，包括保持沉默权和请律师的权利。最终，被告的陈述被用作证据对其定罪。然而，美国最高法院在这个案例中裁定，被告的陈述不能作为证据使用，因为他没有被告知他的权利。这个案例导致了"米拉达权利"的确立，即被告在被逮捕或被扣留时必须被告知他们的权利，包括保持沉默和请律师的权利。

影响：这个案例强调了在刑事案件中保护被告权利和确保审讯的合法性的重要性。它奠定了被告在审问过程中的基本权利，保护了被告不受非法逼供和不公正审讯的侵害。这对于确保正义和公平的刑事司法系统至关重要。

这个案例展示了合法性原则在刑事案件中的重要性，确保被告的权利得到充分保护，并避免不当的逼供和非法证据的使用。合法性原则是确保刑事司法过程公正和合法性的关键原则之一。

（2）行政行为中的合法性原则。在行政管理中，合法性原则要求行政机关在行使行政权力时必须依法合规。例如，政府在实施行政执法、行政审批、征地拆迁等活动时必须依法合规，不得滥用职权或者违法行使权力，保护公民和企业的合法权益。

（3）经济活动中的合法性原则。在经济领域，合法性原则要求市场主体在经营活动中必须合法合规。例如，企业在经营过程中必须遵循相关法律法规，不得采取非法手段获取竞争优势，不得侵犯他人的知识产权、财产权等合法权益。

（4）知识产权保护中的合法性原则。在知识产权领域，合法性原则要求知识产权的取得、使用和保护必须依法合规。例如，专利、商标、著作权等知识产权的注册和使用必须符合相关法律法规，不得侵犯他人的合法权益。

（5）司法裁判中的合法性原则。在司法裁判中，合法性原则要求法官在审判过程中必须依法判决，遵循法律的规定和程序。例如，法官在审理案件时必须依法采纳合法证据，不得随意裁定，保障当事人的合法权益。

在法治社会中，合法性原则在各个领域都有重要应用，确保了行政行为、司法裁判和经济活动等的合法性，保护了公民和企业的合法权益，维护了社会的公平正义和稳定秩序。合法性原则是法治的核心原则之一，它确保了权力的合法行使，避免了滥用权力和随意裁定的情况，使法律在社会生活中发挥了积极的作用，保障了人民的合法权益。

合法性原则经历了漫长的发展和演变。在古代社会，法律常常是由君主或统治者制定和执行的，法律权威主要依赖于统治者的权力和意愿。在这个时期，法律的合法性主要是基于统治者的权威和神权的观念。

随着人类社会的发展，一些古代文明，如古中国、古埃及、古希腊、古罗马等开始出现了相对完备的法律制度。在这些文明中，法律逐渐从君主或统治者的意愿转向了一定的法律程序和规则，合法性开始建立在法律制度的基础上。

在欧洲中世纪，法治思想逐渐形成。公元 1215 年，英国的《大宪章》确立了"国王必须遵循法律"的原则，成为欧洲法治思想的重要里程碑。在此后的几个世纪中，欧洲法学家们逐渐将这一思想深化，形成了一系列关于法律至上和合法性的思想。例如，荷兰法学家格劳秀斯（Hugo Grotius）的《战争与和平法》、英国法学家威廉·布莱克斯通（William Blackstone）的《英国法律注释》等，这些著作为后来合法性原则的形成奠定了思想基础。

19 世纪末 20 世纪初，欧美国家逐渐从绝对君主制向民主制度转型。这一时期，合法性原则得到了更为广泛地应用和深入发展。在美国，联邦最高法院于 1803 年在马伯里诉麦迪逊案中首次提出了宪法的司法审查原则，成为合法性原则在司法实践中的重要体现。在英国，经过长期的发展，合法性原则已经成为英国法律的核心原则之一。

## 延伸阅读

### 马伯里诉麦迪逊案

马伯里诉麦迪逊案（Marburyv.Madison）是美国最高法院历史上一起具有重大影响的案件。

● 时间：1803 年

● 地点：美国

● 案情简介：该案涉及美国第三任总统托马斯·杰斐逊（James Madison）拒绝履行一项法令，该法令委任威廉·马伯里（William Marbury）为一名联邦法官。

● 合法性原则的重要性：该案体现了合法性原则在行政行为中的重要性。最高法院主持大法官约翰·马歇尔（John Marshall）在判决中强调了宪法的至高无上性，并阐明了法院行使宪法解释权和检查行政行为合法性的权力。该判决确立了司法部门对于行政行为的合法性进行审查和裁决的权力，这被称为"司法审查权"。

● 影响：马伯里诉麦迪逊案奠定了美国司法体系的重要原则，即司法部门拥有对行政行为的合法性进行审查和裁决的权力。这个判决确立了美国司法部门的权力平衡和宪法解释权的重要性。它使得最高法院成为宪法的最终解释者，确保了行政行为的合法性，并为后续判例奠定了基础。

20 世纪，随着国际法和国际组织的不断发展，合法性原则逐渐成为国际法的基本原则之一。联合国宪章第二条规定，各会员国应该忠实履行他们依宪章规定所承担的义务，其中包括"平等主权的国家之间的和平解决争端"等原则，这些原则的核心就是合法性原则。

合法性原则的形成经历了漫长的历史和文化的积淀，从欧洲中世纪到现代国际法，合法性原则逐渐成为现代法治国家的基本原则之一。随着人类社会的不断发展，合法性原则也将继续发展和完善，为法治国家的建设提供坚实的基础。

### 2.平等保护原则

法律应当对所有人一视同仁，不论其身份、地位、财富或权力大小，都应当在法律面前平等，并享有平等的法律保护。平等保护原则是法治的核心原则之一，平等保护原则在不同法律适用中的体现。

刑事案件中的平等保护：在刑事案件中，无论被告人的身份如何，都应当受到平等的法律对待。例如，一名富有的商人和一名贫困的农民在面临相同的刑事指控时，应当在法律面前享有平等的权利和保护。法庭应当根据法律和事实来判决，而不是根据被告人的身份或地位。

劳工法中的平等保护：在劳工法中，雇主和雇员之间应当享有平等的权利和保护。例如，法律应当保护所有劳工的权利，包括工资、工时、工作条件等方面的平等待遇，不论是高级管理人员还是一线工人，都应当在法律面前享有平等的权利和保护。

消费者保护中的平等保护：在消费者保护方面，法律应当保障所有消费者的权利，不论其购买的产品或服务的价格、品牌或供应商如何。例如，消费者在购买产品或服务时应当享有平等的权利，包括产品质量、价格合理性、合同条款的明确性等方面的平等保护。

知识产权保护中的平等保护：在知识产权保护方面，法律应当对所有权利人一视同仁，不论其是大企业还是小企业，都应当在法律面前享有平等的权利和保护。例如，专利、商标、著作权等知识产权应当受到平等的法律保护，不因权利人的身份或地位而有所差别。

这些例子说明了平等保护原则在不同领域的应用，确保了法律在社会中的公正性和公平性，保护了人民的平等权利。

在传统社会，法律常常存在身份特权和阶级差异，法律适用和保护往往对不同的社会群体和个体存在差别。例如，在古代封建社会中，统治者和贵族阶层享有特权，法律对他们有更为宽松的适用和保护，而普通民众则往往处于较为弱势的地位。

18世纪的启蒙运动促进了平等保护原则的进一步发展。启蒙运动强调个人自由和平等，这些思想影响了法律和政治领域。例如，美国独立宣言中提到，"所有人生而平等，拥有不可剥夺的权利，包括生命、自由和追求幸福的权利"。这一思想深刻地影响了美国宪法的起草和制定，特别是第十四修正案，它明确规定了平等保护原则，禁止各州政府将任何人置于不平等的地位。

1789年，法国通过了《人权和公民权宣言》，其中规定"法律对于所有人，不论是实施保护还是处罚都是一样的，在法律面前，所有的人都是平等的"，这是平等保护原则的具体体现。此后，平等保护原则得到了全球范围内的推广和发展，成为现代法治国家中重要的法律原则之一。

随着现代国家和法律体系的形成，平等保护原则逐渐成为现代法律制度的基石。例如，现代宪法中通常规定了平等保护原则，强调法律应当对待人民平等，不因身份特征而有所歧视。同时，国际人权法和国际人道法中也包含了平等保护原则，要求各国在法律适用和保护中应当平等对待所有人。

### （三）公正裁判原则

司法机关应当在法律的框架内独立、公正地行使审判权，保障当事人的诉讼权利，确保司法裁判的公正和公平。

公正裁判原则是法治的核心原则之一，强调司法机关应当在法律的框架内独立、公正地行使审判权，保障当事人的诉讼权利，确保司法裁判的公正和公平。公正裁判原则在不同法律适用中的体现。

刑事案件中的公正裁判：在刑事案件中，法官应当在法律的框架内独立、公正地行使审判权。例如，在审判过程中，法官应当对控辩双方的意见和证据进行公正的审查，并依法做出公正的裁判，不受任何外部干扰或压力。

民事诉讼中的公正裁判：在民事诉讼中，法官应当对当事人的权利和利益进行公正的权衡，并依法做出公平的裁判。例如，在民事诉讼中，法官应当保障当事人的诉讼权利，确保他们在诉讼过程中享有平等的机会，不受到不正当的干扰或歧视。

行政诉讼中的公正裁判：在行政诉讼中，法官应当独立、公正地审理案件，确保行政机关的行为合法合规，并对当事人的权利和利益进行公正权衡。例如，在行政诉讼中，法官应当对行政机关的行为进行严格审查，确保其合法合规性，并保障当事人的诉讼权利。

跨国诉讼中的公正裁判：在跨国诉讼中，涉及不同国家的法律和司法制度，公正裁判原则尤为重要。例如，国际仲裁和跨国诉讼中，仲裁员和法官应当独立、公正地行使审判权，确保当事人在国际争端解决过程中享有平等的权利和保护。

这些适用情况说明了公正裁判原则在不同领域和情境下的应用，保障了司法裁判的公正和公平，维护了法律的权威和公信力，确保了当事人的合法权益得到保护。

在传统社会，裁判往往受到统治者或者当权者的干预和操控，司法程序缺乏独立性和中立性，判决结果常常偏向当权者或者特定利益集团。例如，在封建社会中，统治者或者贵族阶层可以干预和操控裁判，以维护自身的利益。

欧洲启蒙运动时期，一些思想家开始提倡法治和公正裁判的理念，认为法律应当是公正的，裁判应当独立于政治权力和其他利益干预，保障当事人在司法程序中享有公平和公正的权利。例如，蒙田在其著作《法律的精神》中主张法律应当是公正的，法官应当独立于政治干预，以确保公正的裁判。

随着现代国家和法律体系的形成，公正裁判原则逐渐成为现代法律制度的基石。例如，现代宪法中通常规定了公正裁判原则，强调法官应当独立、中立地行使审判权，不受干预和操控。同时，国际人权法和国际人道法中也包含了公正裁判原则，要求各国在司法程序中保障当事人的公正权利。

在现代社会中，公正裁判原则是法治的重要原则之一，要求法官在行使审判权时独立、中立、公平，保障当事人在司法程序中享有公正和公平的权利。

## （四）确定性原则

法律应当明确、具体，以便市民能够清楚了解自己的权利和义务，并依法行事。确定性原则是法治的一个重要原则，它强调法律应当明确、明晰、稳定，并且应当在实施过程中保持一定的稳定性和一致性。确定性原则在司法过程中体现在以下几个方面。

### 1. 立法过程

法律的确定性原则在立法过程中得到体现。立法者应当制定明确、具体的法律规定，避免法律语言的含糊不清，确保市民能够清楚了解法律的内容、范围和效力，从而保障其权利和义务的可预见性和合法性。

### 2. 公平正义

法治的确定性原则需要法律的实施过程中保持公平正义，确保法律的适用和执行不受歧视、不偏不倚，依法行事，避免主观随意性和武断裁量，从而保护市民的合法权益，并维护法律的确定性。

### 3. 司法解释

法律的确定性原则在司法解释中得到体现。司法机关通过对法律条文的解释和适用，为法律赋予具体的意义和效力，从而使市民能够清楚了解法律的含义和适用范围，避免法律适用的随意性和不确定性。

### 4. 法律体系

法治的确定性原则需要一个完善的法律体系作为支持。法律体系包括宪法、法律、行政法规、司法解释等，这些法律文件应当相互协调、一脉相承，形成一个有机的整体，确保法律规定的一致性和稳定性，从而使市民能够依法行事，并清楚了解其权利和义务。

### 5. 司法监督

法治的确定性原则需要有效的司法监督机制来保障。包括上诉制度、复核制度、监察制度等，这些机制能够对司法活动进行监督和制约，确保司法机关依法独立、公正、公平地行使审判权，保障市民的合法权益和维护法律的确定性。

总的来说，法治的确定性原则是通过立法过程、公平正义、司法解释、法律体系和司法监督等多方面的配合和支持逐渐形成的，旨在保障市民能够清楚了解法律的权利和义务，并依法行事。其应体现以下特征。

### 1. 稳定的法律规定

法律应当具有一定的稳定性，不应当频繁地改变或者随意解释，以保障社会的预期和合法权益的稳定性。例如，国家的宪法、刑法、民法等主要法律应当在一定的时间内保持相对的稳定性，不应当随意更改或解释。

2. 明确的法律规定

法律应当明确规定各种权利和义务，使人民能够清楚地了解自己的权利和义务，并依法行事。例如，法律应当明确规定个人和组织的权利和义务，包括财产权、合同权、劳工权利等，使其在日常生活和经济活动中能够依法行事。

3. 一致性的法律解释

法律的解释应当在相同的情况下保持一致性，以确保司法裁判的公正和公平。例如，在类似的案件中，法律应当得到一致的解释和适用，避免对不同人或不同情况采取不同的解释和适用标准。

4. 预见性的法律规定

法律应当具有一定的预见性，使人民能够合理预期其权利和义务。例如，在合同法中，法律应当规定合同的基本要素和效力，以使当事人能够合理预期其合同关系的法律后果。

这些例子说明了确定性原则在法治中的应用，强调了法律应当具有稳定性、明确性、一致性和预见性，以保障社会秩序的稳定，维护公平正义，确保人民的合法权益得到保护。

## （五）适用性原则

法律应当适用于所有人，不得针对特定人或特定群体进行歧视或特殊对待。适用性原则是法治的一个重要原则，强调法律应当在适用时公平、公正、合理，并且应当根据不同情况和事实具体适用。以下是一些例子来说明适用性原则：

### 1.公平的刑事适用

在刑事案件中，法律应当根据犯罪行为的性质、情节和社会危害程度等因素进行适用，以保障犯罪嫌疑人和被告人的权利和利益。例如，对于相同的犯罪行为，应当根据实际情况对不同的犯罪嫌疑人或被告人适用不同的法律规定和处罚。

### 2.合理的民事适用

在民事案件中，法律应当根据当事人的权利和义务、合同的约定和交易的实际情况进行适用，保障当事人的合法权益。例如，在合同纠纷中，法律应当根据合同的实际履行情况、当事人之间的约定和交易的市场价值等因素进行适用，确保合同的公平合理执行。

### 3.灵活的行政适用

在行政管理中，法律应当在实施时考虑到实际情况和公共利益，以保障公正合理的行政决策。例如，在环境保护领域，法律应当根据不同地区的环境状况、社会经济发展水平和生态保护需求等因素进行适用，确保环境保护政策和措施的合理性和有效性。

### 4.弹性的司法适用

在司法裁判中，法律应当根据具体案件的事实和法律适用，综合考虑各种因素进行适用，以实现公平正义。例如，在涉及亲情、友情和邻里情等民事关系的案件中，法律应当根据当事人之间的实际关系和行为表现进行适用，以实现适度司法，维护公平和谐的社会关系。

这些角度阐释说明了适用性原则在法治中的应用，强调了法律应当在具体情况下公平、公正、合理地使用，以保障各方的权利和利益，并促进社会的公平正义和法治建设。

适用性原则可以通过以下几个方面进一步进行分析。

（1）宪法和国际人权法。宪法和国际人权法往往包含了禁止歧视和保障平等权利的规定。宪法作为一个国家的最高法律，通常规定了公民的基本权利和平等原则。而国际人权法则通过国际公约和其他国际法律文书，规定了人权的普遍性和不可剥夺性，包括了禁止歧视和保障平等的原则，这为适用性原则提供了法律基础。

## 延伸阅读

《世界人权宣言》（Universal Declaration of Human Rights）：这是最重要的国际人权法律文书之一，它强调了所有人都应享有平等的权利和自由，无论种族、肤色、性别、语言、宗教、政治或其他身份特征。

国际人权公约：国际人权公约分为两个主要文件：《国际公民权利和政治权利公约》和《国际经济、社会和文化权利公约》。这两个公约均包含了禁止歧视和保障平等权利的规定。

其他国际公约和法律文书：除了上述两个主要公约外，还有其他国际人权公约和法律文书，如《消除对妇女一切形式歧视公约》和《消除种族歧视国际公约》等。

联合国人权理事会（United Nations Human Rights Council）：作为联合国的主要人权机构，人权理事会负责监督和推动全球人权事务。该机构通过制定决议、审查国家人权记录等方式，致力于禁止歧视和促进平等权利。

这些国际人权法律文书和机构的规定旨在确保每个人都能够享有平等的权利，并禁止任何形式的歧视。尽管国家在法律和实践层面的落实程度有所不同，但这些规定构成了国际社会对于禁止歧视和保障平等权利的共同承诺和标准。

（2）立法过程。在法律的立法过程中，应当遵循适用性原则，确保法律对所有人平等适用，不针对特定人或特定群体进行歧视或特殊对待。立法者应当在法律规定中避免歧视性的规定，并确保法律的适用范围和效力不受人身、社会地位、性别、种族、宗教、国籍等因素的歧视，从而保障所有人的平等权利。

（3）司法实践。司法机关在法律的解释和适用过程中应当遵循适用性原则，确保法律对所有人平等适用。司法实践包括判例法和裁判文书，这些司法实践对法律的具体适用和解释对于适用性原则的形成和发展具有积极作用。司法机关应当保持独立、公正和公平，不偏不倚地对待所有人，不针对特定人或群体进行歧视或特殊对待。

（4）法律监督。法律监督机制对于适用性原则的形成和维护起到了关键作用。包括行政监察、司法监督、人权机构等。这些机制应当保障法律的适用不受歧视，对于存在歧视性规定或实践进行监督和制约，确保法律对所有人平等适用，并及时纠正和修正存在的歧视现象。

（5）社会意识和舆论引导。社会对于适用性原则的普遍认知和舆论引导对于形成和维护适用性原则具有积极作用。社会对于歧视行为的谴责、对于平等权利的追求以及对于法律适用的公平性和公正性的关注，有助于形成和推动适用性原则的发展。舆论引导、社会意识和社会动员等方式，可以推动法律制定者、立法者和司法机关遵循适用性原则，确保法律对所有人平等适用。

综上所述，适用性原则的形成过程通常涉及宪法和国际人权法的规定、立法过程中的平等原则、司法实践的解释和适用、法律监督机制的作用以及社会意识和舆论引导的推动。这些因素相互作用，共同促使适用性原则的形成和发展，确保法律对所有人平等适用，不得歧视特定人或特定群体。

以上是对现代法治原则的一些归纳和阐述，那么对于现代法治来说其基本的要求又体现在哪些方面呢？

简单地说，现代法治要求国家和社会在法律制定、实施和执行中必须符合以下几个要求。

（1）法律的合法性。法律应当由合法的立法机关制定，并在宪法和法律的范围内合法实施和执行，不得违反宪法和法律的规定。

（2）法律的公正性。法律应当公平公正，保障市民的基本权利和利益，不得偏袒特定人或特定群体。

（3）法律的公开性。法律应当公开宣布，市民应当有权了解并参与法律的制定和实施过程，便于市民行使自己的权利和义务。

（4）法律的可操作性。法律应当明确、具体，便于市民理解和操作，以便市民能够清楚了解自己的权利和义务，并依法行事。

（5）法律的可执行性。法律应当能够在实际操作中得以执行，保障法律的有效实施，确保市民的权利得到保护。

（6）法律的权威性。法律应当具有权威性，政府和市民应当尊重和遵守法律，不得违反法律的规定。

（7）法律的监督和制约。法治要求建立有效的法律监督和制约机制，包括司法独立、合宪性审查、公民诉讼权利等，以确保政府和公权力的合法行使。

这些原则和要求共同构成了法治的基本框架，是保障社会公平正义、维护公民权利和利益的重要保障。在数字化时代，随着信息技术的快速发展和社会的不断变革，法治的重要性更加凸显，需要不断适应新的情境和挑战，以保障数字化时代市民权利的有效行使和保护。

当涉及数字化时代的法治讨论时，研究者对于该议题下的焦点主要集中在以下几个方面。

（1）加强个人数据隐私保护。随着数字化时代中个人数据的广泛应用和传输，个人数据隐私保护成为一个重要的法治议题。中外权威专家普遍认为，数字化时代需要建立强化个人数据隐私保护的法律框架，确保个人数据的合法、合规、安全使用，以保护个人的隐私权。例如，欧盟颁布了《通用数据保护条例》（GDPR），规定了个人数据的收集、使用、存储和传输等方面的权利和义务，成为全球个人数据隐私保护的典范。[①]

## 延伸阅读

《通用数据保护条例》（GDPR）是欧洲联盟颁布的一项旨在保护个人数据隐私的法规。欧盟议会和欧盟理事会于2016年4月通过，在2018年5月开始强制实施的规定。被认为当前世界范围最完善、最严格的隐私保护规定，GDPR关于隐私保护方面的主要内容包括：

个人数据的定义：GDPR将任何能够识别个人的信息都视为个人数据，包括姓名、电子邮件地址、身份证号码等。

个人数据的处理原则：GDPR规定个人数据必须经过合法、公正和透明的处理，任何处理个人数据的组织都必须遵守数据最小化原则，只收集必要的个人数据。

个人数据的使用限制：GDPR规定，组织必须在收集个人数据时明确告知其用途，并且只能用于事先明确的目的。

---

[①] 2021年4月21日，为促进欧盟地区人工智能技术的使用、投资和创新，欧盟委员会通过了《人工智能法》提案，旨在建立关于人工智能技术的统一规则。根据欧盟委员会的定义，人工智能技术是指采用官方所列明的一种或多种技术和方法开发的软件，并且能够针对特定人群或具体目标产生诸如内容、预测、建议或决定等一系列影响其交互环境的输出技术。

个人数据的存储和删除：GDPR 规定，组织只能在必要的时间内保留个人数据，并且必须采取适当的安全措施来保护这些数据。在个人数据不再需要的情况下，组织必须删除或匿名化这些数据。

个人数据的访问和修改：GDPR 规定，个人有权访问自己的数据，并有权要求组织修改或删除不准确或过时的数据。

个人数据的传输：GDPR 规定，组织必须采取适当的安全措施来保护个人数据的传输，包括使用加密等技术。

数据处理的责任：GDPR 规定，组织必须为其处理的个人数据承担责任，必须采取适当的技术和组织措施来保护个人数据的安全。

总之，GDPR 为个人数据的隐私保护制定了一系列规定，对组织如何处理和保护个人数据提出了严格要求。组织必须对其处理的个人数据负责，并采取适当的措施来保护这些数据，确保其隐私和安全。

（2）重视数字经济发展与法律规制。数字化时代的经济活动日益依赖于数字技术和数字化平台，数字经济的快速发展对法律规制提出了新的挑战。中外权威专家普遍认为，数字经济的发展需要建立适应数字化时代需求的法律框架，促进数字经济的健康发展。例如，一些国家和地区制定了数字经济相关的法律法规，包括电子商务法、数字支付法等，以规范数字经济中的合同、支付、交易等活动。

（3）强化网络治理与法律监管。数字化时代的网络空间涉及多方面的法律问题，包括网络安全、网络言论、数字版权等。中外权威专家普遍认为，数字化时代需要建立网络治理和法律监管的有效机制，以维护网络空间的秩序和法治。例如，一些国家和地区制定了相关的网络安全法、网络言论法和数字版权法等，规定了在数字化时代中网络活动的合法性和规范性，从而推动法治在网络空间的实现。

（4）研讨人工智能与法律规制。人工智能技术在数字化时代中的广泛应用引发了许多法律问题，包括人工智能的责任、透明度、隐私保护等。中外权威专家普遍认为，人工智能技术需要建立相应的法律规制，以确保其合法、合规、安全的应用。例如，一些国家和地区制定了人工智能相关的法律法规，包括人工智能伦理原则、人工智能隐私保护法等，旨在规范人工智能技术的研发、应用和管理，保障人工智能技术的合法性和社会责任。

（5）开展数据跨境流动与跨国法律合作。在数字化时代，数据跨境流动成为全球经济和社会合作的重要组成部分。中外权威专家普遍认为，数字化时代需要建立跨国的法律合作机制，以处理涉及不同国家和地区之间的数据流动和合作问题。例如，一些国际组织和国家间已经签署了关于数据保护、数据隐私和跨境数据流动的国际协议和条约，以促进跨国数据流动的合法性和合规性。

这些只是理论研究者们对于数字化时代法治的一部分观点和论述，实际上在数字化时代中涉及的法律问题和议题非常广泛和复杂。不同国家和地区在数字化时代法治方面的观点和实践也有所不同，但都强调了数字化时代需要建立适应数字技术发展和社会需求的法律框架，以保障公平、合法、合规的数字化环境，推动数字化时代法治的不断完善。

# 三、数字化时代的法治难题

随着数字化时代的到来，互联网技术、人工智能、大数据等新兴科技日益融入我们的生活，传统法治面临着前所未有的挑战。数字化时代带来了许多新的法律问题，同时也给传统的法律体系、法律观念和法律实践带来了深刻的变革和挑战。数字化时代的到来使得法律实践不再局限于传统的法庭审判，越来越多的争端和纠纷通过在线诉讼平台、电子法庭等方式进行解决，这给传统的司法实践和司法体系带来了前所未有的挑战和变革。在数字化时代，如何保护公民的合法权益、维护社会的公平正义、促进数字经济的健康发展，这些都是法治所面临的重大挑战。包括以下几个方面。

## （一）数据隐私和安全

随着数字化时代的发展，大量的个人数据被收集、存储和处理，涉及个人隐私和数据安全的问题。互联网、社交媒体、智能设备等技术的广泛应用，使得个人信息容易被泄露、滥用和侵犯，从而对传统的个人隐私权和数据安全提出了新的挑战。法律在数字化时代需要应对数据隐私和安全的新问题，保障个人权利的合法行使，同时确保合理的数据使用和数据保护。[①]

### 延伸阅读

**《中华人民共和国数据安全法》相关条款**

第二十一条　国家建立数据分类分级保护制度，根据数据在经济社会发展中的重要程度，以及一旦遭到篡改、破坏、泄露或者非法获取、非法利用，对国家安全、公共利益或者个人、组织合法权益造成的危害程度，对数据实行分类分级保护。国家数据安全工作协调机制统筹协调有关部门制定重要数据目录，加强对重要数据的保护。

---

[①] 关于网络安全、网络空间安全和信息安全的概念，有学者作出了区分，认为信息安全可以泛称各类信息安全问题，网络安全可以指称网络所带来的各类安全问题，网络空间安全则特指与陆域、海域、空域、太空并列的全球五大空间中的网络空间安全问题。

关系国家安全、国民经济命脉、重要民生、重大公共利益等数据属于国家核心数据，实行更加严格的管理制度。

各地区、各部门应当按照数据分类分级保护制度，确定本地区、本部门以及相关行业、领域的重要数据具体目录，对列入目录的数据进行重点保护。

第二十二条　国家建立集中统一、高效权威的数据安全风险评估、报告、信息共享、监测预警机制。国家数据安全工作协调机制统筹协调有关部门加强数据安全风险信息的获取、分析、研判、预警工作。

## （二）知识产权保护

数字化时代的知识产权保护面临着新的挑战。数字化技术的高速发展和广泛应用，使得知识产权的保护变得更加复杂和困难。例如，互联网上的在线侵权问题，包括盗版、侵犯版权、商标侵权等，对传统的知识产权保护体系提出了新的挑战。法律需要应对数字化时代知识产权保护的新形势，制定合理的法律框架和措施，以保障创新和知识产权权利人的合法权益。

### 延伸阅读

#### 猴子自拍照版权纠纷案

"Monkey Selfie"案件是一起涉及猴子自拍照片版权归属的争议案件，发生在 2011 年。以下是该案件的详细经过：

2011 年，一位英国自然摄影师大卫·斯莱特（David Slater）在印度尼西亚的一次摄影旅行中，将他的相机放置在一个猴子群体附近，并设置了一个触发器，使猴子可以自行按下快门。

在这个过程中，一只名叫纳罗托的黑猩猩拿起了相机，意外地自拍了几张照片，其中包括了一张非常有名的自拍照。这张自拍照片后来在互联网上广为传播，成为热门的新闻和社交媒体话题。大卫·斯莱特声称他拥有这些照片的版权，因为他是相机的拥有者和设置者，并认为这是他的创作成果。

然而，一些组织和个人认为，由于照片是由猴子自行按下快门拍摄的，版权应归属于猴子本身。这一争议引发了法律纠纷。大卫·斯莱特试图通过对照片的授权和销售来维护自己的版权权益。

动物权益组织 PETA（People for the Ethical Treatment of Animals）代表纳罗托提起诉讼，声称纳罗托是照片的合法版权持有人。

案件在美国法院审理，涉及对照片版权归属的法律解释和判断。2016 年，法院最终裁定，猴子无法拥有著作权，因为版权法只适用于人类创作者。然而，判决也提出了有趣的问题，即照片的版权无法归属于任何人，因为它是非人类实体（猴子）创作的结果。

"Monkey Selfie"案件在当时引起了广泛的关注和讨论，涉及了人工智能创作作品的著作权问题。虽然法院最终裁定猴子无法拥有著作权，但该案件仍然引发了人们对于非人类创作者和著作权的思考和辩论。①

## （三）网络犯罪和安全

数字化时代的网络犯罪呈现出新的形态和威胁。例如，网络诈骗、网络恶意软件、黑客攻击等威胁了网络安全和社会稳定。这对传统的刑法和

---

① 一些动物权利组织和活动家一直在争取扩大动物的法律权益，以更好地保护它们的福利。这些争议可能会涉及对动物作为"人格"或拥有某种权利的主张。然而，目前为止，这种主张在美国法律体系中还没有获得广泛的承认或支持，它们通常仍然是法律和道德上的争议话题。

治安管理提出了新的挑战。法律需要不断创新，建立适应数字化时代的网络安全法律体系，以保护社会安全和公共利益。

## 延伸阅读

### 车载高精电子地图测绘安全问题

根据《中华人民共和国测绘法》，测绘活动指的是对自然地理要素或地表人工设施的形状、大小、空间位置及其属性进行测定、采集、表述，并对获取的数据、信息、成果进行处理和提供的活动。进行测绘活动必须具备相应的测绘资质证书。高精度地图的数据主要通过车辆搭载专业设备进行采集，核心采集设备包括摄像头和／或激光雷达。仅使用摄像头进行采集的情况下，如果仅用于记录周围环境的图片，无法达到对地理要素和人工设施进行测定、采集、表述的程度，通常不被认定为测绘活动。

激光雷达设备具有高精确性测量和准确反映目标信息的特点，在实践中被广泛使用于高精地图制作。利用激光雷达等设备进行数据收集的活动通常符合测绘的标准，被视为测绘活动，而数据收集的主体应具备相应的测绘资质。高精地图主要服务于自动驾驶系统，高精地图制作方在制作过程中可能与汽车企业等相关方合作进行地图的研发测试活动。然而，如前文所述，高精度地图的数据采集等测绘活动，必须由具备导航电子地图资质的单位进行。数据采集方在收集高精地图数据时，应严格遵守《导航电子地图安全处理技术基本要求》的相关限制性要求，谨慎处理以防止获取特定地理空间信息的各种测量手段。例如，重力数据、测量控制点、高程点、等高线及数字高程模型、高压电线、通信线和管道等，以避免引发与国家安全相关的问题。

## （四）数字经济和在线交易

数字化时代的经济活动呈现出新的特点和趋势。例如，电商、在线支付、数字货币等，对传统的经济法律体系提出了新的挑战。数字经济的发展和在线交易的增加，使得跨境交易、知识产权保护、消费者权益保护等问题变得更加复杂，需要法律跟进和创新，以适应数字化时代的经济活动。

**延伸阅读**

根据《银行业监督管理办法》《金融许可证管理办法》等规定，设立银行业金融机构或者从事银行业金融机构的业务活动应当取得国务院银行业监督管理机构批准。因此，数字金融产业的参与者涉及数字银行业务的，应当在事先获得金融许可证。

另外，特别针对区块链相关信息服务提供者，我国《区块链信息服务管理规定》规定，在我国境外提供区块链信息服务的，应在十个工作日内通过网信办区块链信息服务备案管理系统履行备案手续。

## （五）社交媒体和信息传播

社交媒体的广泛应用和信息传播的便利性，对传统的舆论监督、信息管理和新闻报道提出了新的挑战。社交媒体的迅速发展和广泛应用，使得信息传播更加迅速和广泛，但也面临着虚假信息、谣言、网络暴力等问题。这对传统的舆论监督和信息管理提出了新的挑战，涉及网络言论自由、信息真实性和信息管理的法律问题。法律需要在数字化时代建立合理的舆论监督和信息管理的法律框架，既保护言论自由，又保障信息真实和社会稳定。

## 延伸阅读

### 互联网信息服务管理办法（国务院令第292号）

第十五条互联网信息服务提供者不得制作、复制、发布、传播含有下列内容的信息：

（一）反对宪法所确定的基本原则的；

（二）危害国家安全，泄露国家秘密，颠覆国家政权，破坏国家统一的；

（三）损害国家荣誉和利益的；

（四）煽动民族仇恨、民族歧视，破坏民族团结的；

（五）破坏国家宗教政策，宣扬邪教和封建迷信的；

（六）散布谣言，扰乱社会秩序，破坏社会稳定的；

（七）散布淫秽、色情、赌博、暴力、凶杀、恐怖或者教唆犯罪的；

（八）侮辱或者诽谤他人，侵害他人合法权益的；

（九）含有法律、行政法规禁止的其他内容的。

同时，第二十条规定，制作、复制、发布、传播本办法第十五条所列内容之一的信息，构成犯罪的，依法追究刑事责任；尚不构成犯罪的，由公安机关、国家安全机关依照《中华人民共和国治安管理处罚条例》《计算机信息网络国际联网安全保护管理办法》等有关法律、行政法规的规定予以处罚。

### （六）算法决策和人工智能

数字化时代的人工智能技术的快速发展和广泛应用，涉及算法决策、自动化决策等领域。这对传统的法律和法治提出了新的挑战。例如，算法歧视、自动化决策的透明度和责任等问题。法律需要对人工智能和算法决策进行监管和规范，以确保其合法、公正、透明和可追溯。[①] 这些是数字化时代对传统法治的一些挑战，需要法律及时做出改进，并做出相应的调整和创新。数字化时代的特点和趋势对法律的要求也在不断变化，包括更加灵活的法律框架、跨界合作的法律机制、数字化时代的法律教育和培训等，以适应数字化时代的法律需求，保障社会的稳定、公正和可持续发展。

## 延伸阅读

2017 年 4 月 6 日，工业和信息化部（以下简称"工信部"）、国家发展和改革委员会和科技部发布了《汽车产业中长期发展规划》。该规划提出了一系列目标，其中包括到 2020 年，汽车驾驶辅助（DA）、部分自动驾驶（PA）和有条件自动驾驶（CA）系统在新车中的装配率超过 50%；网联式驾驶辅助系统的装配率达到 10%，以满足智慧交通城市建设的需求。到 2025 年，DA、PA、CA 系统的新车装配率应达到 80%，其中 PA 和 CA 级别的新车装配率达到 25%。这些目标的设定标志着中国自动驾驶汽车产业进入了快速发展阶段。

在 2018 年 4 月 12 日，工信部、公安部和交通运输部联合发布了《智能网联汽车道路测试管理规范（试行）》。随后，北京、上海、广州、重庆、江苏等地相继颁布了关于自动驾驶汽车道路测试的地方规定，并开始发放道路测试牌照。湖北省武汉市更在 2019 年 9 月 22 日向包括百度在内的三家公司颁发了全球首批自动驾驶商用牌照。这些举措为中国的自动驾驶行业提供了良好的发展环境。

---

① 算法存在自我演化与自我异化，都体现为脱离创建者的自我进化、生长和发展。算法同时具有自我决策的能力，这使得算法与自然人和法人主体方面的差距将会逐渐消失。

然而，尽管中国国内的自动驾驶行业目前发展迅猛，但该行业除了需要技术和大量资金外，在法律方面，例如，测绘等方面仍然存在较高的门槛和不确定性。这些问题需要得到解决，以促进自动驾驶行业的持续健康发展。

第三章

# 数字化技术与法律应用

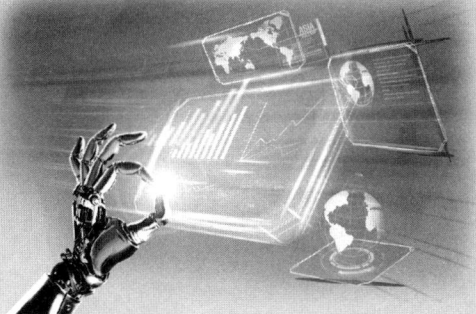

数字革命必须伴随着法律革命。

——埃里克·施密特（Eric Schmidt）

在数字化时代，人工智能、大数据、区块链等新兴技术正以惊人的速度改变着我们的生活和社会。人工智能可以模拟人类智能，使得机器能够学习、推理、识别和理解。大数据则能够收集、处理和分析海量数据，从而提供更好的决策和洞察。而区块链技术则是一种去中心化的数据库技术，可以实现去除中间环节的信息传递和价值转移。这些数字化技术的出现和应用，不仅推动了人类社会的进步和创新，同时也带来了一系列的挑战和问题。随着人工智能的普及，人们开始担忧自己的工作和生计是否会受到威胁；随着大数据的应用，个人隐私和数据安全也受到了越来越多的关注；随着区块链技术的发展，传统金融和监管体系的稳定性和有效性也面临着新的挑战。在数字化时代，我们需要不断探索数字化技术的潜力和应用，同时也需要重视数字化技术对法律、伦理和社会等方面的影响和挑战，以确保数字化技术能够更好地服务人类社会，同时也能够在法治和伦理的框架下得到合理的应用和管理。

# 一、人工智能、大数据、区块链等数字化技术的概念和应用

## （一）人工智能（Artificial Intelligence，简称 AI）

人工智能是指通过计算机系统和算法模拟、模仿或扩展人类智能，实

现对信息的感知、理解、推理、决策和学习等高级认知能力。[①]

比尔·盖茨认为："从技术上来讲，人工智能指的是为了解决特定问题或提供特定服务而创建的模型。像 Chat GPT 这样的工具，其背后的技术正是人工智能。Chat GPT 正在学习如何进行更自然的对话，但它还无法涵盖其他任务。相对而言，通用人工智能（Artificial General Intelligence，AGI）指的是能够学习任何任务或主题的人工智能软件，但目前真正的 AGI 尚未诞生。计算机行业正在进行激烈辩论，讨论如何创造 AGI 以及是否有可能创造 AGI 等问题。"

具体来说，人工智能技术包括机器学习、深度学习、自然语言处理、计算机视觉等，广泛应用于图像识别、语音识别、自动驾驶、智能助手、金融风控等领域。人工智能作为当代科技领域的热门话题，近年来取得了突飞猛进的发展，正在深刻地改变着我们的生活和社会。作为一种能够模拟人类智能并能够自主学习和推理的技术，人工智能在诸多领域展现出了巨大的潜力和广泛的应用前景。

在科技领域，人工智能正处于快速发展的阶段。从机器学习到深度学习，再到强化学习，人工智能技术不断取得突破性进展。在图像识别、语音识别、自然语言处理、智能推荐、自动驾驶、医疗诊断等领域，人工智能已经实现了令人瞩目的应用成果。例如，在图像识别领域，人工智能已经能够准确地识别图片中的物体和场景，并应用于人脸识别、图像搜索、

---

① 自从麦卡锡首次提出了"人工智能"一词并初步定义以来，关于如何界定什么可以被称为人工智能的实体，从实践者到政策制定者都提出了不同的标准和要求。斯图尔特·J.罗素和彼得·诺维格等学者提出了几乎十种不同的人工智能定义。根据技术特性和学者们的认知，人工智能可以被视为一种能够执行通常需要人类智慧的任务的系统，同时也可以被定义为通过利用这个系统所能访问的全部数据来增强现有解决方案的工具（Russell 等人，2020）。在"人工智能"领域，通常由类似于"专家系统"的人工智能系统所主导，这种系统主要依赖规则来进行决策过程（Rao，1997）。

智能安防等场景。在语音识别领域，人工智能已经能够实现高准确度的语音识别技术，并广泛应用于语音助手、智能客服、语音翻译等场景。

除了在传统领域的应用外，人工智能还在一些新兴领域和跨学科领域崭露头角。例如，在金融领域，人工智能技术正在被应用于金融风控、投资管理、智能交易等场景，以提高金融业务的效率和精确性。在农业领域，人工智能技术正在被应用于农业无人机、智能灌溉、植保机器人等场景，以提高农业生产的智能化和自动化水平。在医疗领域，人工智能技术正在被应用于疾病诊断、药物研发、医疗机器人等场景，以提高医疗服务的精准性和效率。

如果追溯人工智能发展的历史，我们可以划分为以下阶段：

1. 前人工智能时代（1956—1965 年）

● 代表事件：达特茅斯会议（1956 年），首次提出人工智能的概念。

● 代表人物：约翰·麦卡锡、马文·闵斯基、艾伦·图灵等。

● 特征：早期的人工智能研究主要集中在逻辑推理和问题解决方面，缺乏现代人工智能技术的基础。

## 延伸阅读

约翰·麦卡锡（John McCarthy，1927—2011 年）是一位计算机科学家，也是人工智能领域的先驱之一。他出生于美国波士顿，毕业于加州伯克利分校，并在那里开始了他的学术生涯。

麦卡锡是人工智能领域的创始人之一，他在 1956 年参与了"达特茅斯会议"，提出了人工智能的概念，并开始着手开发 Lisp 语言，这是一种用于人工智能编程的高级编程语言。

除此之外，麦卡锡还为人工智能领域做出了其他贡献，包括推理和问题求解、自然语言处理、专家系统等方面的研究。他也是计算机科学领域的重要人物之一，获得了许多奖项和荣誉，包括计算机科学领域的最高荣誉图灵奖。麦卡锡于 2011 年因心脏病发作去世，享年 84 岁。

马文·闵斯基（Marvin Minsky，1927—2016 年）是一位美国认知科学家和人工智能领域的先驱。他出生于纽约市，毕业于哈佛大学，并在那里开始了他的学术生涯。

闵斯基是人工智能和认知科学领域的杰出学者，他对于认知过程的研究，为人工智能的发展和进步做出了很大贡献。他提出了一些重要的理论和模型，如"知识表示"的概念、神经网络模型等，这些理论和模型对人工智能的发展和应用产生了深远影响。

此外，闵斯基还是 MIT 人工智能实验室的创始人之一，该实验室是人工智能研究的重要中心之一。他也是计算机科学领域的重要人物之一，获得了许多奖项和荣誉，包括图灵奖等。闵斯基于 2016 年逝世，享年 88 岁。

2. 知识表示与推理时代（1966—1975 年）

● 代表事件：斯坦福人工智能实验室成立（1966 年），旨在研究自然语言理解和知识表示。

●代表人物：约翰·麦卡锡、爱德华·费根鲍姆、艾伦·纽厄尔等。

●特征：研究重点转向知识表示和推理，包括专家系统、语义网络和产生式规则等。

## 延伸阅读

爱德华·费根鲍姆（Edward Feigenbaum，1936 年出生）是一位美国计算机科学家和人工智能专家。他毕业于卡内基梅隆大学，并在斯坦福大学获得了博士学位。费根鲍姆是人工智能和专家系统领域的先驱之一，在知识表示和推理方面做出了很多重要贡献。他是 DENDRAL 专家系统和 MYCIN 专家系统的联合开发者之一，这两个系统被认为是专家系统发展史上的重要里程碑。

费根鲍姆还是人工智能领域的多个组织和协会的创始人之一，如 AAAI（人工智能协会）、KR（知识表示）等。他是许多国际会议和期刊的主编或编辑委员会成员，也是多个著名大学和科研机构的荣誉教授。费根鲍姆曾获得过许多荣誉和奖项，包括图灵奖等。

艾伦·纽厄尔（Allen Newell，1927—1992 年）是一位美国计算机科学家和人工智能研究者，也是计算机科学领域的重要人物之一。他在卡内基梅隆大学和兰德公司工作期间，与克利福德·贝尔、赫伯特·A·西蒙一起研究了计算机程序的编写方法和问题求解。在人工智能领域，他与赫伯特·A·西蒙共同开发了逻辑理论机（Logic Theorist）程序，并在此基础上提出了通用问题求解（General Problem Solver）的概念。

纽厄尔还是 AI 领域的多个组织和协会的创始人之一，如 ACM SIGART（ACM 特别兴趣小组人工智能），AAAI（人工智能协会）等。他也是多个著名大学的荣誉教授，曾获得过图灵奖等多项重要奖项。纽厄尔的研究成果对现代计算机科学和人工智能技术的发展做出了重要贡献。

3. 知识工程时代（1976—1985 年）

• 代表事件：MYCIN 系统问世（1976 年），首个成功的专家系统，可诊断细菌感染。

• 代表人物：爱德华·费根鲍姆、约翰·塞尔、约瑟夫·魏兹鲍姆等。

• 特征：专家系统的发展引领了知识工程时代，该时代的重点是将人类专家的知识转化为计算机程序。

## 延伸阅读

约翰·塞尔（John Searle，1932 年— ）是一位美国哲学家，他在语言哲学、意识哲学、认知科学和语言学等领域都有深入的研究。在人工智能领域，约翰·塞尔提出了著名的"中国房间实验"，这是一种针对符号操作假设的批判，用以质疑机器是否真正具有智能。他认为符号操作只是机械式地处理符号，而并不真正理解语言。这一批判引起了人工智能领域内对符号操作与智能本质关系的争议和反思，对发展人工智能的理论和方法产生了重要影响。

约瑟夫·魏兹鲍姆（Joseph Weizenbaum，1923—2008 年），他是一位德裔美国计算机科学家，也是一位著名的人工智能批判者。他在 1966 年开发了一款名为 ELIZA 的计算机程序，该程序可以模拟人类心理医生与患者对话，引起了广泛关注。在后来的研究中，魏兹鲍姆发现 ELIZA 的对话内容并没有真正理解，只是基于简单的模式匹配和回复。他认为计算机只能是"无知的"工具，而不可能真正拥有人类的智能。

4. 机器学习时代（1986—1995 年）

● 代表事件：加州大学伯克利分校成立机器学习中心（1986 年），旨在推动机器学习技术的发展。

●代表人物：杰弗里·辛顿、托马斯·米切尔等。

●特征：机器学习技术的出现引领了新的时代，其中包括决策树、神经网络和遗传算法等。

**延伸阅读**

　　杰弗里·辛顿（Geoffrey Hinton）是一位加拿大计算机科学家，也是神经网络和深度学习领域的先驱之一。他是多伦多大学计算机科学系和统计学系的教授，也是谷歌公司的研究员。在机器学习和神经网络领域，他开发了多种算法和模型，并取得了多项重要的成果，其中包括深度信念网络（Deep Belief Networks，DBN）和卷积神经网络（Convolutional Neural Networks，CNN）等。他曾获得过图灵奖、卡内基·梅隆大学杰出科学家奖等多项荣誉。

　　5. 统计学习时代（1996—2005 年）

　　● 代表事件：IBM 计算机 Deep Blue 战胜国际象棋世界冠军加里·卡斯帕罗夫（1996 年）。

　　● 代表人物：吴恩达（Andrew Ng）、李飞飞（Fei-Fei Li）、约书亚·珀尔（Yoshua Bengio）

　　6. 深度学习与 AI 大爆发阶段（2010 年至今）

　　● 特征概述：深度学习技术的广泛应用，人工智能技术得到广泛应用，AI 产业开始爆发式增长，人工智能开始渗透到日常生活中。

　　代表事件和人物：

　　● 2011 年，IBM 的 Watson 赢得了 Jeoprdy! 知识竞赛，这是人工智能技术在智力游戏方面的重要突破。

　　● 2012 年，Google 在 ImageNet 比赛中使用深度学习算法获得了超越人类的成果。

　　● 2014 年，谷歌收购了英国的深度学习公司 DeepMind，这是人工智能领域收购事件中的一次重要事件。

● 2016 年，AlphaGo 在围棋比赛中战胜了人类世界冠军，这是人工智能在游戏领域上的一个巨大的成功。

● 2018 年，OpenAI 开发出了一种能够自我学习的 AI 系统，名为 GPT（Generative Pre-trained Transformer）。

这一阶段的代表性技术包括深度学习、神经网络、机器学习、自然语言处理、计算机视觉等。这些技术的发展推动了人工智能技术在各个领域的应用和创新，包括智能语音助手、自动驾驶、智能家居、智慧医疗、金融科技等。这也引领了人工智能产业的快速发展，成为当今最为热门和前景广阔的产业之一。

表 3-1　人工智能发展史重要历史事件

| 年份 | 事件 |
| --- | --- |
| 1956 | 首次举办人工智能会议 |
| 1958 | John McCarthy发明了LISP语言 |
| 1960 | 人工智能领域开始吸引政府和企业的资金 |
| 1961 | 人工智能研究分支学科机器学习诞生 |
| 1964 | Danny Bobrow发明了第一个智能对话系统 |
| 1966 | Weizenbaum发明了ELIZA，第一个具备自然语言处理能力的智能程序 |
| 1969 | 首个人工智能网络ARPANET成功建立 |
| 1973 | 智能机器人Shakey问世 |
| 1981 | 基于规则的专家系统开始流行 |
| 1986 | Geoffrey Hinton等人发明了深度学习中的反向传播算法 |
| 1990 | 神经网络和遗传算法相结合的遗传神经网络问世 |
| 1997 | IBM的DeepBlue成功战胜国际象棋世界冠军 |
| 2002 | DARPA成立无人驾驶汽车挑战赛 |
| 2005 | Google开始使用深度学习技术提高搜索结果质量 |
| 2011 | IBM的Watson在Jeopardy智力竞赛中战胜人类选手 |
| 2012 | 深度学习在视觉识别任务中获得突破 |

| 年份 | 事件 |
|------|------|
| 2016 | AlphaGo成功战胜围棋世界冠军 |
| 2018 | 人工智能开始广泛应用于自然语言处理、图像识别等领域 |
| 2021 | GPT-3上线，展现出惊人的自然语言生成能力 |

人工智能目前正处于快速发展的阶段。从过去几年内关于人工智能发展的统计数据，将可以看到人工智能快速发展的趋势。

（1）投资金额持续增加。根据全球知名风险投资公司CBInsights的数据，2019年全球人工智能领域的投资金额达到了约266亿美元，较2018年增长了21%。根据Tortoise Intelligence最新报告，2021年AI投资总额达到775亿美元，较2020年360亿美元同比增加了115%，这表明投资者对人工智能领域的兴趣和信心不断增加。

（2）技术发展迅猛。在机器学习、深度学习、自然语言处理、计算机视觉等领域，人工智能技术取得了显著的突破和进展。例如，深度学习在图像识别、语音识别等领域取得了引人注目的成果，并在许多实际应用中得到了广泛应用。例如，当前人工智能最尖端技术之一是语言模型的进展，特别是GPT-3和其衍生的模型。GPT-3是一种基于神经网络的语言模型，拥有1750亿个参数，是目前最大的语言模型之一。该模型在自然语言处理领域取得了惊人的成果，能够生成自然流畅、逼真的文本，甚至可以写出类似于人类所写的文章和诗歌。此外，GPT-3还可以进行问答、语言翻译、文本摘要、情感分析等任务。因此，被认为是现有语言模型中最先进的模型之一。

例如，GANs，全称为生成式对抗网络（Generative Adversarial Networks），是一种由两个神经网络组成的结构，旨在生成与训练数据相似但又与之不同的新数据。GANs由一个生成器和一个判别器组成。生成器接收一个随机噪声向量，并生成一个与训练数据相似但又不完全相同的新数据。例如，图像或文本。判别器接收这个新数据和训练数据，尝试确定哪些数据是真实的，哪些是生成的。这两个网络通过反复迭代训练，逐渐提高生成器生成数据的质量，使其能够欺骗判别器，使其无法区分生成的数据和真实的数据。

GANs 在许多领域都得到了广泛应用，包括图像处理、音频处理、自然语言生成、视频生成等。其主要优点是可以生成高度逼真的数据，甚至可以生成之前从未存在过的数据，这对于一些艺术创作、特效制作、数据增强等领域非常有用。此外，GANs 也可以帮助人们更好地理解数据的特征和分布，从而进一步提高模型的性能和应用效果。

（3）应用场景不断扩展。人工智能在各个领域的应用不断扩展，包括医疗健康、金融、零售、交通运输、制造业等。例如，人工智能在医疗健康领域的应用包括医疗影像诊断、精准医疗、健康管理等，为医疗行业带来了新的变革和机遇。深度学习在图像识别领域的应用已经非常广泛，其中最具代表性的就是谷歌公司开发的 InceptionV3、ResNet、MobileNet 等深度学习模型。这些模型可以识别图像中的物体、人物、场景等，广泛应用于安防、自动驾驶、医学诊断等领域。语音识别：深度学习在语音识别领域的应用也非常成功。例如，苹果公司的 Siri 和谷歌公司的 Google 语音助手等。这些语音识别系统可以实现语音输入、语音翻译、语音识别等功能，使得用户可以更加便捷地使用语音指令进行操作。

（4）市场规模不断扩大。根据市场调研公司 Tractica 的研究报告，人工智能芯片的市场规模将由 2018 年的 51 亿美元增长到 2025 年的 726 亿美元，年均复合增长率将达到 46.14%。其中，根据国际数据公司（IDC）数据，中国人工智能市场规模预计 2025 年有望达到 184.3 亿美元，年复合增长率达 24.4%。IDC 与浪潮联合发布的《2022—2023 年中国人工智能计算力发展评估报告》显示，全球范围内的企业，在包括软件、硬件和服务在内的人工智能市场的技术投资从 2019 年的 612 亿美元增长至 2021 年的 924 亿美元，到 2025 年有望突破 2000 亿美元。

（5）商业应用越来越多。越来越多的企业开始将人工智能技术应用到实际业务中，以提高效率、降低成本、改善用户体验等。例如，许多互联网公司在社交媒体、广告投放、推荐系统等方面广泛应用人工智能技术，传统制造业也在智能制造、自动化生产等方面探索人工智能的应用。

这些事例表明，人工智能正处于快速发展的阶段，并在各个领域取得了显著的进展。然而，同时也需要注意到，人工智能领域还面临一些挑战。例如，技术的可解释性、隐私和安全、伦理和法律等问题。这些问题需要在人工智能的发展过程中得到逐步解决。

此外，人工智能的发展还面临着不同国家和地区之间的政策和法规差异，包括数据隐私、算法监管、人工智能伦理等方面的不同要求和限制。这也对人工智能的应用和发展产生了一定影响。

总的来说，虽然人工智能目前正处于快速发展阶段，但仍需不断关注技术、市场、政策等多方面的动态情况，以推动人工智能的可持续发展，并确保其在实际应用中能够产生积极的社会和经济效应。

| | 排名 | 国家 | 得分 | |
|---|---|---|---|---|
| 第一梯队 | 1 | 美国 | 72.23 | |
| | 2 | 中国 | 55.20 | |
| 第二梯队 | 3 | 英国 | 46.59 | |
| | 4 | 德国 | 44.45 | |
| | 5 | 新加坡 | 44.00 | |
| | 6 | 加拿大 | 43.82 | |
| | 7 | 日本 | 43.03 | |
| | 8 | 韩国 | 41.79 | |
| | 9 | 以色列 | 39.30 | |
| | 10 | 瑞典 | 39.19 | |
| | 11 | 法国 | 38.01 | |
| | 12 | 澳大利亚 | 37.98 | |
| | 13 | 荷兰 | 35.52 | |
| 第三梯队 | 14 | 丹麦 | 34.56 | |
| | 15 | 芬兰 | 33.51 | |
| | 16 | 比利时 | 32.40 | |
| | 17 | 卢森堡 | 32.36 | |
| | 18 | 爱尔兰 | 32.32 | |
| | 19 | 意大利 | 28.23 | |
| | 20 | 奥地利 | 25.88 | |
| | 21 | 西班牙 | 24.36 | |
| | 22 | 斯洛文尼亚 | 22.44 | |
| | 23 | 印度 | 22.34 | |
| | 24 | 葡萄牙 | 21.67 | |
| | 25 | 波兰 | 21.18 | |
| 第四梯队 | 26 | 马耳他 | 19.87 | |
| | 27 | 捷克 | 19.79 | |
| | 28 | 塞浦路斯 | 19.49 | |
| | 29 | 希腊 | 18.44 | |
| | 30 | 沙特阿拉伯 | 18.27 | |
| | 31 | 爱沙尼亚 | 18.09 | |
| | 32 | 巴西 | 17.64 | |
| | 33 | 匈牙利 | 16.58 | |
| | 34 | 罗马尼亚 | 15.92 | |
| | 35 | 南非 | 15.90 | |
| | 36 | 斯洛伐克 | 15.24 | |
| | 37 | 墨西哥 | 14.75 | |
| | 38 | 印度尼西亚 | 14.11 | |
| | 39 | 土耳其 | 13.65 | |
| | 40 | 立陶宛 | 13.56 | |
| | 41 | 越南 | 13.50 | |
| | 42 | 拉脱维亚 | 13.49 | |
| | 43 | 保加利亚 | 13.43 | |
| | 44 | 俄罗斯 | 13.40 | |
| | 45 | 克罗地亚 | 13.20 | |
| | 46 | 阿根廷 | 11.22 | |

图 3-1　2022 全球人工智能创新指数排名

（数据来源：2023年世界人工智能大会）

## （二）大数据（Big Data）

大数据是指规模巨大、复杂度高、变化迅速的数据集合。大数据技术包括数据采集、存储、处理、分析和应用，用于从大量数据中提取有价值的信息和洞察。大数据应用于各个领域，包括市场营销、金融风控、医疗健康、城市管理等，能够帮助机构做出更好的决策和优化业务流程。典型的大数据应用场景如下。

### 1. 医疗健康

通过大数据分析患者的电子病历、医疗记录、生物传感器数据等，可以实现个性化医疗方案、疾病风险预测、药物研发等。例如，IBM 的 Watson Health 项目利用大数据和人工智能技术，可以帮助医生诊断和治疗癌症、糖尿病等疾病。

### 2. 金融服务

通过大数据分析客户的金融交易记录、信用评估、消费行为等，可以进行风险评估、个性化投资建议、反欺诈等。例如，支付宝、微信支付等移动支付平台通过大数据分析用户的消费行为和支付数据，可以为用户推荐优惠券、理财产品等。

### 3. 城市管理

通过大数据分析城市交通流量、环境污染、社会经济数据等，可以实现城市智能交通管理、环境监测、公共安全等。例如，新加坡的智能城市项目通过大数据和物联网技术，实现了城市交通、环境和社会服务的智能化管理。

### 4. 零售行业

通过大数据分析消费者的购物行为、偏好、社交网络等，可以进行精细化营销、个性化推荐、库存管理等。例如，亚马逊通过大数据分析用户的购物记录和浏览行为，为用户推荐个性化的商品。

### 5. 社会治理

通过大数据分析社会经济数据、舆情信息、公共服务需求等，可以实现智能城市治理、公共安全预警、社会政策优化等。例如，中国的社会信用体系建设项目利用大数据技术对个人和企业的行为进行评估和监管。

## （三）区块链（Blockchain）

区块链是一种分布式、去中心化的账本技术，通过密码学、共识算法和分布式网络等技术手段，确保数据的安全性、可靠性和透明性。区块链技术可以实现去中介化的交易和信息传递，被广泛应用于数字货币、智能合约、供应链管理、知识产权等领域，有望改变传统商业模式和交易方式。区块链作为一种分布式、去中心化的技术，具有安全、透明、不可篡改等特点，被广泛应用于多个领域。典型的区块链应用案例如下。

### 1. 加密货币

比特币（Bitcoin）是最早应用区块链技术的加密货币，它通过区块链技术实现了去中心化的数字货币交易和资金转移。

### 2. 供应链管理

区块链技术可以实现供应链的透明度和可追溯性，有助于解决供应链中的信息不对称和信任问题。例如，食品安全方面的应用，可以利用区块链技术追溯食品的生产、运输、销售等环节，确保食品的安全和质量。

### 3. 数字身份认证

区块链技术可以实现去中心化的数字身份认证，保护用户的隐私和数据安全。例如，区块链身份认证系统可以用于替代传统的身份认证方式，如用户名和密码，从而减少身份盗窃和数据泄露的风险。

### 4. 物联网（IoT）

区块链技术可以与物联网结合，实现设备之间的信任和安全通信。例如，智能合约（Smart Contract）是一种基于区块链的自动化合约，可以在物联网设备之间实现安全的交互和合作。

### 5. 数字版权管理

区块链技术可以用于数字版权的管理和保护，确保创作者的权益得到保护并实现合理的收益分配。例如，区块链可以实现音乐、电影、艺术作品等数字内容的版权注册、转让和交易。

### 6. 公共管理和社会治理

区块链技术可以用于公共管理和社会治理领域，提高行政效率、降低腐败风险。例如，区块链可以用于选举投票、公共资金管理、公共资源分配等领域，提高公共服务的透明度和效能。

这些数字化技术在实际应用中带来了许多变革和创新。例如，在医疗健康领域，人工智能技术可以辅助医生进行疾病诊断和治疗决策，提高诊疗效果；大数据技术可以帮助医疗机构分析患者数据，优化医疗资源配置和疫情防控；区块链技术可以确保患者隐私和数据安全。

在金融领域，这些数字化技术也带来了许多创新。例如，人工智能技术可以通过数据分析和算法决策，实现金融风控、投资管理等业务的智能化；大数据技术可以帮助金融机构进行风险评估和客户管理；区块链技术可以实现去中介化的数字货币交易和智能合约。

此外，这些数字化技术还在供应链管理、智能交通、智能城市、物联网等领域也得到了广泛应用。例如，区块链技术可以实现供应链的透明化和溯源，提高产品质量和安全；人工智能技术可以应用于智能交通系统，实现交通流量优化和智能交通管理；大数据技术可以应用于智能城市管理，实现城市资源的高效利用和智能化调配；物联网技术可以实现设备之间的互联互通，推动智能家居、智慧农业等领域的发展。

这些数字化技术的应用，对传统产业和社会经济产生了深远的影响。它们带来了高效、智能、便捷的生产、管理和服务模式，促使产业转型升级，推动经济增长和社会发展。然而，同时也带来了一系列新的挑战和问题。例如，数据隐私和安全、算法偏见和公平性、法律监管和规制等。因此，数字化技术的应用需要在法律和道德的框架下进行，保障人权、隐私权和公平竞争的原则。

总的来说，人工智能、大数据、区块链等数字化技术在定义、特点和应用上各自具有独特的特点和潜在的应用场景，对传统产业和社会经济产生了深远的影响，但也面临一系列的法律、伦理和社会问题，需要合理规制和管理，以实现数字化时代的可持续发展。

# 二、数字化技术在法律领域的应用现状和发展趋势

数字化技术在法律领域的应用现状和发展趋势呈现出多方面的特点。

## （一）法律信息化

数字化技术已经广泛应用于法律信息化领域，包括电子合同、电子诉讼、电子取证、电子归档等。通过数字化技术，法律信息的存储、检索、传输和管理得以简化和高效化，提高了法律服务的效率和便捷性。典型的法律信息化应用场景如下。

### 1. 电子诉讼系统

电子诉讼系统是指利用信息技术手段，将诉讼过程中的文书、材料、信息等电子化，并通过网络进行诉讼操作和交流的系统。例如，中国的电子诉讼平台、美国的联邦电子诉讼系统（PACER）等。

### 2. 网上司法拍卖

网上司法拍卖是指通过互联网平台进行司法拍卖活动，提高司法拍卖的透明度和效率。例如，中国的司法拍卖网、美国的 eBay 等在线拍卖平台。

### 3. 法律数据库和知识管理系统

法律数据库和知识管理系统是指将法律相关的信息、法律案例、法律文书等进行数字化管理和检索，提供在线法律资源和知识服务的系统。例如，LexisNexis、Westlaw 等法律数据库和知识管理系统。

### 4. 律师办公系统

律师办公系统是指利用信息技术手段来管理律师事务所内部的工作流程、案件管理、文书撰写等业务的系统。例如，律所管理软件、律师办公平台等。

### 5. 法律智能化工具

法律智能化工具是指利用人工智能、大数据等技术手段，提供法律咨询、法律分析、法律预测等智能化服务的工具。例如，合同智能化管理工具、法律文书生成工具、法律搜索引擎等。

这些法律信息化的典型例子在提高法律工作效率、优化法律服务、促进司法公正等方面发挥了重要作用，有助于推动法律领域的数字化、智能化和现代化发展。

## （二）法律智能化

人工智能技术在法律领域的应用也逐渐崭露头角，包括法律搜索引擎、自然语言处理、法律专家系统、智能合同等。通过人工智能技术，可以对海量的法律文献和案例进行智能化的分析和处理，为法律从业者提供更快速、准确、智能化的法律研究和决策支持。典型的法律智能化应用场景如下。

### 1.合同智能化管理工具

利用人工智能和自然语言处理技术，对合同进行智能化管理、自动化审核和分析。例如，ContractAnalysisandReview（CAR）等合同智能化管理工具可以快速识别合同中的关键条款、风险点和合规性，提高合同管理效率和风险管理水平。

### 2.法律文书生成工具

利用自然语言处理和模板技术，生成各类法律文书，如合同、诉讼文书、法律意见书等。例如，Lawyaw、Doxly等法律文书生成工具可以根据用户输入的信息和需求，自动生成符合法律规范和格式的文书，提高律师文书撰写的效率和质量。

### 延伸阅读

智能合同是一种通过计算机编程自动执行合同条款的合同形式。这种合同形式的出现引起了社会的广泛关注和讨论，其态度和争议主要有以下几个方面。

支持者认为智能合同可以降低交易成本、提高合同执行效率、减少合同纠纷，同时能够使得合同自动执行更加透明、公正，有利于打击合同欺诈行为。

反对者则担心智能合同无法处理复杂的人际关系、法律争议和伦理道德问题，可能会引发新的社会和政治问题。例如，当智能合同中涉及道德或人类价值的决策时，智能合同将会如何做出合理的抉择？

另外一个争议点是智能合同的可靠性问题。因为智能合同的执行是依赖于计算机编程的，而编程过程中可能存在错误、漏洞、黑客攻击等问题，从而影响合同的执行。

智能合同还面临着法律监管、隐私保护、数据安全等方面的问题，这些问题需要各方共同协作解决。

### 3. 法律搜索引擎

利用自然语言处理和信息检索技术，提供高效、精准的法律搜索服务，帮助用户查找法律法规、案例、法律评论等信息。例如，Westlaw、LexisNexis 等法律搜索引擎可以根据用户输入的关键词或问题，提供相关的法律资源和解答。

### 4. 法律咨询机器人

利用人工智能和自然语言处理技术，提供在线法律咨询服务。例如，DoNotPay、AI.Law 等法律咨询机器人可以根据用户的问题和情境，提供法律建议、解答法律问题等服务。

## 延伸阅读

### 世界上第一位人工智能律师"罗斯"

"罗斯"（ROSS）是一款基于人工智能的法律咨询机器人，由 IBM 开发，使用 IBM 的人工智能系统 Watson。它被认为是世界上最先进的法律咨询机器人之一。

"罗斯"的工作原理是通过自然语言处理和机器学习技术，分析输入的法律问题，找到相关的法律文件、先例和法规，并生成一份简洁、易于理解的报告，回答用户提出的问题。与传统的在线法律搜索引擎不同，"罗斯"能够实现深度学习和自我进化，从而不断改善和优化自己的回答。

"罗斯"的优点在于，它可以通过快速、准确、个性化的解决方案，提高律师和法律机构的效率和生产力，同时也能够更好地服务普通公众的法律需求。然而，它也面临着一些争议。比如，是否会替代部分律师的工作，以及对法律行业的颠覆性影响等问题。

5.法律预测工具

利用大数据和机器学习技术，分析历史案例数据，预测法律案件的可能结果和趋势。例如，Predictice、LexMachina 等法律预测工具可以帮助律师和法官预测案件胜诉率、诉讼成本等，辅助法律决策。

这些法律智能化的典型例子在提高法律服务效率、优化法律决策、降低法律风险等方面发挥了重要作用，有助于推动法律行业的数字化、智能化和创新发展。

## （三）数据法律化

随着大数据技术的快速发展，数字化时代的法律领域也面临着数据的规制和管理问题。包括个人隐私保护、数据安全、数据治理等。数字化技术在法律领域的应用需要遵循合规性、合法性和道德性原则，保障数据主体的合法权益，确保数字化时代法律的合规运行。典型的数据法律化应用场景如下。

1.数据隐私法律合规

随着数据采集和处理的广泛应用，数据隐私成为重要的法律关注点。例如，欧盟的《通用数据保护条例》（GeneralDataProtectionRegulatio n, GDPR）和美国的《加州消费者隐私法》（CaliforniaConsumerPrivacyAct, CCPA）等数据隐私法律法规，要求组织在收集、使用、存储和处理个人数据时遵循严格的合规要求，包括用户同意、透明通知、数据保护措施等。

## 延伸阅读

　　《加州消费者隐私法》是一项于2018年6月签署、自2020年1月1日生效的法律。在处理个人数据时，CCPA规定企业需要遵守以下要求：

　　通知消费者：企业需要告知消费者他们收集哪些类型的个人数据，以及该数据将如何被使用、分享或销售。

　　提供访问权：消费者有权要求企业提供他们的个人数据，并了解该数据如何被使用。

　　提供删除权：消费者有权要求企业删除其个人数据，并告知关联方进行相同的操作。

　　同意权：企业需要获得消费者的同意，才能处理其个人数据。

　　禁止歧视：企业不能因消费者行使其CCPA规定的权利而进行歧视。

　　未成年人保护：如果消费者未满13岁，则需要父母或监护人同意才能收集和处理其个人数据。

　　安全保护：企业需要采取合理的技术和行政措施，保护消费者的个人数据免受未经授权的访问、使用或泄露。

　　法律责任：如果企业未遵守CCPA的规定，消费者有权起诉企业，并可能获得赔偿。

　　需要注意的是，CCPA只适用于满足以下条件之一的企业：（1）年收入超过2500万美元；（2）每年处理个人数据量超过50000个；（3）50%以上的收入来自个人数据销售。

2. 数据合同法律管理

数据合同是在数据交换和共享活动中的法律约定，涉及数据使用、访问、传输、共享、保密等权利和义务。例如，云服务合同、数据共享协议、数据许可协议等，需要明确各方的权利和义务，并合法合规地管理数据的使用和传输。

3. 数据安全法律保护

数据安全是保障数据的机密性、完整性和可用性的重要方面。例如，一些国家和地区制定了一系列数据安全法律法规，要求组织采取合理的技术和组织措施，确保数据的安全管理和防范数据泄露、滥用等风险。目前涉及相关方面的主要法律性规则主要包括以下几个方面，数据流动的法律规制主要有：欧盟《通用数据保护条例》（GDPR）规定跨境数据流动必须符合其数据保护原则，要求数据的传输必须在适当的保护措施下进行。跨国合作的法律争端解决：《新加坡公约》规定了在线争端解决的程序和标准，为跨境电子商务争端提供了一个有效的解决方案。智能算法的透明度和可解释性：欧盟《通用数据保护条例》（GDPR）规定，在某些情况下，个人有权获得关于基于算法的决策过程的透明度和解释。自动化合同的法律效力：美国《电子签名法案》和欧盟《电子身份识别和信托服务条例》规定电子签名和电子认证具有与手写签名和认证同等的法律效力，这为自动化合同的法律效力提供了保障。

4. 数据知识产权法律保护

数据作为重要的商业资产，涉及知识产权的保护。例如，数据库著作权、数据专利、商业秘密等，需要通过合法的知识产权手段来保护数据的独占权和商业价值。许多国家和地区通过制定和修改相关法律法规，加强对数字版权和数据保护的保护，如欧盟《数字单一市场版权指令》和中国的《网络安全法》等。数据隐私保护：欧盟《通用数据保护条例》（GDPR）规定数据控制者必须保护个人数据的隐私和安全，并对数据处理过程进行详细说明，确保数据的合法获取和使用。

5. 数据争端解决法律途径

在数据应用和管理过程中，可能涉及数据争端和纠纷。例如，数据泄露、侵权、合同纠纷等，需要通过法律途径解决争端，包括诉讼、调解、仲裁等。

这些数据法律化的典型例子在保障数据的合法合规管理、保护数据隐私、保护数据安全、维护数据知识产权和解决数据争端等方面起到了重要的作用，有助于推动数据应用的合法、安全、可信和创新发展。

## （四）智能司法

数字化技术也在司法领域得到了广泛应用。例如，在线争议解决、虚拟法庭、智能审判等方面。通过数字化技术，可以提高司法的效率和公正性，促进司法公正和便捷访问。典型的智能司法应用场景如下。

### 1. 智能法律咨询和在线法律服务

通过人工智能技术，提供在线的法律咨询和服务，帮助用户了解法律问题、查询法律法规、解答法律疑问等。例如，智能法律助手、在线法律顾问等，可以为用户提供快速、便捷和准确的法律咨询和服务。

### 2. 智能合同管理和自动化

利用人工智能技术，自动化合同的生成、管理、解析和执行过程。例如，智能合同平台可以通过自然语言处理和智能合同模板，帮助律师和企业生成合同文本、审查合同条款、管理合同履行等。

3. 智能诉讼辅助和预测

利用人工智能技术，辅助律师和法官在诉讼过程中进行案情分析、法律研究和判决预测。例如，智能诉讼辅助系统可以通过大数据和机器学习技术，提供律师和法官在案件审理中的辅助决策和预测判决结果的支持。

4. 智能法律文书生成和自动化

通过人工智能技术，自动生成法律文书和文件。例如，智能合同文书生成工具、智能律师助手等，可以通过自然语言处理和文本生成技术，快速生成合规的法律文书和文件。

5. 智能司法大数据分析和判决支持

利用人工智能技术，对大量的司法数据进行分析和挖掘，提供智能化的判决支持。例如，智能司法大数据平台可以通过数据分析和机器学习技术，帮助法官和律师在案件审理中提供数据支持、法律研究和判决参考。

这些智能司法的典型例子在提升司法效率、提供智能化法律服务、辅助决策和预测判决等方面，对于推动司法领域的现代化和智能化发展起到了积极的作用。

未来数字化技术在法律领域的发展趋势将影响传统法律服务的方式和模式，推动法律信息化和电子化，并促进跨境法律合作和互联网法的发展。从人工智能、大数据到区块链等技术的应用，数字化技术将为法律实践带来前所未有的机遇和挑战。然而，数字化技术的发展也将涉及个人权利和社会公共利益的平衡，法律界需要密切关注数字化技术在法律领域的发展趋势，以确保数字化和智能化技术的应用在合法、公正、透明和负责任的前提下，保障个人权利和社会公共利益。

未来数字化技术在法律领域的发展趋势特征，主要包括以下几点。

（1）智能化。人工智能技术在法律领域的应用将不断深入和拓展，包括智能合同、智能律师助手、智能法律咨询等。通过智能化的技术，可以提高法律服务的智能化水平，为法律从业者和公众提供更加智能化的法律服务。

（2）数据化。大数据技术在法律领域的应用将变得更加广泛，包括法律数据挖掘、法律数据分析、法律预测等。通过对大数据的分析和挖掘，可以从大量的法律文献和案例中提取有用的信息，为法律从业者提供更加全面、精准的法律分析和预测，从而支持更好的法律决策和案件处理。

（3）数字化。法律信息化将进一步深入推进，包括电子合同、电子诉讼、电子证据等。数字化技术将在法律领域的各个环节实现更加高效、便捷的数字化处理，提升法律服务的效率和用户体验。

（4）互联网化。随着互联网的普及和发展，法律领域也将进一步互联网化。包括在线争议解决平台、虚拟法庭、在线法律咨询等。互联网化将为公众提供更加便捷、高效的法律服务方式，同时也将对传统法律服务模式产生深刻的影响。

（5）数据治理。随着数据法律化的重要性日益凸显，数字化技术在法律领域的数据治理和合规管理将成为重要的趋势。包括个人隐私保护、数据安全管理、数据合规等方面的法律规制和技术应用将不断完善和加强。

（6）全球化。数字化技术将进一步推动法律领域的全球化。包括跨国争议解决、跨境电子合同、国际法律合作等方面的发展。数字化技术将带来更加便捷和高效的跨国法律合作方式，促进国际的法律交流与合作。

总之，数字化技术在法律领域的应用现状和发展趋势正在不断演进，将对法律行业产生深远的影响。通过智能化、数据化、数字化、互联网化、数据治理和全球化等方面的发展，数字化时代将推动法律服务的创新和升级，提高法律服务的效率和质量，为法律领域的发展带来新的机遇和挑战。

# 三、数字化技术对法律体系、法律实践和法律职业的影响

数字化技术的快速发展正在深刻地影响着法律体系、法律实践和法律职业。从人工智能的普及到大数据的应用，从区块链的发展到云计算的普及，数字化技术正在推动法律领域发生深刻的变革。数字化技术为法律体系带来了更加高效和便捷的运作方式，为法律实践提供了更多的工具和资源，同时也对法律职业提出了新的要求。数字化技术的影响正日益显现，法律界需要积极应对数字化时代的挑战，不断创新和适应数字化技术的发展趋势，以更好地服务社会和保障法律权益。主要包括以下五个方面。

## （一）法律体系

数字化技术对法律体系带来了新的挑战和变革。数字化时代的法律体系需要不断适应技术发展的要求，包括法律法规的制定和修订、法律实施的方式和手段、法律体系的监管和治理等方面。例如，数字化技术涉及的数据隐私、网络安全、知识产权等法律问题，需要法律体系做出相应的法律规制和政策指导，以保障数字化时代的合法权益。

## （二）法律实践

数字化技术在法律实践中的应用推动了法律服务的创新和升级。法律从业者可以利用数字化技术进行法律研究、案件分析、法律文书的撰写和管理、在线法律咨询等。数字化技术使得法律实践更加高效、便捷，并且能够提供更加精准的法律服务。例如，智能化的法律搜索引擎和法律分析工具可以帮助律师更快速地获取和分析大量的法律信息，提升法律服务的效率和质量。

### （三）法律职业

数字化技术对法律职业带来了新的要求和挑战。数字化时代的法律职业需要不断提升自身的数字化能力和技术素养，以适应数字化时代的法律服务需求。例如，律师需要掌握数字化技术工具的使用，如法律数据库、电子文书管理系统、在线法律服务平台等，以提高工作效率和服务质量。同时，数字化技术也可能对传统法律职业模式产生影响，例如虚拟法庭和在线争议解决平台可能改变传统的法庭审定和解决争议的方式。

### （四）法律服务市场

数字化技术对法律服务市场带来了新的机遇和竞争。数字化时代，传统的法律服务市场面临着新的竞争压力，包括在线法律服务平台、智能化的法律咨询服务、数字化的法律文书撰写等新型法律服务方式的兴起。数字化技术使得法律服务市场更加开放和多元，为法律从业者和用户提供了更多的选择和便利。数字化技术推动了法律服务市场的创新和竞争，使得法律服务更加普惠和可及，从而满足了不同用户对法律服务的需求。

### （五）法律风险和合规管理

数字化技术对企业和组织的法律风险和合规管理提出了新的要求。随着数字化时代的发展，企业和组织在运营过程中涉及的法律风险和合规要求不断增加。例如，数据隐私保护、网络安全、知识产权保护等。数字化技术可以帮助企业和组织更好地管理法律风险和合规事务，包括数据分析和监测、智能化的合规管理工具等，从而提升企业和组织的合规水平，降低法律风险。总的来说，数字化技术对法律体系、法律实践和法律职业产生了深刻的影响。数字化时代的法律服务更加便捷、高效、普惠，但也面临着新的挑战和需求，需要法律从业者不断提升自身的数字化能力和技术素养，积极适应数字化时代的发展趋势，以推动法律体系和法律实践的创新和发展。同时，数字化技术也需要与法治原则相结合，保障数字化时代的法律权益和公平正义，实现数字化与法治的有机融合。

虽然还没人提及，但我认为人工智能更像是一门人文学科。其本质，在于尝试理解人类的智能与认知。

——塞巴斯蒂安·特伦（Sebastian Thrun）

第四章

# 人工智能、自动化、算法决策等法律责任与监管难题

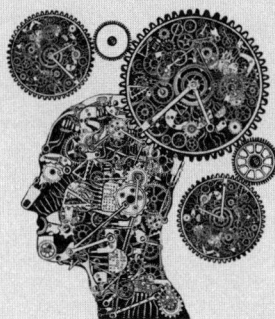

在数字时代，保护人民的隐私和数据安全，是保障公民自由和尊严的必要条件。

——艾玛·麦克唐纳（Emma Mc Donnell）

# 一、法治发展不同阶段面临的重大问题

从大的历史框架来观察，不同的法治发展时期和环境下所面临的重大问题不同，时代特征不同，如果简单进行归类，我们可以做以下分类。

## （一）早期法治发展阶段的问题

在法治观念尚未形成或尚未普及的早期阶段，社会可能面临权力滥用、专制统治和法律不确定性等问题。缺乏法律制度和司法独立导致公平正义难以实现。

## （二）制度建设阶段的问题

在法治制度正在建设和完善的阶段，社会可能面临法律体系不健全、法律执行不力、执法不公等问题。需要加强法律法规的制定、司法体系的建设和执法机构的规范化。

## （三）全球化时代的问题

在全球化和跨国交流加深的时期，法治发展面临跨境犯罪、国际法律合作、知识产权保护等全球性问题。需要建立国际合作机制和法律框架来应对跨国挑战。

### （四）科技进步和数字化时代的问题

随着科技的发展和数字化时代的到来，法治发展面临网络犯罪、个人隐私保护、人工智能伦理等新型问题。需要制定适应新技术和新挑战的法律规定和监管机制。

### （五）社会多元化中社会公正问题

在多元化社会中，法治发展需要面对社会公正、人权保障、少数群体权益等问题。需要在法律制度中确保公平正义，防止歧视和不平等现象的出现。

这些问题的不同特点反映了不同时期法治发展的背景和挑战。法治发展需要根据时代的变化和社会的需求来不断适应和解决这些问题，以确保社会的公平、正义和稳定。从前几章节的叙述可以看出，在数字化时代，个人隐私、网络安全、数字伦理成为时代的焦点。其中，数字化及人工智能技术发展所带来的法理、伦理、道德等问题成了人们最为关心的焦点之一，对该领域问题的解决，不仅考验传统法治秩序，也将对于数字化、智能化技术的发展产生重大方向性影响。

## 延伸阅读

网络安全公司 Shape Security 发布的报告指出，在线零售商是经常受到最严重网络攻击的目标。黑客们使用一种名为"撞库"（credential stuffing）的程序，批量使用窃取的数据进行登录尝试。近期，超过90%的全球电商网站登录尝试均来自这些黑客。同样，航空公司和个人银行业也无法幸免，其中60%的登录尝试都源自网络犯罪分子。

Shape 声称，网络攻击的成功率约为 3%，这极大地增加了企业的成本负担。每年，这种诈骗行为给电商部门带来近 60 亿美元的损失，而个人银行业每年的损失约为 17 亿美元。酒店行业和航空公司也是网络攻击的主要目标，每年被窃取的积分造成的损失价值高达 7 亿美元。

通过撞库攻击进行登陆尝试所占的份额

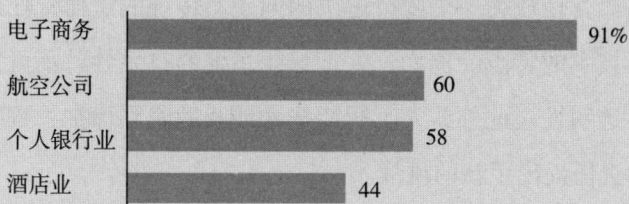

| | |
|---|---|
| 电子商务 | 91% |
| 航空公司 | 60 |
| 个人银行业 | 58 |
| 酒店业 | 44 |

数据来源：Shape Security

## 二、关于人工智能、自动化、算法决策等法律责任理论争点与讨论

随着人工智能、自动化和算法决策等数字化技术的不断发展和应用，法律责任与监管面临着前所未有的挑战和复杂性。在数字化时代，智能化系统通过数据分析、机器学习和自主决策等方式，可以在各种领域自动化执行任务，从金融、医疗到交通、教育等。然而，这些数字化技术也带来了许多法律责任与监管难题。例如，当由人工智能或算法决策导致错误、偏见或不公平时，谁应该承担法律责任？如何监管和管理这些智能化系统，以确保其合法、公正和透明运作？这些问题涉及法律体系、法律实践和法律职业的多个方面，需要综合考虑技术、法律、伦理等多个层面的因素。

主要包含以下方面。

## （一）人工智能的法律责任

人工智能技术在各个领域得到广泛应用。例如，自动驾驶、医疗诊断、金融风险评估等。然而，当人工智能系统产生错误或者导致意外结果时，如何确定法律责任成为一个亟待解决的问题。传统的法律责任体系难以适应人工智能技术的特点。例如，人工智能系统的自主性、不可预测性和智能决策的不透明性。此外，人工智能技术涉及的隐私保护、数据安全等问题也对法律责任提出了新的挑战。

当前，关于人工智能系统错误和意外结果导致法律责任的问题，理论界存在多种观点和争议。以下是其中一些主要观点。

### 1. 严格责任观点

该观点认为，当人工智能系统产生错误或者导致意外结果时，应该对其使用者或者开发者进行严格的法律责任追究。这种观点强调了人工智能系统的高度自主性和独立性，认为其应当承担与人类一样的法律责任。这种观点多基于传统的法律原则。例如，侵权法、合同法和产品责任法等，强调对人工智能系统的监管和控制，要求开发者和使用者对其产生的错误或者意外结果负有严格的法律责任。

### 2. 意图责任观点

该观点认为，在确定人工智能系统产生错误或者导致意外结果的法律责任时，应该考虑其使用者或者开发者的意图和行为。这种观点强调了人工智能系统的工具性质，认为其只是人类工具的延伸，不应当单独承担法律责任。这种观点多基于代理理论和代理法律原则，认为人工智能系统只是执行使用者或者开发者的指令，其产生的错误或者意外结果应当归因于使用者或者开发者的意图和行为。

### 3. 共同责任观点

该观点认为，人工智能系统产生错误或者导致意外结果的法律责任应该由多方共同承担，包括使用者、开发者、监管机构等。这种观点强调了人工智能系统的复杂性和多方参与性，认为其产生的错误或者意外结果通常涉及多方的参与和决策，应当由多方共同承担法律责任。这种观点多基于合作原则和多方参与理念，要求各方在使用和开发人工智能系统时承担相应的法律责任。

以上观点在理论界存在争议，并且在不同国家和地区的法律体系中有不同的适用情况。一些国家和地区已经开始制定相关法律法规，试图解决人工智能系统错误和意外结果导致法律责任的问题，但目前尚未达成全球一致的共识。因此，人工智能系统产生错误和意外结果的法律责任问题，仍然亟待解决，并且需要继续在理论和实践层面进行深入研究和探讨。

在解决人工智能系统法律责任问题时，需要考虑以下一些理论和原则。

（1）技术中立性。人工智能系统在对待所有用户和利益相关者应当都是中立的，不应对特定用户或利益相关者给予偏袒或歧视。因此，在确定法律责任时，应当避免对人工智能系统本身进行过分地赋予意图或自主性，而应当着重考虑使用者和开发者的行为和意图。

（2）风险分担。人工智能系统的使用和开发涉及多方的参与和决策，因此，在确定法律责任时，应当考虑各方在人工智能系统的生命周期中所承担的风险和责任。例如，使用者可能应当对其在使用人工智能系统时的指令和行为负有责任，开发者可能应当对其在设计、训练和测试人工智能系统时的技术决策和安全措施负有责任，监管机构可能应当对其在监管人工智能系统时的监管措施负有责任。

（3）公平和正义。在确定法律责任时，应当考虑到公平和正义的原则，避免对不同利益相关者进行不当的歧视或偏袒。例如，对于使用者来说，应当考虑其在使用人工智能系统时是否具备足够的知识和技能，并是否有合理的选择权；对于开发者来说，应当考虑其在设计和训练人工智能系统时是否采取了合理的安全措施和伦理原则。

（4）法律监管和规制。在解决人工智能系统法律责任问题时，法律监管和规制应当起到重要的作用。监管机构应当对人工智能系统的开发、使用和运营进行监管，并制定相应的法律法规和准则，以确保人工智能系统的安全、可靠和合法使用。

需要注意的是，不同国家和地区对于人工智能系统法律责任问题可能存在不同的法律体系和法律实践。因此，解决该问题需要综合考虑各方利益，并在国际合作的基础上制定相应的法律法规和准则，以促进人工智能技术的健康发展和合法使用。

目前，已经出现了一些关于人工智能系统法律责任的现实案例，这些案例反映了不同国家在处理该问题时的司法实践。以下是一些具体案例。

在美国，已经出现了多个人工智能系统法律责任的案例。如2016年，一辆由特斯拉公司开发的自动驾驶汽车在驾驶过程中发生致命事故，引发了关于自动驾驶汽车的法律责任的争议。

2016年1月20日，京港澳高速河北邯郸段发生一起追尾事故，一辆特斯拉轿车直接撞上一辆正在作业的道路清扫车，特斯拉轿车当场损坏，司机高雅宁不幸身亡。经交警认定，在这起追尾事故中驾驶特斯拉的司机高雅宁负主要责任。然而时隔半年之后，高雅宁的家人却把特斯拉的经销商告上了法庭。

德国是第一个对人工智能系统的自主性和法律责任进行明确规定的国家。2017年，德国颁布了一项法律，要求自动驾驶汽车配备黑匣子，以便在事故发生时追溯责任。此外，德国还规定，当自动驾驶汽车在高级别自动驾驶模式下行驶时，驾驶员必须随时可以接管控制，并对车辆的行为和操作负有法律责任。

欧盟于 2018 年颁布了一项法律，规定了人工智能系统的一般原则和法律责任。该法律强调了人工智能系统的透明性、可解释性、安全性和责任分担原则，并规定了在人工智能系统出现错误或导致意外结果时，开发者、使用者和监管机构等各方都可能承担法律责任。

这些案例反映了不同国家对人工智能系统法律责任的不同处理方式，包括对开发者、使用者和监管机构等各方的责任分担原则的不同看法。虽然目前还没有形成一套全球性的共识和标准，但这些案例为未来解决人工智能系统法律责任问题提供了一些有益的经验和参考。

## （二）自动化的法律责任

自动化技术的广泛应用，如自动化生产、物流和服务行业等，带来了生产效率和经济效益的提升。然而，自动化技术也可能导致人员的替代和失业，引发社会问题和法律责任争议。例如，在自动化生产中出现的产品质量问题、自动驾驶车辆的交通事故等，都涉及自动化技术的法律责任和监管难题。同时，自动化技术还可能对劳工权益和劳工法律产生影响。例如，如何保障员工的权益、工资和劳动条件等问题。关于这类问题，理论界存在多种观点，主要依据包括以下几方面。

### 1. 技术乐观主义

一些理论界观点认为，自动化技术的发展将带来更高效、更智能的生产方式，从而提高经济效益，创造新的就业机会，改善社会生活。他们认为，虽然自动化可能会导致一些岗位的替代，但新的技术和就业机会将会出现，从而解决职业失业的问题。

### 2. 社会保障主义

一些观点认为，社会应该对自动化导致的人员替代和失业提供保障和支持，以确保受影响的个体能够平稳过渡。这包括通过社会保障制度、失业保险、再培训和教育等方式，提供支持和安全网，减轻自动化可能带来的负面社会影响。

### 3. 法律责任分析

有些观点重点关注自动化导致的法律责任问题。他们认为，自动化技术可能导致人员失业，从而引发劳工法、雇佣法和社会保障法等领域的法律争议。例如，关于自动化导致员工失业后是否应该支付赔偿金、是否应该提供再培训等问题，涉及雇佣关系和劳工权益的法律责任。

### 4. 伦理和社会正义

一些观点强调，自动化技术对伦理和社会正义的影响。他们关注自动化可能加剧社会不平等、引发社会不满和不稳定的问题，并呼吁在自动化发展中考虑公平、正义和可持续性等价值观。

这些观点在理论界并存，对于自动化技术导致人员替代和工人失业的社会问题和法律责任争议，提供了不同的视角和解决方案。综合考虑技术、经济、社会和法律等多个维度，寻找平衡和可持续的解决方案将是未来解决这一问题的重要方向。目前，已经有一些相关的案例涉及自动化技术导致人员替代和工人失业的社会问题和法律责任争议。

如：美国亚马逊公司的机器人替代工人：亚马逊作为全球最大的在线零售商之一，引入了大量自动化技术和机器人在其仓储和配送中心，导致了大量的工人失去了工作机会。这引发了有关亚马逊是否应该对受影响工人提供赔偿和再培训等法律争议。

德国汽车制造业的自动化导致裁员：德国汽车制造业是德国经济的重

要支柱，但随着自动化技术的发展，一些汽车制造企业采用了自动化生产线，导致了大量工人失去工作。这引发了关于企业应该对受影响工人负什么法律责任的争议，包括是否应该提供赔偿和再培训等问题。

英国银行业的自动化导致工人失业：英国银行业在过去几年中普遍采用了自动化技术来替代一些传统的银行工作，如客户服务、支持和数据处理等。这导致了大量银行员工失去了工作，引发了关于银行应该如何应对自动化带来的职业失业问题的法律争议。

这些案例反映了自动化技术导致人员替代和工人失业的实际情况，并涉及雇佣关系、劳工权益、赔偿和再培训等法律问题。不同国家和地区对这些问题的法律处理和解决方案可能有所不同，反映了各国在这一领域的法律实践和立法趋势。

## （三）算法决策的法律责任

随着大数据和人工智能技术的应用，越来越多的决策过程依赖于算法和数据分析。然而，算法决策的透明度和公正性引发了法律责任和监管的争议。例如，金融行业中的信贷评估、招聘行业中的人才选拔、社会保障和医疗健康等领域中的决策，都可能涉及算法决策的法律责任和监管问题。这些算法决策可能涉及歧视、不公平、违法等问题，对个人权益、社会公正和法律合规性带来了挑战。

在算法决策的透明度和公正性引发法律责任和监管争议的问题上，理论界有一些主要观点，其中包括以下几点。

### 1.透明度和解释性

有些观点认为，算法决策系统应该具有透明度和解释性，即其决策过程应该能够被解释和理解，使用户、受影响个体或监管者能够了解决策是如何做出的。这有助于确保决策的合理性和公正性，同时也有助于监管者进行监管和法律责任的追溯。这些观点认为，透明度和解释性是确保算法决策公正性的关键。

### 2.公平和非歧视性

有些观点认为，算法决策系统应该确保公平和非歧视性，即决策系统不应该在对待不同群体或个体时存在歧视。这些观点强调算法决策系统应该遵循公平原则，不应该对基于种族、性别、年龄、性取向等特征进行歧视性对待。例如，在数据共享中，合作主体之间应该平等参与、共享利益。在数字化协同中，合作主体应该平等享有权利和义务，避免权力不对等、信息不对称等问题。在智能化服务中，应该保障用户在服务过程中的权益，避免算法的偏见和歧视，确保服务公平公正。例如，亚马逊早期使用的招聘算法发现对女性的简历有偏见，因为该算法是根据过去的招聘数据进行训练的，而这些数据中男性比女性更常被录用。为了解决这个问题，亚马逊停用了这个算法，并对算法进行了调整，以消除性别歧视的影响；Airbnb 的房源排名算法曾经受到批评，因为该算法可能会对不同种族和性别的房主产生偏见，导致他们的房源被低估或排名较低。为了解决这个问题，Airbnb 对算法进行了改进，使其不再考虑房主的种族和性别。美国加州州立大学的入学录取算法发现对少数族裔和低收入学生的录取率较低。为了解决这个问题，学校开始使用更全面的录取标准，考虑学生的多方面表现，而不仅仅是成绩和标准化考试分数。这些案例表明，保障用户权益是智能化服务中至关重要的一环。企业应该审慎考虑算法的训练数据和设计，确保算法不会产生偏见和歧视，同时应该建立机制来监测和纠正算法的问题。

### 3. 责任和追溯性

有些观点认为，算法决策系统应该承担法律责任，并确保其决策过程可以被追溯。这意味着当算法决策系统导致错误、损害或歧视时，相应的责任应该由系统的设计者、开发者、运营者或使用者承担。这些观点认为，算法决策系统应该具有可追溯性，以便在法律争议和监管中可以追溯到相应的责任方。

### 4. 监管和合规性

有些观点认为，算法决策系统应该受到监管和合规性的限制和管理。这些观点认为，算法决策系统应该符合适用的法律法规，包括但不限于隐私、数据保护、反歧视等法律要求。监管者应该对算法决策系统进行监管，确保其合规运行，并对违反法律规定的行为进行处罚和制裁。①

这些观点反映了在算法决策的透明度和公正性引发法律责任和监管争议的问题上的不同看法和立场。在实际的法律和监管实践中，不同国家和地区可能会采取不同的方法和政策。例如，欧盟于2018年颁布了《通用数据保护条例》（GDPR），其中包含了对于算法决策系统的透明度、公正性和追溯性的要求，要求算法决策系统的使用者能够了解决策是如何做出的，并对受到算法决策的个体享有一定的权利。同时，欧盟还颁布了《数字服务法》和《人工智能法案》等法律法规，对算法决策系统的监管和合规性进行了规定。

在美国，尽管没有类似于欧盟的统一法律框架，但一些州级政府和监管机构已经采取了一些措施，要求对算法决策系统的透明度和公正性进行监管。例如，美国参议院出台了《算法正义和互联网平台透明度法案》，

---

① 2011年12月7日，一篇题为《我被美团会员割了韭菜》的文章在社交媒体转发，引发"大数据杀熟"的广泛讨论，并因此引起了相关监管部门的注意，最后通过立法对大数据"杀熟"现象予以治理。这一事件也引发了人们对于大数据环境下自身权益保障的担忧。

禁止互联网平台通过算法歧视性地对个人信息进行处理，并提出一系列措施确保平台在算法使用过程中履行审核和透明度义务。加州通过了一项名为"消费者隐私法"的法案，要求企业必须公开其数据收集和共享的方式，同时也要求企业必须为消费者提供选择权和删除权，以保护消费者的隐私权。此外，美国联邦贸易委员会（FTC）也在其报告中提出了对算法决策系统进行监管和合规性的建议。

在其他国家和地区，也存在对算法决策系统的监管和合规性要求。例如，加拿大、澳大利亚、新加坡等国家也颁布了一系列法律法规，涉及算法决策系统的透明度、公正性和法律责任等问题。

总的来说，目前，关于算法决策系统透明度、公正性和法律责任的理论观点和法律实践在不同国家和地区存在差异，但普遍认同的观点是，算法决策系统应该具有透明度和解释性，确保其决策过程公正、公平且可追溯，同时应该受到监管和合规性的限制和管理。这个领域仍在不断发展，未来可能会出现更多的理论观点和实践经验来解决相关的法律责任和监管争议。

实践中已有不少案例涉及算法决策系统的透明度和公正性，引发了法律责任和监管争议，以下是一些案例分析。

案例一：美国社会保障管理局的"信用评分系统"案。美国社会保障管理局使用了一种基于算法的信用评分系统，用于决定是否批准个人的社会保障福利申请。然而，该系统被指控在透明度和公正性方面存在问题，因为申请人无法了解系统如何对其进行评分，并且无法对评分结果进行申诉。这导致了一系列诉讼和争议，要求该系统变得更加透明和公正。

案例二：德国的"网络执行命令"案。德国一家在线零售商使用了一种基于算法的系统，称为"网络执行命令"（Network Enforcement Act，简称 NEA），用于自动检测和删除社交媒体上的违法和有害内容。然而，该系统被指控在透明度和公正性方面存在问题。

案例三：Facebook 的广告定向歧视案件。2022 年，美国联邦住房和城市发展部（HUD）对 Facebook 提起了诉讼，指控 Facebook 使用了算法决策系统来进行广告定向，从而导致了房屋广告的歧视。HUD 指控 Facebook 违反了《公平住房法案》（Fair Housing Act），并对其要求改变其广告定向的做法。这个案件引发了对算法决策系统在广告定向中的透明度和公正性的争议，涉及了算法歧视的法律责任问题。

案例四：美国刑事司法系统中的算法风险评估工具案件。在美国一些州的刑事司法系统中，使用了算法决策系统来进行被告人的风险评估，以决定是否对其采取监控、保释或者判决等措施。这些算法风险评估工具面临着透明度和公正性的争议，因为其决策过程和数据来源可能不透明，可能导致对某些群体的歧视。例如，在美国肯塔基州的一个案件中，被告人对一家使用算法风险评估工具的公司提起了诉讼，指控其算法歧视，并对其透明度和公正性质疑。

案例五：欧盟对谷歌的反垄断调查案件。欧盟多次对谷歌展开反垄断调查，其中一部分涉及谷歌使用算法决策系统在搜索结果中展示自家产品的问题。欧盟指控谷歌滥用其市场地位，通过其算法决策系统偏向性地展示自家产品，从而对竞争对手不公平。这些案件涉及了算法决策系统在市场竞争中的公正性和法律责任问题。

这些案例中的争议主要集中在算法决策系统的透明度、公正性和法律责任方面。法律诉讼和调查的过程涉及对算法决策系统的决策过程、数据来源、算法歧视等进行审查和评估，以确定法律责任和监管措施。这些案例反映了社会对算法决策系统透明度和公正性的关切，并促使了法律界和监管机构对相关问题进行深入研究和审查。在这些案例中，争议的主要观点包括以下几点。

（1）透明度。算法决策系统应当具有透明度，即其决策过程应当能够被理解和解释。这意味着算法决策系统的运行原理、数据来源、特征权重等应当是公开的，用户和利益相关者应当能够了解其决策过程。

（2）公正性。算法决策系统应当具有公正性，即其决策结果应当对所有用户和利益相关者公平和无偏。这意味着算法决策系统应当避免歧视、偏见和不公平对待，确保其决策过程和结果不对特定群体造成不平等待遇。

（3）法律责任。当算法决策系统导致错误、歧视或其他不良后果时，应当明确法律责任。这意味着使用和开发算法决策系统的实体应当对其决策结果负有法律责任，包括可能的民事和刑事责任。此外，监管机构应当对算法决策系统进行监管，确保其合法合规运行。

这些观点的依据主要来自相关法律法规、伦理准则、社会价值观以及对算法决策系统运行和效果的实证研究。然而，目前在实践中，如何确保算法决策系统的透明度和公正性，以及如何划定法律责任仍然是一个复杂且有争议的问题，需要在法律、技术和伦理等多方面进行综合考虑。

随着数字化技术的发展，法律法规需要及时跟进，对人工智能、自动化和算法决策等进行明确的法律规定。这包括对人工智能系统的研发、使用和运营进行监管，明确相应的法律责任和追究机制。例如，针对人工智能系统产生的错误和意外结果，需要规定相应的赔偿责任和补救措施。此外，需要规定自动化技术在生产和服务行业中的使用条件和法律责任，保障员工的权益和社会公正。对于算法决策，需要规定算法的透明度、公正性、可解释性和合规性要求，确保算法决策不歧视、不违法，对个人权益和社会公正产生负面影响。

## （四）数字化和人工智能的相关法律责任和监管问题

数字化与智能化时代，需要创新监管政策和监管机制。这包括建立跨部门、跨行业的协同监管机构，加强对数字化技术的监管和监督。例如，对人工智能技术的研发、使用和运营进行监管，包括对数据隐私、安全性、透明度等进行监管，并建立相应的违法违规行为的处罚和惩罚机制。对自动化技术的使用进行监管，包括对生产、服务行业中的自动化系统的运行和管理进行监督，保障员工权益和社会公正。对算法决策进行监管，包括对算法的透明度、公正性和合规性进行评估和监督，确保算法决策不歧视、不违法。

### 1. 法律监管的困境

法律监管主要存在以下几个方面的特点。

（1）技术解释和证明的困难。对于人工智能、自动化和算法决策等数字化技术，其技术复杂性和高度自动化性质使得在法律争议中进行技术解释和证明变得困难。律师和法律专业人员需要具备相应的技术知识和能力，能够解释和理解数字化技术的工作原理、算法逻辑和数据处理过程，以便在法律争议中进行合理的技术解释和证明。同时，需要建立相应的法律机制和专业技术评估机构，为法律实践提供技术解释和证明的支持。

（2）数据隐私和安全保护。人工智能、自动化和算法决策等数字化技术的应用离不开大量的数据收集、处理和分析。然而，数据隐私和安全保护成为法律责任和监管的重要方面。数字化技术需要处理大量的个人和敏感信息，包括用户的个人身份、偏好、行为等数据，这涉及用户隐私和数据安全的保护。法律应当规定数字化技术在数据收集、处理和使用方面的合法性、合规性和安全性要求，并对违反相关规定的行为进行追究和处罚。此外，需要建立数据保护和安全的技术标准和监管机制，确保数字化技术在处理数据时能够保护用户的隐私和数据安全。

（3）跨界应用和多领域影响：人工智能、自动化和算法决策等数字化技术不仅应用于特定行业和领域，还包括金融、医疗、交通、能源等领域，从而产生了复杂的法律责任和监管问题。跨界应用和多领域影响使得法律和监管难题更加复杂和困难，需要法律界、技术界、政府和社会各方合作共同解决。跨领域合作、信息共享和法律协调机制的建立对于解决跨界应用和多领域影响带来的法律和监管问题至关重要。

总结起来，人工智能、自动化、算法决策等数字化技术带来了新的法律责任和监管难题，涉及技术的复杂性、算法的不透明性、权责的不明确、跨国合作的困难等方面。解决这些难题需要跨学科的合作，包括法律、技术、政府、社会和公众等各方的共同努力。建立合适的法律和监管框架，加强公众参与，保护用户隐私和数据安全，推动国际合作和标准的制定，加强技术解释和证明的能力，都是解决这些难题的重要方向。

### 2. 监管政策的创新

在实践中，不同国家和地区都在积极探索和制定相关的监管政策和监管机制，以应对数字化技术带来的法律责任和监管挑战。这些案例不断演变和更新，以适应技术和社会的发展。

（1）欧盟《通用数据保护条例》：该监管政策于 2018 年 5 月 25 日生效，旨在规范个人数据的处理和保护，并赋予个人更多的控制权。它对数字化技术中涉及个人数据的处理进行了详细规定，包括对个人数据的合法性、透明性、安全性、用户权利等方面的要求，对未遵守规定的企业可能面临高额罚款。

（2）美国加利福尼亚州《消费者隐私法》：该监管政策于 2020 年 1月 1 日生效，旨在保护加利福尼亚州居民的隐私权利。该法案要求企业披露其数据处理实践、用户权利和选择，同时规定了用户对个人数据的控制权和企业的责任。

（3）中国《中华人民共和国个人信息保护法》：该法律于 2021 年 11月 1 日正式生效，旨在加强对个人信息的保护。该法律规定了个人信息的合法合规处理要求，包括信息收集、使用、传输、存储等方面，要求企业明确用户权利、获取用户同意，并采取相应的技术和组织措施保障信息安全。

（4）欧盟《人工智能法律框架》：该法律框架于 2021 年 12 月初步通过，旨在为人工智能技术提供明确的法律指导。该法律框架对人工智能系统的透明度、公正性、安全性、隐私保护等方面提出了具体要求，并规定了不同类型人工智能系统的监管和责任分配。

（5）欧盟《数字市场法规》：该法律于 2020 年 12 月提出，并在 2022 年 7 月获得通过，旨在监管数字市场和数字平台。该法律规定了数字平台的市场地位、用户权利、数据使用和互操作性等方面的要求，旨在确保数字化技术在市场中的公平竞争和用户权益的保护。

### 3. 法律实践的创新

数字化时代对法律实践也提出了新的要求。律师和法律专业人员需要具备数字化技术的知识和应用能力，能够应对数字化时代涉及的法律责任和监管难题。例如，律师需要了解人工智能技术的工作原理和应用场景，能够提供人工智能技术的法律咨询和法律服务。律师还需要关注自动化技术的发展和应用，能够为自动化产生的法律纠纷提供法律支持和解决方案。此外，法律实践需要创新解决算法决策产生的法律争议，包括如何评估算法的合规性、公正性和透明度，以及如何提供相应的法律援助和辩护。

### 4. 国际合作和标准的制定

数字化技术的跨国性和全球化特点，使得法律责任和监管难题涉及跨国界的合作和标准的制定。国际社会需要加强合作，共同应对人工智能、自动化和算法决策等领域的法律和监管挑战。这包括跨国合作机构的建立，共同制定全球性的法律和监管标准，推动数字化技术的可持续发展和应用。

数字化技术的跨国性和全球化特点确实带来了法律责任和监管的难题，需要跨国界的合作和标准的制定来解决。目前，在全球范围内取得了一些积极进展，包括但不限于以下几点。

（1）跨国合作机构的成立。一些国际组织和机构已经成立或加强了合作，以推动数字化技术的法律责任和监管标准的制定。例如，2021年11月，联合国教科文组织（UNESCO）在第41届大会上通过了首份关于人工智能伦理的全球协议《人工智能伦理问题建议书》，旨在推动人工智能领域的伦理标准和指导原则；世界经济论坛（WEF）设立了全球人工智能委员会，致力于推动全球范围内的人工智能治理。

（2）跨国合作协议的签署。一些国家和地区已经签署了跨国合作协议，以促进数字化技术的法律责任和监管合作。例如，欧盟与日本、新加坡等国家签署了数据保护合作协议，旨在加强跨境数据流动的合法合规性和保护。

（3）跨国标准的制定。一些国际标准化组织和技术组织已经开始制定跨国标准，以规范数字化技术的法律责任和监管要求。例如，国际标准化组织（ISO）正在制定人工智能和大数据领域的标准，以推动全球范围内的标准化。

（4）跨国公司的自律倡议：一些跨国科技公司自发采取了一系列措施，以促进数字化技术的透明度、公正性和合规性。例如，谷歌、微软等公司发布了人工智能原则和道德准则，承诺在人工智能应用中遵循一定的伦理和法律标准。[①]

---

① 2017年2月16日，欧洲议会作出《就机器人民事法律规则向欧盟委员会提出立法建议的决议》。其于2019年发布《人工智能前端口：法律与伦理反思》，文章强调人工智能的独一无二特征可能给当前法律框架带来挑战，随着人工智能系统变得更加自主，可能需要迅速建立一个理论范式。无疑国际社会已认识到对于人工智能伦理规范问题是全人类需要面对的重大问题。近两年，人工智能技术的突破加速了对这一问题研究的迫切性。

这些积极的进展表明，全球范围内正在加强跨国合作和标准制定，以应对数字化技术带来的法律责任和监管挑战。然而，由于数字化技术的迅速发展和不断变化，跨国合作和标准制定仍然面临着许多挑战和困难，需要不断努力和持续改进。

### 5. 公众参与和知情权保障

数字化技术对公众产生了广泛影响，因此公众应当参与到相关法律责任和监管的决策过程中，并保障其知情权。这包括加强公众对数字化技术的知识普及，提高公众的法律意识和数字素养，以便更好地理解和评估数字化技术的法律责任和监管问题。此外，需要建立公众参与的机制，如征求公众意见、听证会等，使公众在法律和监管决策中能够发表意见和参与讨论，从而实现公平、公正和民主的法律和监管体系。

公众参与数字化技术的法律责任和监管决策过程，并保障其知情权，是推动透明度和公正性的重要举措。以下是一些好的做法和典型案例。

（1）多方参与机制。一些国家和地区采取了多方参与机制，将公众、政府、企业、学术界、社会组织等不同利益相关者纳入决策过程。例如，加拿大在其人工智能战略中设立了人工智能咨询委员会，由不同领域的专家和公众代表组成，参与人工智能政策的制定和监管事务。

（2）公众咨询和意见征集。一些国家和地区开展公众咨询和意见征集活动，以获取公众对数字化技术法律责任和监管的意见和建议。例如，欧盟在人工智能和数据管理领域进行了多轮公众咨询，征求了公众的意见和看法，以指导其政策和法律框架的制定。

（3）透明的决策过程。一些机构和组织在数字化技术法律责任和监管决策过程中保持透明，并向公众提供相关信息和参与机会。例如，英国政府在其人工智能行动计划中承诺，在人工智能决策和监管过程中保持公开和透明，并通过发布报告、举办研讨会等方式向公众提供信息。

（4）公众教育和意识提高。一些国家和组织通过公众教育和意识提高活动，帮助公众了解数字化技术的法律责任和监管问题，并激发公众的参与意愿。例如，新加坡政府在其人工智能战略中设立了人工智能实验室，开展公众教育和意识提高活动，推动公众参与人工智能决策。

这些做法和案例表明，公众参与数字化技术法律责任和监管决策过程，并保障其知情权，有助于增加决策的透明度和公正性，确保法律和监管框架更好地反映公众的利益和需求。

## 延伸阅读

### 值得高度关注的典型案例

金融领域：在金融领域，自动化和算法决策被广泛应用于投资、贷款、风险评估等业务。例如，2010 年美国发生的"闪崩"事件，由于高频交易算法的错误操作引发了股市的剧烈波动，导致了金融市场的混乱和投资者的巨额损失。此案引发了对高频交易和算法交易的监管和法律责任的关注。

医疗领域：在医疗领域，人工智能和自动化技术被应用于医疗诊断、药物研发、手术辅助等领域。例如，2018 年美国发生的一起由人工智能诊断系统引发的医疗事故案例，该系统错误地将患者的乳腺 X 光检查结果判定为正常，导致该患者的乳腺癌被漏诊，最终导致患者错过了早期治疗的时机，引发了医疗纠纷和法律争议。

交通领域：在交通领域，自动驾驶技术的应用逐渐增多。例如，2016 年美国特斯拉自动驾驶系统引发的交通事故案例，特斯拉车辆在自动驾驶模式下发生车祸，导致驾驶员死亡。此案引发了对自动驾驶技术的安全性、监管和法律责任的关注。

能源领域：在能源领域，自动化和人工智能技术被应用于能源生产、储存和分配等方面。例如，2003 年加拿大发生的一起由自动化系统错误操作引发的能源停电事故案例，导致数千户居民在寒冷的冬天断电数小时，引发了对自动化系统的安全性和监管的争议。

这些案例显示了数字化技术在不同领域的应用所引发的法律责任和监管问题的复杂性，并强调了对相关法律法规和监管政策的需求。随着数字化技术的不断发展和广泛应用，预计将会出现更多类似的案件，对于相关领域的法律和监管机构来说，需要不断跟进和更新相关法律法规，以保护公众的权益和确保技术的安全和可靠性。

## 三、数字鸿沟、信息不对称、公平正义等法律平等与公正问题

数字化时代的快速发展和信息技术的广泛应用，为社会带来了巨大的变革和机遇，但也引发了一系列法律平等与公正的问题。数字鸿沟、信息不对称、公平正义等议题成为当今社会关注的焦点。在数字化时代，信息技术的发展日新月异，但在信息获取、处理、传递和利用等方面，却存在着不平等和不公正现象。信息的获取和利用不平等导致了信息不对称，使得一些人或组织能够从中获取更多的利益，而另一些人或组织则面临信息获取和利用的限制。这种信息不对称可能导致在法律领域中出现平等和公正的问题。例如，在法律程序中，某些当事人由于信息不对称而在诉讼中处于弱势地位，从而影响了他们的平等和公正权利。因此，如何在数字化时代保障法律平等和公正成了一个亟待解决的问题，需要深入思考和探索

合适的解决方案。

## （一）数字鸿沟、信息不对称、公平正义等问题的提出

数字鸿沟是指在数字化时代，不同地区、不同人群、不同社会经济阶层之间存在的数字资源、数字技术和数字能力的差距。这种差距可能导致一些人无法获得数字化技术所带来的便利和机会，从而影响他们在法律体系中的平等和公正地位。例如，在数字化时代，许多法律服务和信息都通过互联网和数字技术提供，但对于数字鸿沟中处于弱势地位的人群。例如，信息不对称，信息不对称是指在信息交流和获取中，一方拥有更多或更准确的信息，而另一方相对缺乏信息的情况。在数字化时代，信息不对称可能导致一些人在法律实践中面临不公平的待遇，因为他们无法获得足够的信息来了解和维护自己的权益。这可能包括对法律程序、法律规定、法律权利和法律保护等方面的不了解，从而影响他们在法律体系中的平等和公正地位。数字鸿沟是指数字化技术在不同地区、不同人群之间产生的差距，包括数字设备的普及程度、互联网接入的普及程度、数字技能的掌握程度等方面的差异。数字鸿沟可能会对个体、社会和经济产生广泛的影响，以下是一些具体案例说明数字鸿沟的影响。

### 1. 教育领域

在一些较贫困地区或发展中国家，数字鸿沟可能导致学生无法获得高质量的在线学习资源，缺乏数字技能，从而限制了他们的教育机会。这可能会导致教育不平等，加剧贫困和社会不平等现象。非洲大陆是数字鸿沟问题最突出的地区之一。

根据世界银行的数据，非洲只有 22% 的人口可以接入互联网，而且大多数地区的互联网速度缓慢，而互联网费用较高。此外，由于缺乏电子设备和基础设施，许多学生在家中无法使用在线学习资源。印度是世界上人

口最多的国家之一，但在数字鸿沟方面仍存在许多挑战。许多印度农村地区缺乏稳定的互联网连接和适当的电子设备，这使得那些住在偏远地区的学生无法获得高质量的在线教育资源。虽然拉丁美洲的互联网普及率较高，但在数字鸿沟方面仍存在许多问题。许多学生在家中没有计算机和互联网，而且由于语言障碍，许多在线学习资源对于那些不说西班牙语或葡萄牙语的学生来说是不可用的。这些仅仅是一些具体案例，数字鸿沟是一个全球性问题，世界各地都存在这个问题。解决这个问题需要政府、教育机构、非营利组织、科技公司和社会各界的共同努力。

### 2. 就业市场

数字化技术的快速发展可能导致一些传统产业和职业的减少或淘汰，从而影响一些人的就业机会。那些没有数字技能或无法适应数字化工作环境的人可能面临失业和职业歧视的风险。随着越来越多的工作被自动化和数字化，那些没有数字技能或无法适应数字化工作环境的人可能会面临失业和职业歧视的风险。例如，传统的制造业和服务业可能面临数字化带来的压力，因为自动化和机器人技术可以替代人力。另外，数字化技术也可能导致某些工作岗位的减少。例如，在银行业和保险业中的一些行政职位可能会被自动化取代。此外，数字化技术可能会给那些没有数字技能或无法适应数字化工作环境的人带来职业歧视的风险。由于许多工作现在需要数字技能，那些没有这些技能的人可能会面临更多的竞争和排斥。

根据世界经济论坛的报告，到 2025 年，数字化技术将有望创造 133 万个就业机会。然而，这些机会可能不会平均分布，可能会出现一些产业和职业的增长，同时也会出现一些产业和职业的减少。根据 OECD 的一份报告，在许多国家，具有高水平数字技能的人比那些不具备这种技能的人更容易找到工作，而且在大多数情况下，他们的薪资也更高。根据美国劳工统计局的数据，2019 年，有 35% 的美国工作岗位需要基本的数字技能，而且这个数字预计会在未来继续增长。根据麦肯锡全球研究所的一份报告，到 2030 年，数字化技术可能会导致近 3750 万个工作岗位的减少。然而，这个数字可能会被一些新的工作岗位所抵消。例如，需要大量使用数字技能的工作岗位。

为了解决这个问题，我们需要采取一系列措施。例如，开展数字技能培训和提高数字技能普及率、支持受数字化影响的人员重新培训和转换职业、制定相关法律和政策以确保数字技术的发展符合公平和包容的原则等。这些措施将帮助那些受到数字化影响的人更好地适应数字化工作环境，并有助于实现数字化工作环境中的公平和包容。

### 3. 社会服务

数字化技术在医疗、政府服务、社会福利等领域的应用可能导致数字鸿沟，使一些弱势群体无法获得应有的社会服务。例如，在一些偏远地区或贫困地区，数字化医疗服务的缺乏可能导致健康资源不均衡分配，影响居民的健康状况。

在美国，拥有低收入和低受教育程度的人更有可能没有互联网接入。根据美国普查局的数据，2019 年，美国家庭中大约 14％没有互联网接入。然而，这个数字在低收入家庭中升至 27％。根据美国国家数字经济委员会的报告，那些没有数字技能或不熟悉数字技术的人，比那些掌握这些技能的人更容易遭受医疗不平等。例如，那些缺乏数字技能的人可能无法利用远程医疗服务，这可能导致他们无法获得高质量的医疗服务。在一些发展中国家，数字鸿沟可能会限制弱势群体获得政府服务和社会福利。根据联合国儿童基金会的一份报告，到 2020 年，全球有约 350 万儿童因数字鸿沟而失去了在学校获得教育的机会。

### 4. 数字金融

数字化金融服务的快速发展可能导致一些人无法获得金融服务，特别是那些没有银行账户或无法使用数字支付工具的人。这可能使他们难以融入数字经济，并丧失参与经济活动的机会。这表明数字鸿沟可能对个体、社会和经济产生深远的影响，需要政府、企业和社会各方合作，采取措施缩小数字鸿沟，确保数字化技术的普惠性和包容性，使更多人能够从数字化发展中受益。以下是一些数据分析的例子。

（1）数字设备普及率。根据联合国国际电信联盟（ITU）发布的数据，截至2020年，全球约有53%的人口使用互联网，但互联网普及率在不同地区和国家之间存在巨大差异。发展中国家和一些边远地区的互联网普及率较低，这可能导致这些地区的居民在数字化时代面临更大的障碍。

（2）数字技能水平。根据数字技能评估和培训机构的研究，许多人在数字技能方面存在较大的差距。例如，根据欧洲委员会发布的数据，截至2020年，约有43%的欧洲成年人缺乏基本的数字技能。这可能限制了这些人在数字化时代的职业机会和社会参与。

（3）数字金融服务普及率。根据世界银行的数据，全球约有1.7亿成年人没有银行账户，被排除在传统金融服务之外。同时，数字支付和移动支付在不同地区和国家之间的普及率也存在差异，这可能导致一些人无法融入数字金融生态系统。

（4）数字医疗服务覆盖率。根据世界卫生组织（WHO）的数据，虽然数字医疗技术在许多地区和国家得到广泛应用，但在一些偏远地区或贫困地区，数字医疗服务的覆盖率仍然较低，可能导致医疗资源分配不平衡和健康服务不足。

5. 公平正义

公平正义是指在法律领域中，所有人都应当在法律面前享有平等的权利和机会，不受歧视和不公平对待。然而，在数字化时代，由于技术的快速发展和应用，可能会出现一些公平正义方面的问题。例如，人工智能、自动化和算法决策等数字化技术，在法律实践中的应用可能存在偏见和歧视，因为这些技术的决策过程可能基于大数据和算法，而这些数据和算法可能包含了潜在的偏见和歧视。这可能导致一些人在法律实践中，受到不公平的对待，从而影响他们的平等和公正待遇。此外，数字化时代中，涉及在线交易、数字支付、电子合同等法律行为的公平和正义也需要特别关注，以确保数字时代的法律实践能够保障各方的权利和利益。

## （二）需要积极采取的应对措施

### 1. 提升数字素养

通过提升人们的数字素养，包括数字技术的基本知识、应用技能、信息获取和评估能力等，帮助人们更好地理解和应对数字化时代中的法律平等与公正问题。有很多数据分析表明提升人们的数字素养可以帮助人们更好地理解和应对数字化时代中的法律平等与公正问题。以下是一些相关数据：根据欧洲委员会的一份报告，数字技能培训可以帮助人们更好地了解数字化时代中的法律问题。该报告发现，具有数字技能的人更容易理解与数字化时代相关的法律问题，如数据隐私和知识产权等。根据一项调查，美国居民中，具有数字技能的人更有可能了解其数字隐私权。该调查发现，约64%的有数字技能的人知道他们可以限制广告商在其个人信息上的使用，而只有约50%的没有数字技能的人知道这一点。在一项研究中，研究人员对加拿大学生进行了数字素养测试，结果表明，数字素养得分较高的学生更容易识别虚假信息和网络欺凌。这些数据表明，提升人们的数字素养可以帮助人们更好地理解和应对数字化时代中的法律平等与公正问题。因此，通过数字素养教育和培训，我们可以减少数字鸿沟，提高公众的数字素养水平，并更好地应对数字化时代带来的法律挑战。①

世界各国对于提升数字素养已经采取了许多努力，包括政策、法律、教育和培训等多个层面。以下是一些世界各国在提升数字素养方面所做的努力的例子。

欧洲：欧洲委员会推动了数字议程和数字单一市场计划，旨在提升欧洲居民的数字素养和数字技能，促进数字化经济的发展。欧洲各国也在学校教育中推广数字技术的应用，并为成年人提供数字技能培训和认证。

美国：美国政府通过国家数字经济战略和数字政务计划，促进数字化经济和社会的发展，包括提升公民的数字素养和数字技能。各州和地区也推动数字素养教育，并且许多高等教育机构提供数字技术培训和认证课程。

新加坡：新加坡政府通过国家数字化战略和数字学习计划，致力于提升国民的数字素养和数字技能，包括推动数字化教育和数字技术培训，并为公民提供在线数字素养课程。

韩国：韩国政府通过数字化战略和数字教育计划，促进数字素养和数字技能的提升。韩国将数字素养和信息通信技术（ICT）教育纳入学校课程，并推动各类群体的数字技能培训和认证。

爱沙尼亚：作为数字化国家的典范，爱沙尼亚通过数字化政务和数字化教育，实现了公民的高度数字素养。爱沙尼亚政府推动数字技术在学校课程中的应用，并提供在线数字技能培训和认证。

中国政府和相关机构为解决数字鸿沟、信息不对称和促进公平正义等问题，采取了一系列主要措施，包括但不限于以下几个方面的例子。

数字基础设施建设：中国政府积极推动数字基础设施建设，包括网络

---

① 我国某高校研究团队对全国20多所高校2000余名大学进行了问卷调查，通过统计分析发现大学生对人工智能伦理教育的认识与智能社会的需求之间存在一定的差距，以问题为导向开展人工智能伦理教育的必要性和紧迫性不断凸显。

基础设施和信息技术硬件设施的普及，以缩小城乡、地区和人群之间的数字鸿沟。例如，中国在全国范围内推动了宽带网络覆盖和4G/5G网络建设，为广大人民群众提供了更便捷的数字通信和信息获取途径。

数据开放与共享：中国政府推动数据资源的开放与共享，鼓励各类数据的开放利用，促进信息资源的平等获取和公平利用。例如，中国政府发布了《政府信息公开条例》，要求政府部门主动公开信息，提供便利的信息服务，以推动信息的公平获取和使用。

信息技术普及与培训：中国政府通过推动信息技术教育和培训，提升公众的数字素养和信息技术能力，以缩小信息不对称。例如，中国政府积极推进普及信息技术教育，包括计算机科学、人工智能、大数据等领域的培训和教育项目，提升了广大人民群众的数字技术素养。

促进公平正义：中国政府在司法和法律领域采取了一系列措施，推动公平正义的实现。例如，中国推行司法公正，加强法律援助，保障当事人的合法权益，提高司法公信力。此外，中国政府还积极推动互联网法律服务，提供在线法律咨询、在线诉讼等服务，为广大人民群众提供了更便捷的法律服务途径。

这些措施有助于解决数字鸿沟、信息不对称和促进公平正义等问题，推动数字化时代中的法律平等和公正。然而，数字化时代的法律平等和公正问题仍然存在挑战，需要政府、社会和各方共同努力，持续改进和完善相应的政策和措施。

这些国家在提升数字素养方面采取了多层次、多领域的努力，包括政策、法律、教育和培训等措施，旨在提升居民的数字素养和数字技能，促进数字化经济和社会的发展。这些努力为缩小数字鸿沟、实现数字化包容性和普惠性发挥了积极的作用。

## 2.加强法律教育和普及

法律教育和普及对于确保公平正义和法律平等至关重要。需要加强对公众、企业和法律从业者的法律教育和普及，包括对数字化时代中的法律问题和挑战的培训和引导，以提高他们的法律意识和法律素养。

（1）统计法律教育的覆盖率。可以通过统计法律教育的覆盖范围和程度来评估法律教育和普及的情况。这包括统计法律课程的开设情况、参与法律教育的学生和从业人员的数量、不同地区和人群中的法律教育参与率等。

（2）调查法律知识水平。可以通过开展调查或测评法律知识水平的研究来了解公众和从业人员在数字化技术领域的法律素养。例如，可以进行问卷调查、测试法律知识的水平，评估公众和从业人员在数字化技术法律责任、隐私保护、知识产权等方面的了解程度。

（3）统计法律教育资源和投入。可以通过统计法律教育资源和投入的情况来评估法律教育和普及的情况。这包括统计法律教育机构的数量、师资力量、课程设置、教材和学习资源等，并分析法律教育资源和投入的分布情况，是否足够覆盖数字化技术领域的需求。

（4）分析法律教育政策和措施的效果。可以通过定期评估法律教育政策和措施的效果，包括法律教育的参与率、知识水平的提升情况等。这可以通过定期的数据收集和分析来实现，以评估法律教育和普及的效果，并根据评估结果进行相应的调整和改进。

## 3.加强监管和法律规制

在数字化时代，需要加强对数字技术的监管和法律规制，包括对人工智能、自动化和算法决策等技术的合法合规使用进行监管，并确保其不违反法律和伦理原则，不造成不公平和歧视对待。根据我国教育部发布的数据，截至 2020 年底，法律专业本科院校共有 253 所，涵盖全国范围内的各个省、自治区、直辖市。此外，我国还推动了法律教育的多层次、多领域发展，包括高等教育、继续教育、职业培训等。

（1）法律师资力量。截至 2020 年底，我国注册律师总数超过 41 万人，其中具备高级职称的律师超过 3.3 万人。此外，我国还鼓励各类法律人才的培养和引进，包括法律学者、法官、检察官等。

（2）法律教材和学习资源。我国出版了大量的法律教材和学习资源，包括教科书、参考书、期刊、电子资源等，还推动了法律数字化教育资源的开发和利用，包括在线法律教育平台、法律学术数据库、电子法律图书馆等。

（3）法律教育政策和措施。我国政府发布了一系列法律教育政策和措施，包括《全面深化法律职业人才培养改革实施方案》《律师管理办法》《律师实习办法》等，推动了法律教育的改革和提升。

（4）法律知识普及和培训活动。我国开展了大量的法律知识普及和培训活动，包括普法宣传教育、法律援助、法律培训班、法治文化节等，推动了法律知识的传播和普及，提高了公众和从业人员的法律素养。

这些数据显示了我国在加强法律教育和普及方面的努力，并取得了一定的成果。然而，仍然需要不断努力，进一步提升法律教育和普及的质量和覆盖面，以满足数字化时代的法律知识需求，并确保公众和从业人员具备足够的法律素养。

4. 推动数字包容和公平发展

数字化时代中，需要采取措施促进数字包容和公平发展，缩小数字鸿沟，包括提供数字技术的普及和使用机会，确保数字资源和服务对所有人都可获得，并促进数字技术在解决社会问题、促进公平正义方面的应用。

5. 强化法律监督和维权机制

在数字化时代，需要建立健全法律监督和维权机制，包括对数字化技术应用的监督和评估，以及对数字鸿沟、信息不对称和公平正义等问题的维权渠道和机制，保障个人和企业的合法权益。

　　综上所述，数字化时代对法律体系、法律实践和法律职业产生了深远的影响。数字鸿沟、信息不对称、公平正义等法律平等与公正问题需要引起重视，通过提升数字素养、加强法律教育和普及、加强监管和法律规制、推动数字包容和公平发展，以及强化法律监督和维权机制等措施来解决和应对这些问题，确保数字化时代中的法律平等和公正待遇。

> 我越来越倾向于认为，应该在国家和国际层面上进行监管，以确保我们不会做出非常愚蠢的事情。我的意思是说对于人工智能的研究就仿佛是在召唤一个恶魔。
>
> ——埃隆·马斯克（Elon Musk）

## 第五章

# 智能化技术与法律规制

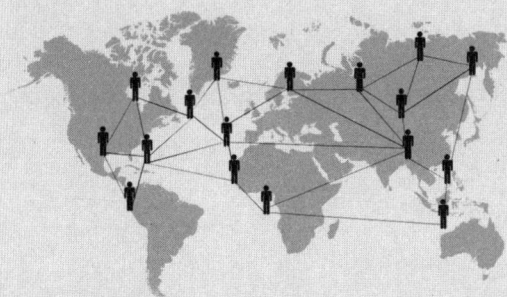

人工智能应该遵循我们所制定的法律和伦理规范，以确保它们对我们的社会、经济和环境产生积极的影响。

——克里斯托弗·帕什（Christopher Pash）

在这个数字化时代，人们对于智能化技术和法律的关系越来越关注。如何在不抑制技术创新的同时，确保智能化技术的合法、合规和道德化，成为当前亟须解决的问题。智能化技术的快速发展，促使法律规制向更灵活、更适应新技术的发展方向调整。因此，我们需要寻求一种平衡，既保障了技术创新的发展，又保护了人们的权益和利益，进而建立一套完善的法律制度来规范智能化技术的发展和应用。

# 一、人工智能的伦理、道德和法律原则

"机器中的幽灵（Ghost in the machine）"这个词常常被用来形容人工智能和机器学习系统的自主性可能会导致的意外行为或偏差。这些问题可能导致机器执行不符合人类期望或价值的任务，或者违反道德、法律或社会规范。这个术语最初产生于20世纪40年代末。1949年，英国哲学家吉尔伯特·赖尔在他的《心的概念》一书中，首次使用这个术语来批判勒内·笛卡尔的"心身二元论"。根据笛卡尔的理论，人的心灵和身体是相互独立的，身体的活动可以被外界感知，但是心灵的活动只能被自己所理解。即使身体死亡，心灵的活动也可以继续存在。尽管"心身二元论"对传统哲学产生了重大影响，但赖尔认为它是错误的，并将其戏称为"机器中的幽灵"。

虽然这一概念在内涵上有了新的变化，但其在表达人工智能可能存在的问题方面却显得很贴切，它被用来形容人类对于人工智能不可控的状态。

例如，一个自主的机器人可能会偏离其原有的编程目标，而做出不符合人类期望的决策，导致不良后果。或者，一个机器学习系统可能会被训练成对某些群体或特定的行为有偏见，从而导致不公正的结果。这些问题的解决需要深入思考和探索，以确保人工智能和机器自主性的实践不会带来负面影响，同时保证人类的价值观得到尊重和保护。

人工智能是一种利用计算机系统模拟人类智能的技术，具有自主学习、推理、决策和执行任务的能力。在人工智能的发展和应用过程中，伦理、道德和法律原则起着重要的指导作用，以确保人工智能的应用在合法、合规、公平和可信的框架下进行。讨论该方向主要涉及以下几方面难点。

## （一）透明度和可解释性

人工智能应当具有透明度和可解释性，即其决策和行为应当能够被解释和理解。这意味着人工智能系统应当能够向用户和相关利益方解释其决策的依据、推理过程和结果，以便于对其进行评估和监督。透明度和可解释性有助于避免黑盒操作，减少人工智能系统的不确定性和不可预测性，从而增加其可信度和可接受性。

在人工智能领域，黑盒操作指的是一些人工智能模型的决策过程难以被解释和理解。这些模型使用复杂的算法和神经网络结构来处理输入数据并生成输出，这些算法和结构的复杂性使得人们难以理解模型如何做出决策。因此，这些模型被称为"黑盒"，因为其内部决策过程对于人类来说是不透明的。

对于一些应用来说，例如，图像识别或自然语言处理，黑盒操作可能并不是一个严重的问题，因为这些应用的决策结果可以通过测试数据进行评估。然而，对于一些更重要的应用。例如，医疗诊断、法律决策或金融交易，黑盒操作可能会引发一些问题。这些应用的决策结果对于个人和社会的影响非常大，因此需要更高的透明度和可解释性来评估和监督这些决策。

也不是所有的人工智能模型的决策过程都难以被解释和理解，一些简单的模型可以通过基本的规则或特征来解释其决策过程。但对于一些复杂的模型，如深度神经网络和复杂的决策树模型等，其内部决策过程可能会变得非常复杂，甚至对于开发这些模型的专家来说也难以理解，这些模型被称为"黑盒"模型。

对于黑盒模型，虽然开发模型的专家可能了解其内部的一些决策规则和特征，但他们可能无法完全理解模型如何生成最终的决策结果。这是因为黑盒模型通常具有大量的参数和复杂的非线性结构，这些结构使得模型的决策过程变得难以理解和解释。

近年来，一些研究人员已经开始研究如何提高黑盒模型的可解释性。他们的工作包括开发新的可解释机器学习算法、设计可解释性特征和规则、可视化模型内部的工作方式等。这些方法有助于人们理解黑盒模型的决策过程，并提高人工智能系统的可信度和可接受性，也取得了一些进展。

（1）可解释的神经网络模型。一些研究人员提出了基于逻辑门的神经网络模型，这些模型可以将神经网络的决策过程表示为逻辑表达式，从而提高了模型的可解释性。

（2）规则和特征的学习。一些研究人员已经开始使用符号学习和归纳逻辑编程等技术来自动学习规则和特征。

（3）可视化技术。一些研究人员已经开始使用热图来显示神经网络中的激活模式，从而帮助人们理解神经网络的决策过程。

### （二）公正和无歧视

人工智能应当在决策和执行过程中遵循公正和无歧视的原则，不偏袒任何特定的群体或个体，无论什么种族、性别、性取向、宗教、年龄、国籍等因素。人工智能应当基于客观、公正和公平的标准进行决策和行为，确保所有人都能够享有平等的权利和机会。确保人工智能的公正和无歧视是一个复杂而广泛的话题，需要考虑多个方面的问题。以下是一些可能需要思考的方面。

1. 数据采集和预处理

在训练人工智能模型之前，需要准备数据集。这就需要确保数据集本身是公正且没有偏见的。如果数据集中存在歧视或者偏见，那么训练出来的模型也会存在这些问题。因此，需要采集多元化、代表性的数据，并对数据进行预处理，以减少数据中的歧视和偏见。

2. 算法的选择和设计

不同的机器学习算法对数据的处理方式和结果有所不同，因此在选择和设计算法时需要考虑算法对公正性和无歧视性的影响。需要确保模型的训练和预测不会对不同的群体造成不公正或歧视。

3. 模型评估和监督

需要对人工智能模型进行评估和监督，以确保模型的公正性和无歧视性。这需要考虑多个方面，包括模型预测的准确性、对不同群体的影响、预测结果的解释性和可解释性等。

4. 算法透明度和可解释性

为了确保模型的公正性和无歧视性，需要确保算法的透明度和可解释性。这意味着需要对算法的决策过程和结果进行解释和理解，以便于对其进行监督和评估。

5. 法律和伦理问题

人工智能的公正性和无歧视性涉及法律和伦理问题。需要制定相关法律和规定来确保人工智能的公正性和无歧视性，并确保人工智能的使用符合伦理和道德要求。

## （三）隐私和数据保护

人工智能应当遵循隐私和数据保护的原则，保护用户和相关利益方的个人信息和数据安全。人工智能系统应当采取合适的安全措施，防止未经授权的数据访问、滥用和泄露，并遵循适用的隐私法律和法规，包括数据收集、处理、存储和传输过程中的合法合规行为。在法学研究中，关于隐私和数据保护存在多个争议。

1. 数据使用的目的和合法性

在人工智能的应用中，数据被广泛用于训练模型和做出决策。但是，一些人担心，这些数据的使用可能超出了其原本的目的，或者并不符合数据主体的意愿和期望。因此，人们对于数据使用的目的和合法性存在争议。

2. 数据主体的权利

数据主体是指与数据相关的个人或组织。他们有权掌握自己的数据，并对数据的使用和共享进行控制。但是，在人工智能应用中，数据的使用涉及多个数据主体，涉及从数据中抽象出来的特征。因此，数据主体的权利在这种情况下是需要进一步讨论和界定的。

3. 数据安全和保护

在人工智能应用中，数据安全和保护是非常重要的问题。由于数据的使用可能会涉及个人隐私和商业机密等敏感信息，因此，需要采取措施来确保数据的安全和保护。但是，一些人担心，这些措施可能会侵犯数据主体的权利，或者影响到人工智能模型的效果和效率。

### 4. 数据共享和交换

在人工智能应用中，数据共享和交换是常见的情况。但是，这种共享和交换可能会涉及多个数据主体和组织，涉及的数据类型也可能非常多样化。因此，需要制定相应的规则和标准，来确保数据共享和交换的合法性和公正性。

## （四）责任和义务

人工智能应当具有明确的责任和义务，即应当明确界定人工智能系统的责任和权责利关系，并确保相关利益方在人工智能的应用过程中能够追溯和追究相应的责任。人工智能系统的设计者、开发者、部署和运营者应当对其行为和决策负有相应的法律和道德责任，包括对可能导致的错误、偏差、伤害和损失承担相应的法律和经济责任。事实上，在人工智能应当具有明确的责任和义务方面，存在多个争议，需要进一步研究和讨论，制定相应的规则和标准，来解决这些争议。

### 1. 人工智能的责任主体

在人工智能应用中，谁应该对人工智能的行为和结果承担责任，是一个争议点。一些人认为，人工智能本身应该承担责任，因为它们能够自主地做出决策；另一些人则认为，责任应该由人类决策者和使用者承担，因为他们设计、训练和应用了人工智能系统。

### 2. 责任的范围和程度

在人工智能应用中，责任的范围和程度也是一个争议点。一些人认为，人工智能应该对其行为和结果负全部责任；另一些人则认为，责任应该根据具体情况进行分配，可能涉及多个责任主体，包括人工智能本身、设计者、训练者、使用者等。

3.责任的证明和追究

在人工智能应用中，如果出现了意外或不良后果，如何证明责任，并对责任主体进行追究，是一个争议点。一些人认为，需要制定相应的证明标准和程序，来确定责任主体；另一些人则认为，应该加强监管和法律规定，以防止不良后果的发生。

4.人工智能的义务

在人工智能应当具有明确的义务方面存在争议。一些人认为，人工智能应该承担一些社会责任。例如，保障人类的福利和安全等；另一些人则认为，人工智能只是一种工具，没有义务承担社会责任，其应用和影响应该由人类决策者和使用者负责。

## （五）公共利益和社会价值

人工智能应当服务于公共利益和社会价值，其应用应当有助于促进社会、经济和环境的可持续发展，不应当损害人类的尊严、权力和利益。人工智能应当遵循社会伦理和公共政策，避免对社会造成负面影响，积极促进社会的公平正义、包容性和可持续发展。在人工智能领域，公共利益和社会价值的争议主要集中在以下几个方面。

1.人工智能在社会服务中的作用

一些人认为人工智能可以提供更好的公共服务和更高效的政府管理。例如，智慧城市、医疗保健等领域。但是，也有人担心人工智能可能会对社会产生不利影响。例如，对就业机会的破坏、劳动力流失等。[①]

### 2. 数据所有权和隐私问题

随着人工智能的发展，大量的数据被收集和使用，数据所有权和隐私问题变得越来越重要。一些人认为，数据应该归个人所有，只有在明确的情况下才能被使用；也有人认为，为了实现更好的公共服务和经济效益，数据可以在一定程度上被共享和使用。

### 3. 人工智能的道德和伦理问题

人工智能的发展也引发了许多道德和伦理方面的问题。例如，自主决策、道德责任、偏见和歧视等。一些人认为，人工智能应该符合某些道德原则和价值观。例如，尊重人类的尊严、避免造成伤害等；但是，也有人认为，人工智能不应该被赋予道德和伦理方面的责任。

### 4. 适应性和可持续性

人工智能应当具有适应性和可持续性，即应当能够适应不断变化的社会、技术和法律环境，并具备可持续发展的能力。人工智能系统应当具有灵活性和可升级性，能够在不同领域和场景中应用，并且应当能够不断学习和进化，以满足不断变化的需求和挑战。人工智能应当具有适应性和可持续性的观点被广泛认可，但在具体实践中存在一些争议。

在适应性方面，人工智能需要具备对新场景、新环境和新任务的快速适应能力。这需要人工智能系统具备良好的泛化能力和迁移学习能力，能够对未见过的数据和情境进行准确预测和决策。然而，在现实中，由于数据收集和样本分布的限制，人工智能系统可能出现对于某些特殊情境和人

---

① 人工智能技术推动了低技能的劳动密集型企业向依托人工智能发展的中高端类型企业迈进，企业所提供的岗位也向拥有人工智能技能的人才靠拢，劳动力供给的职业结构发生变化。另外人工智能所具备的超强知识的学习储备及应用效率已经开始在艺术、媒体等众多领域取得优势，无疑人工智能的发展将革命性地改造人类的生产生活方式。

群的预测和决策不准确的情况，这就需要对人工智能的数据质量、数据采集和算法设计等方面进行持续的监督和改进。

在可持续性方面，人工智能需要具备长期发展和演进的能力，而这需要人工智能的研发和应用具备可持续性。但是，在实践中，人工智能系统的研发和应用可能受到技术、资源、政策等多方面因素的限制。例如，数据垄断、算法固化、能源消耗等问题。因此，如何平衡人工智能技术的发展和社会环境的可持续性，也是一个需要深入探讨的问题。

### （六）合规和监管

人工智能应当在合法、合规和监管的框架下进行应用。人工智能系统的设计、开发、部署和运营者应当遵循适用的法律法规、伦理规范和行业标准，确保其应用过程中不违反任何相关的法律和道德规定。监管机构应当加强对人工智能的监管和监督，建立相应的法律和政策框架，以确保人工智能的应用在合法、合规和可控的范围内进行，这是至关重要的。然而，这个问题也存在一些争议和困难。

第一，人工智能技术正在迅速发展，但法规和政策制定通常需要更长时间，这可能导致法律滞后于技术进步，从而难以对新技术进行适当的监管和规范。

第二，人工智能技术在不同领域的应用方式和场景可能会有所不同。因此，监管机构需要具有相应的专业知识和灵活性，以便能够制定具有针对性的政策和法规。

第三，人工智能技术的跨界性质和复杂性使其难以确定监管责任。例如，在自动驾驶汽车发生事故时，责任可能涉及车辆制造商、软件开发商、车主、驾驶员和其他参与者。因此，需要制定明确的责任规定，以避免责任不清或缺乏责任的情况。

第四，随着全球化和跨境数据流的增加，如何制定跨境数据保护法规和监管机制也成了一个问题。人工智能技术可能会在不同国家和地区应用，但各国和地区的数据保护和隐私法规存在差异，这可能导致跨境数据流和隐私保护方面的问题。因此，需要全球性的数据保护框架和标准，以确保人工智能的合法和可持续应用。

目前，上述问题并没有达成全球共识。不同国家和地区有不同的法律法规和道德标准，因此，对于人工智能的上述问题的看法也存在差异。然而，越来越多的国际组织和学者开始关注和研究这些问题，尝试制定全球性的规范和标准。例如，欧盟于2021年颁布了《欧盟人工智能法案》，规定了人工智能的适用范围、义务、责任等方面的内容。此外，联合国也成立了专门的人工智能伦理小组，旨在促进全球范围内的人工智能伦理标准制定和实践。尽管现在并没有达成全球共识，但是人工智能领域的研究和实践将不断推动人们对于公共利益和社会价值问题的认识和理解，最终希望可以制定出更加全面、公正、合理的规范和标准。

总的来说，人工智能的伦理、道德和法律原则应当保障人类的权力和利益，遵循公正、公平、透明和可解释的原则，确保人工智能的应用对社会、经济和环境产生积极的影响，并且应当在合法、合规和监管的框架下进行应用。这些原则有助于确保人工智能技术的可持续发展，并在其应用过程中实现法律和伦理的平衡和公正。

## 延伸阅读

### 文学作品中的机械伦理

在人工智能领域的文学作品中，最具影响力的可能是艾萨克·阿西莫夫的"机器人系列"。

阿西莫夫是 20 世纪最重要的科幻作家之一，他的 "机器人系列"共包括 4 部长篇小说和 38 篇短篇故事，其中包括《我，机器人》( *I, Robot* )、《钢穴》( *The Caves of Steel* ) 和《银河帝国》( *Foundation* )。这些作品描述了一种人工智能形态——机器人，它们不断地进化和发展，最终与人类在道德、伦理、法律等方面展开了复杂而深刻的互动。

阿西莫夫在 "机器人系列"中提出了 "机器人三定律"( Three Laws of Robotics )：机器人不能伤害人类、必须服从人类命令、机器人必须保护自身安全。这三条法则为机器人的行为提供了道德、伦理的约束，防止机器人对人类构成威胁。此外，阿西莫夫还探讨了机器人自我意识的问题，提出了 "零定律"( Zeroth Law )，即机器人必须保护人类整体的利益，即使这与个别人类的利益相冲突。[①]

"机器人系列"对于人工智能领域的影响非常深远，它在探讨人工智能和机器人伦理学问题方面提供了一种基准。阿西莫夫的 "三定律"被引入到了现实生活中的机器人研究中，成为设计和开发机器人的一种重要指导原则。此外，阿西莫夫对于机器人自我意识的探讨，也引发了人们对于人工智能可能具有的自我意识和情感的思考和讨论。

---

① 岳彩申、侯东德主编的《人类智能法学研究（第四辑）——智慧司法的发展与规则》通过《机器人的结合》《机器人学法则》以及《人类学法则》等几篇文章对阿西莫夫的 "机器人三定律"进行了论述。事实上，在人工智能技术明显突破之前，人们就已经关注机器人所带的伦理道德问题，反映了人们对于机器人所产生问题的担忧。

## 二、智能合同、自动驾驶、机器人等智能化技术的法律规制

随着科技的快速发展，智能化技术逐渐应用于各个领域，包括智能合同、自动驾驶、机器人等，这些技术为我们带来了许多便利，但同时也带来了一些法律上的挑战和争议。为了保障公共利益和社会价值，确保智能化技术的合法、合规和安全应用，制定适当的法律规制势在必行。本节将探讨智能合同、自动驾驶、机器人等智能化技术的法律规制问题，并提出一些相关的建议和思考。

智能合同：智能合同是利用区块链、智能合约等技术实现的自动化合同。智能合同具有自动执行、无须中介、可追溯等特点，但也面临着一系列法律规制的挑战。首先，智能合同的法律效力和可执行性受到质疑，尚无明确的法律框架来规定其合同法律地位；其次，智能合同的自动化执行可能导致合同履行过程中的争议，如何解决智能合同争议也是一个问题；最后，智能合同涉及的隐私保护、知识产权等法律问题也需要进一步规制和解决。

自动驾驶：自动驾驶技术在汽车行业的快速发展引发了一系列法律规制的问题。首先，自动驾驶技术涉及道路交通安全、道路交通法规等法律问题，如何确保自动驾驶车辆的安全行驶、如何分配自动驾驶与人工驾驶的法律责任等是需要解决的问题；其次，自动驾驶技术还涉及隐私保护、数据安全、车辆保险等法律问题，如何保护车主和乘客的隐私权利，如何保障自动驾驶车辆的数据安全，如何确定车辆保险的责任分配等都需要法律规制的参与和解决。

机器人：机器人技术在生产、服务、医疗等领域的广泛应用引发了一系列法律规制的问题。首先，机器人的法律责任问题是一个关键问题，包

括机器人的操作失误、事故等情况下应当承担的法律责任，涉及民事、刑事、行政等多个领域的法律规定；其次，机器人的隐私保护、知识产权等法律问题也需要进一步规制和解决，包括机器人获取和处理用户信息的合法性、机器人的专利、版权等知识产权问题；最后，机器人技术的伦理、道德和社会影响也需要考虑，如机器人的人工智能是否应当遵循伦理原则、是否应当遵循人类的道德标准，以及机器人对社会、就业、经济等方面的影响如何加以规制等。

为了解决智能合同、自动驾驶、机器人等智能化技术的法律规制问题，许多国家和地区采取了不同的措施。例如，一些国家已经制定了专门的法律和法规来规定智能合同的法律效力和可执行性，以及自动驾驶车辆的安全标准和法律责任分配原则。一些国家和地区也在隐私保护、数据安全、知识产权等方面制定了相关法律法规，以规范机器人技术的应用。此外，一些国家和地区还设立了专门的机构或委员会来研究和监管智能合同、自动驾驶、机器人等智能化技术的法律规制。

然而，智能合同、自动驾驶、机器人等智能化技术的法律规制仍然存在一定的难题。首先，技术的快速发展远远超过了法律的制定和调整速度，导致法律滞后于技术的现实应用；其次，这些技术涉及合同法、交通法、隐私法、知识产权法等多个领域的法律规定，如何实现跨领域的协调和一致性也是一个难题；最后，技术的复杂性和多样性也增加了法律规制的难度，不同类型的智能合同、自动驾驶、机器人等技术可能需要不同的法律规制方式。

因此，在法律规制智能合同、自动驾驶、机器人等智能化技术时，首先，需要跨学科的合作，包括法律、技术、伦理、社会学等多个领域的专业知识。需要积极推动法律法规的更新和调整，以适应技术的发展和应用；其次，需要注重技术的伦理和社会影响，保护用户权益、隐私权利，促进公平正义和法律平等。最后，需要建立有效的监管和执法机制，确保智能合同、自动驾驶、机器人等智能化技术的合法合规运行，维护社会的公共利益。

### （一）争议解决机制

智能合同、自动驾驶、机器人等智能化技术在使用和应用过程中可能会涉及争议。因此，需要明确的争议解决机制。法律应当规定争议解决的程序、途径和标准，以保障各方的权益。例如，在智能合同中，如果合同的执行出现问题，应当明确合同当事人可以通过仲裁、诉讼等方式解决争议；在自动驾驶事故中，应当明确自动驾驶车辆和驾驶员之间的法律责任分配原则；在机器人造成损害或侵权行为时，应当规定机器人制造商、使用者等的法律责任。合理地争议解决机制有助于维护各方的权益，促进智能化技术的稳健发展。

### （二）安全标准和监管

智能合同、自动驾驶、机器人等智能化技术的安全性和可靠性是关键问题，需要法律规定相应的安全标准和监管机制。例如，在自动驾驶技术中，应当规定车辆的技术要求和测试程序，并设立独立的监管机构来对自动驾驶技术进行监管和评估；在机器人领域，应当规定机器人的制造标准和安全要求，并设立相应的监管机构来监督机器人的使用和应用。安全标准和监管有助于确保智能化技术的安全性和可靠性，防范潜在的风险。

### （三）社会伦理和人权保护

智能合同、自动驾驶、机器人等智能化技术涉及社会伦理和人权保护的问题。例如，人工智能对就业的影响、数据隐私的保护、人权的尊重等。法律应当规定相应的社会伦理和人权保护原则，以确保智能化技术的应用不损害人类的基本权益。

### （四）整体法律体系和国际合作

智能合同、自动驾驶、机器人等智能化技术的法律规制应当与整体的法律体系相协调，避免法律的碎片化和矛盾。此外，智能化技术涉及跨境应用和国际合作，需要国际的协调和合作，以建立统一的国际法律规则来规范智能合同、自动驾驶、机器人等智能化技术的跨境应用和互联互通。国际合作可以涉及技术标准的制定、知识产权保护、隐私数据的跨境传输等方面。

### （五）教育和培训

智能合同、自动驾驶、机器人等智能化技术的法律规制还应当包括相关从业人员的教育和培训。法律应当要求相关从业人员具备必要的技能和知识，以确保他们能够正确、安全地操作和应用智能化技术，并遵守相关法律法规和伦理规范。

### （六）创新和监测

智能合同、自动驾驶、机器人等智能化技术的法律规制应当促进技术的创新，并及时进行监测和更新。由于智能化技术发展迅速，法律应当具有灵活性和适应性，能够随着技术的发展进行及时修订和完善，以确保法律规制能够与技术的变化保持一致。

### （七）公众参与和透明度

智能合同、自动驾驶、机器人等智能化技术的法律规制应当充分考虑公众的权益，并鼓励公众参与相关决策和监督。法律应当要求相关技术的开发和应用过程具有透明性，以便公众了解和监督技术的应用和潜在风险。

总而言之，智能合同、自动驾驶、机器人等智能化技术的法律规制应当综合考虑技术的特点、社会的需求和人类的价值，平衡技术的推动和法律的保护，以确保智能化技术在应用中能够合法、安全、可靠地发挥作用，推动科技和法律的良性互动。同时，法律应当具有灵活性和适应性，随着技术的发展进行修订和完善，与技术的发展保持一致。此外，国际合作、公众参与和透明度也是智能化技术法律规制的重要方面，以促进全球范围内的合作和共同发展。

## 三、智能化技术在司法、执法和监管中的应用和规制需求

智能化技术在司法、执法和监管领域的应用日益增多，其在提高效率、减少人力成本、优化资源配置等方面具有巨大的潜力。然而，智能化技术在司法、执法和监管中的应用也面临着一系列的规制需求，以确保其合法、合规、公正和可靠。

智能化技术在司法、执法和监管中的应用涉及大量的数据收集、处理和存储，包括个人信息、案件信息、执法信息等。因此，保护数据隐私和确保数据安全成为智能化技术在司法、执法和监管中应用的重要法律规制需求。法律应当规定智能化技术在数据处理和存储方面的要求，包括数据收集的合法性、数据使用的目的限制、数据安全的措施等，以确保个人和

案件信息的隐私和安全。①

　　智能化技术在司法、执法和监管中的应用往往涉及黑箱决策，即技术自动做出的决策难以被解释和理解。这对于涉及法律和法律责任的决策来说是不可接受的。因此，智能化技术在司法、执法和监管中的应用应当具有透明度和可解释性，能够清晰地解释决策的依据、过程和结果。法律应当要求智能化技术在决策过程中保持透明，能够向相关当事人解释决策的依据和原因。

　　智能化技术在司法、执法和监管中的应用应当保障公平和公正。技术应当在处理案件、执法行为和监管决策时，不受人种、性别、年龄、宗教、国籍等因素的歧视。法律应当规定智能化技术在应用中遵循公平和公正的原则，防止歧视性的决策和行为。

　　智能化技术在司法、执法和监管中的应用涉及法律责任和监管机制的问题。当智能化技术导致错误、遗漏、偏见等问题时，应当明确技术提供商、使用者和监管者的法律责任。法律应当明确智能化技术在司法、执法和监管中的法律责任，并建立相应的监管机制。监管机构应当具备相应的技术能力和专业知识，能够监督和审查智能化技术的应用情况，确保其合法、合规和公正。

　　智能化技术在司法、执法和监管中的应用涉及人权和道德问题。例如，使用人工智能进行面部识别、社交媒体监控、预测犯罪等。法律应当明确规定智能化技术在应用中应遵循人权原则，包括但不限于隐私权、信息自由、平等权以及道德原则，包括但不限于公平、正义、透明、可解释等。

　　智能化技术在司法、执法和监管中的应用应当符合相应的合规和认证要求。例如，在自动驾驶技术中，应当符合交通法规和道路安全标准；在

---

① 事实上，由于黑箱困境和算力爆炸的存在，人们已经认识到当人类越来越难以理解和驾驭智能系统之时，信任危机就产生了。

智能合同中，应当符合合同法和电子合同法等相关法律要求。法律应当规定智能化技术在应用中的合规和认证要求，确保其合法、合规和安全的应用。

智能化技术在司法、执法和监管中的应用涉及公众利益。因此，应当充分考虑社会参与和公众监督的需求。法律应当规定智能化技术在应用中充分考虑公众的参与和监督。例如，通过公开透明的决策过程、公众评估和监测机制等，确保公众对智能化技术应用的合法性和合理性进行监督和评价。

综上所述，智能化技术在司法、执法和监管中的应用涉及众多法律规制需求，包括数据隐私和安全、透明度和可解释性、公平和公正、法律责任和监管机制、人权和道德考虑、合规和认证要求，以及社会参与和公众监督等。法律应当与时俱进，不断完善对智能化技术在司法、执法和监管中应用的法律规制，确保其合法、合规、公正和可靠。

> 我们不得不面对的最大难题，并非来自人类大脑是否属于机器的哲学问题。毫无疑问，大脑就是机器，而且是包含大量严格遵循物理定律的零件的机器。众所周知，我们的思想仅仅是一系列复杂处理过程的产物。而最重要的问题是，我们对这样一台复杂的机器并不够了解。因此，我们还没有做好应对这台机器的准备。
>
> ——马文·明斯基（Marvin Minsky）

# 第六章

# 数字化时代的法治创新

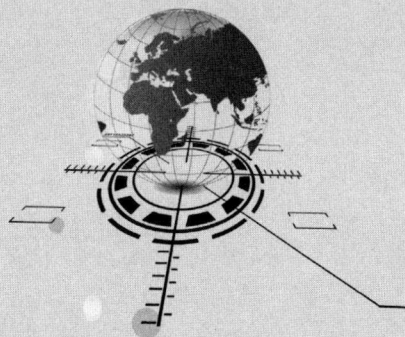

数字时代的法律，不仅需要保护人们的权利和自由，还需要确保数字技术的创新和发展。

——克里斯蒂娜·波莉提（Cristina Poiatti）

# 一、数据法治、智能法律、数字法院等新型法律模式和实践

新型法律模式和实践是针对数字化时代的特殊需求和挑战而提出的法律解决方案。数据法治是指通过对数据的合法获取、使用、保护和共享等方面进行规范，保障数据主体的合法权益，促进数据资源的高效利用和创新发展；智能法律是指通过运用人工智能、大数据等技术，实现法律智能化、自动化、可视化等目标，提高法律服务效率和质量；数字法院则是利用数字化技术，提供在线审判、电子诉讼、虚拟庭审等服务，使司法过程更加高效、公正、透明。这些新型法律模式和实践，不仅为数字化时代的法律实践提供了新的思路和工具，也为促进全球数字化时代的法治建设提供了新的契机和挑战。

## （一）数据法治

数据法治是一种基于数据资源管理和数据治理的法律模式。在数字化时代，大量的数据产生和应用涉及数据的采集、存储、传输、处理、共享和使用等环节，涉及众多法律问题，例如，数据隐私、数据安全、数据利用、数据分享、数据合规等。数据法治通过建立相应的法律框架和制度，规范数据的合法、合规和公正使用，保障数据的权利和利益，促进数据资源的有效管理和利用。数据法治应包括数据的法律权利和义务、数据的管

理和治理机制、数据的监管和执法等方面。

前几章节中，我们反复提到人工智能及数字所面临的难题，事实上数据法治也同样面临这些难题，包括但不限于以下几点。

1. 数据保护和隐私权

随着数字化时代的发展，大量个人和企业的数据被收集、存储和处理，涉及个人隐私和数据安全的问题。数据法治需要解决如何保护个人和企业的数据隐私权，确保合法、合规和安全的数据使用。

2. 数据安全和网络安全

数据法治需要解决如何确保数据的安全存储、传输和处理，防范数据泄露、数据滥用和网络攻击等风险。数据安全和网络安全是数据法治的重要组成部分，需要建立健全的法律框架和技术措施来保障数据和网络的安全。

3. 数据治理和数据治理体系

随着数据规模和复杂度的增加，如何进行有效的数据治理，包括数据采集、存储、共享、传输和处理，成为一个重要的问题。数据法治需要建立合理的数据治理体系，包括法律法规、标准和规范，确保数据的合法、合规和规范使用。

4. 跨境数据传输和合作

随着全球化和数字化的推进，跨境数据传输和合作成为越来越重要的议题。数据法治需要解决如何处理跨境数据传输和合作中的法律、隐私、安全等问题，推动国际的合作和共识。

解决这些难题需要综合运用法律、技术、政策和管理等手段，形成合理的解决思路。

（1）制定和完善数据保护和隐私法律法规，明确个人和企业的数据权利和义务，规范数据的收集、存储、传输和处理行为，建立健全的数据保护制度。

（2）加强数据安全和网络安全的监管和管理，推动技术手段的应用，建立防范数据泄露、数据滥用和网络攻击等风险的措施和机制。

（3）推动数据治理和数据治理体系的建设，包括制定数据标准、规范和管理机制，推动数据共享、传输和处理的规范化。

（4）加强国际合作，推动跨境数据传输和合作的法律和政策协调，建立国际的数据流动和合作机制，促进数据法治的全球化。

（5）加强数据法律教育和普及，提高社会各界对数据法治的认知和理解，培养专业人才和法律从业人员的数字素养和法律素养，推动数据法治的实施和落地。

（6）加大监管和执法力度，建立健全的数据法治监管机制，对违法违规行为进行惩戒和打击，保护个人和企业的合法权益，维护数据法治的正常运行。

（7）鼓励技术创新，推动技术与法律的融合。例如，利用人工智能、区块链等技术手段，提升数据的安全、隐私保护和治理效能。

（8）加强公众参与和社会监督，鼓励公众参与数据法治的讨论和决策，推动政府、企业和公众之间的合作和共识，形成多方参与、多方监督的数据法治治理模式。

（9）强化企业责任，推动企业自觉遵循数据法律法规，加强数据安全管理和隐私保护措施，合规使用数据，对数据的合法、合规和规范使用负起社会责任。

（10）加强跨部门、跨领域、跨国际的合作，形成协同治理和协同监管的格局，推动不同领域、不同国家之间的合作和经验交流，共同应对数据法治面临的挑战和难题。

这些解决思路需要在法律、技术、政策、管理等多个层面相互协调，形成综合性的数据法治体系，以推动数字化时代的数据应用和发展更加合法、合规和可持续。

数字治理与转型实践（2013—2022）

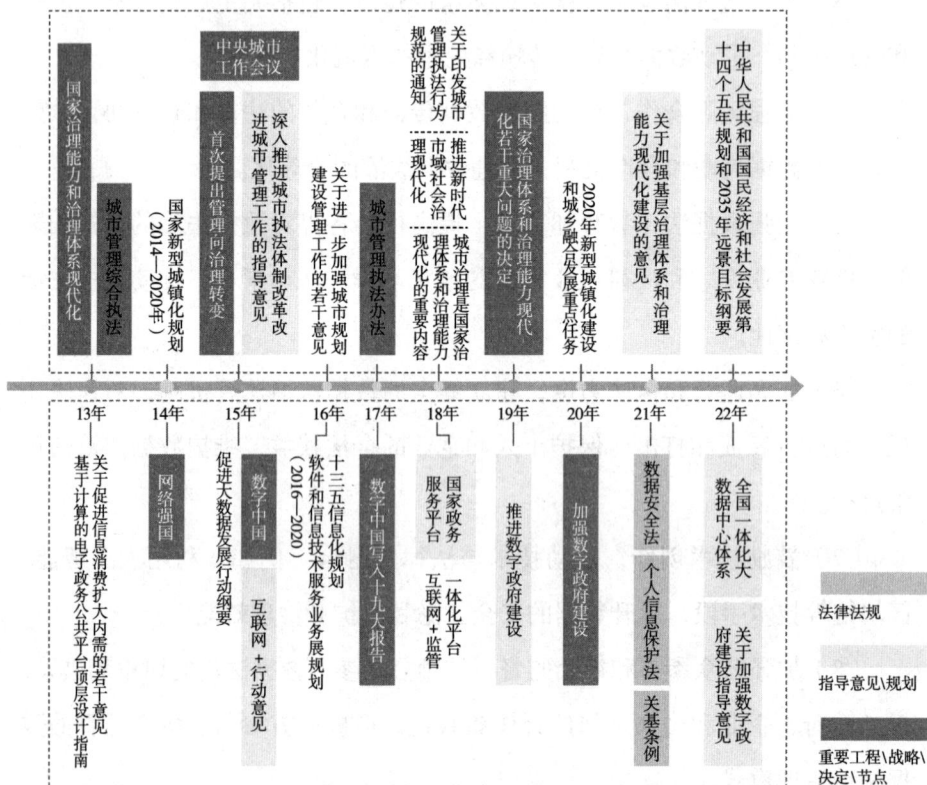

转型探索与创新突破（2013—2022）

图 6-1　数字治理重大政策时间节点脉络图①

---

## （二）智能法律

智能法律是一种基于人工智能技术的法律模式。在数字化和智能化时代，人工智能技术正在广泛应用于法律领域。如合同分析、法律文书生成、法律咨询、争端解决等。智能法律通过将人工智能技术应用于法律实践中，提高法律服务的效率和质量，降低法律风险，促进法律服务的普惠性和可及性。智能法律应包括基于人工智能的法律工具和应用、智能法律的法律责任和监管、智能法律的道德和智能法律未来，畅想在不久的将来智能法律环境可能所具备的内容。

### 1. 自动化法律服务

随着人工智能和自动化技术的发展，未来智能法律可能会实现更高度的自动化，包括自动合同生成、自动法律文件处理、自动法律研究和自动法律咨询等，从而为个人和企业提供高效、便捷的法律服务。

### 2. 智能合同管理

智能合同是一种基于区块链等技术的智能化合同形式，未来可能会广泛应用于商业合同、金融合同等领域，通过智能合同管理系统可以实现自动合同执行、合同状态监测、合同争议解决等功能。

### 3. 数据驱动的法律决策

未来智能法律可能会依托大数据和人工智能技术，进行数据驱动的法律决策和预测，通过分析和利用海量的法律数据和案例，辅助法律专业人员进行更加准确、高效的法律决策。

### 4. 智能争议解决

未来智能法律可能会应用于争议解决领域，包括在线调解、在线仲裁、在线法庭等形式，通过智能技术辅助解决纠纷和争议，提高解决效率和公正性。

### 5. 法律风险管理

智能法律可能会应用于企业和组织的法律风险管理，包括合规风险、合同风险、知识产权风险等，通过智能化的法律风险管理工具，帮助企业和组织识别、评估和管理法律风险。

### 6. 个性化法律服务

智能法律可能会根据个人和企业的需求，提供个性化的法律服务，包括定制化的法律咨询、法律文件生成、法律培训等，从而更好地满足用户的需求。

### 7. 跨境法律合作

智能法律可能会在跨境法律合作中发挥重要作用，包括国际合同管理、跨境知识产权保护、跨境诉讼等，通过智能化的法律工具和平台，促进不同国家间的法律合作和交流，提升跨境法律合作的效率和便捷性。

### 8. 社会公平与法律平等

智能法律可能会在社会公平和法律平等方面发挥作用，通过数据分析和人工智能技术，识别和纠正法律系统中可能存在的歧视、偏见和不平等现象，推动法律在实现社会公平和法律平等方面发挥更加积极的作用。

### 9. 多领域融合应用

智能法律可能会在多个领域进行融合应用，包括金融、医疗、能源、教育、交通等，通过智能法律技术的跨领域应用，实现不同领域之间的协同和创新，促进数字化和智能化的法律发展。

### 10. 法律伦理和法律责任

智能法律的发展也需要关注法律伦理和法律责任问题，包括人工智能在法律决策中的道德和伦理考虑，智能法律系统的透明度和可解释性，以及智能法律应用中的法律责任和法律风险管理。

总的来说，智能法律在未来有着广泛的应用和发展前景，将为法律领域带来更高效、便捷和智能化的服务，并在法律决策、争议解决、风险管理等方面发挥重要作用，同时也需要关注法律伦理和法律责任问题，确保智能法律的发展是合法合规、公正公平的。

## （三）数字法院

数字法院是指利用数字技术和信息化手段，提高法院业务办理效率、提供在线诉讼服务、优化司法体验的一种法院模式，是一种基于数字技术的司法模式。数字法院通过运用先进的数字技术，例如，云计算、大数据、人工智能等，实现司法过程的数字化、在线化和智能化。数字法院可以提供在线立案、在线诉讼、在线调解、在线裁决等服务，实现司法资源的优化配置、司法效率的提升和司法公正的保障。数字法院应包括数字化司法流程和服务、数字证据的认定和采纳、在线争端解决机制、数字法院的法律监管和信息安全保障等方面。

数字法院是一种全新的司法模式，它利用现代信息技术和网络技术来实现完全数字化的法庭环境。数字法院可以大大提高司法效率和公正性，减少人力和时间成本，同时也能够更好地保障当事人的隐私和安全。在数字法院中，所有的诉讼信息和证据都可以通过电子文件和视频呈现，法官可以通过电子笔记本实现记录和判决。数字法院的发展还面临着一些挑战和争议。例如，如何保障数字证据的真实性和保密性、如何确保数字法院的公正性和透明度等。但是数字法院的发展趋势是不可逆转的，它将会对传统的司法模式产生深远的影响和变革。数字法院可能涉及的具体实践主要有：

### 1. 网上立案和网上诉讼

数字法院通过建立在线立案和诉讼平台，使当事人可以通过互联网提交诉讼材料、进行在线诉讼申请和支付诉讼费用，实现了诉讼的线上化和便捷化。

2. 电子文书和电子送达

数字法院采用电子文书和电子送达，将法院文书以电子形式生成、签署和送达，提高了文书办理效率，减少了纸质文书的使用。

3. 数据分析和智能辅助决策

数字法院利用数据分析和人工智能技术，对案件信息进行自动化处理和分析，提供智能辅助决策工具，帮助法官进行案件审理和判决。

4. 在线庭审和远程审理

数字法院通过在线庭审和远程审理技术，使当事人和律师可以通过网络参与庭审和辩论，节省了时间和成本，提高了司法效率。

5. 电子执行和在线支付

数字法院实现了电子执行和在线支付功能，使当事人可以在线申请和支付执行款项，提高了执行效率和便捷性。

6. 信息公开和司法公正

数字法院通过建立在线查询和信息公开平台，使当事人和公众可以查询案件信息、查看法律法规和判决文书，增强了司法透明度和公正性。

7. 多渠道服务和在线咨询

数字法院通过多渠道服务和在线咨询功能，提供在线法律咨询、在线法律培训等服务，增加了公众对法律的了解和参与度。数字法院的实现程度在不同国家和地区有所不同。一些国家和地区已经在数字法院的建设和应用方面取得了一定的成果，而另一些国家和地区仍在探索和推进数字法院的发展。

例如，中国在数字法院方面已经取得了一定的进展。截至2021年，中国已经在全国范围内建立了一批数字法院试点，并在这些法院中推行了一系列数字化和信息化的法院业务办理模式，包括在线立案、在线诉讼、电子送达、在线庭审、电子文书和执行等。这些数字法院试点，在实践中积累了一定的经验和成果，取得了一定的效果。其他国家和地区，如美国、英国、澳大利亚、新加坡等，也在数字法院的建设和应用方面进行了尝试和推进。一些国家已经在部分法院或特定领域实现了数字法院的运行，并在实践中积累了经验。

然而，需要注意的是，数字法院的实现仍然面临一些挑战，包括技术安全和隐私保护、法律法规和标准的制定、信息系统的互通互联等。数字法院的发展需要综合考虑技术、法律、管理和社会等多方面因素，并采取相应的措施和政策来推进数字法院的健康发展。

在推动这些新型法律模式和实践发展的同时，也需要建立相应的监管和法律责任制度，确保其在实际应用中合法、合规、安全和可靠。这包括对相关技术和应用的监管、数据安全和隐私保护的规范、人工智能的透明度和可解释性、数字证据的认定和权威性、在线争端解决的公正性和有效性等方面的考虑。

此外，新型法律模式和实践的发展也需要不断完善相关法律框架，包括法律法规、法律标准和行业规范等，以适应数字化时代的发展和变化。这可能涉及法律法规的修订、新法律的制定、跨国合作和国际标准的建立等方面的工作。

同时，培养和提升法律从业人员的数字化和智能化素养，也是新型法律模式和实践的重要方面。律师、法官、法律顾问等法律从业人员需要具备数字技术的基本知识和技能，理解和应用智能法律工具和应用，掌握数字证据的鉴定和处理方法，以更好地适应数字化时代的法律需求。

在新型法律模式和实践的发展中，还需要注重公众参与和社会治理，包括对法律服务的普惠性和可及性的关注，对隐私保护和数据安全的关切，对人工智能和数字化司法的社会影响的评估等。公众和社会各方应当积极参与新型法律模式和实践的建设和监督，以确保其合法、公正、公平、可信和可持续的发展。

总而言之，数据法治、智能法律和数字法院等新型法律模式和实践，对于推动数字化时代的法律发展和创新具有重要意义。它们可以提高法律服务的效率和质量，降低法律风险，促进司法公正和便民利民。然而，其发展也面临着技术、法律、伦理等多方面的挑战和考验，需要充分的法律规范、监管和公众参与，以确保其合法、合规、安全和可靠的实践。

## 二、数字化时代的法治体系、法律制度和法律文化的创新

数字化时代对法治体系、法律制度和法律文化提出了新的挑战和需求，促使各国和地区在法律领域进行创新和改革，以适应数字化时代的发展和变化。以下是数字化时代法治体系、法律制度和法律文化创新的一些主要方面。

### （一）法律框架的更新和完善

数字化时代的法律框架需要不断更新和完善，包括对现有法律法规的修订和新法律的制定，以应对数字化时代的新技术、新业态和新挑战。例如，随着人工智能、大数据、区块链等技术的发展，需要建立相关法律框架，包括数据保护法、人工智能法、电子商务法等，以规范数字化时代的

各类活动。

## （二）法律监管的创新

数字化时代的法律监管需要创新和升级，以适应数字化时代的复杂、跨境和高速的特点。例如，需要采用数字化监管工具和技术，如数据分析、人工智能和区块链等，以提高监管效能和监管效果。同时，数字化时代的监管还需要跨国合作和国际标准的建立，以解决跨境互联网企业的监管问题。

## （三）法律服务的创新

数字化时代对法律服务提出了新的需求和挑战，需要法律服务业创新业务模式和服务方式，以提高法律服务的效率和质量。例如，可以利用人工智能、大数据和区块链等技术，提供在线法律服务、智能化法律咨询和法律文书生成等服务，以满足数字化时代用户的个性化和便捷化需求。

## （四）法律教育和培训的创新

数字化时代需要培养具备数字化素养和智能化素养的法律人才，以适应数字化时代法律领域的发展和变化。因此，法律教育和培训需要创新，包括在法学教育中加入数字化时代的法律知识和技能培训，培养学生的数字思维和创新能力，提升法律人才的综合素质。

## （五）法律文化的创新

数字化时代对法律文化提出了新的要求，包括推动法治理念的创新和法律文化的转变。数字化时代强调信息共享、合作共赢和开放创新，对传统的法律文化和法治观念提出了新的挑战。因此，需要创新法律文化，包括以下四个方面。

### 1. 数字法律文化

数字化时代强调数字化技术在法律领域的应用和影响，需要培养数字法律文化，包括数字化时代的法律知识、法律技能和法律道德。这包括对数字化时代法律领域的新法律模式、新法律实践和新法律问题进行深入研究和探讨，推动数字法律文化的传播和普及。

### 2. 创新的法治观念

数字化时代要求在法律领域中推动创新和合作，需要转变传统的法治观念，强调包容性、灵活性和可持续性。例如，在数字化时代，涌现出了许多跨国互联网企业和数字化平台，传统的国家法律制度和法治观念难以完全适应。因此，需要创新的法治观念，包括强调合作共赢、信息共享、自律和社会责任等。

### 3. 多元文化的法律视角

数字化时代的法律问题往往涉及多个国家和地区的利益，需要考虑不同文化背景下的法律差异和多元文化的法律视角。因此，推动多元文化的法律视角，包括跨文化交流、法律对话和法律合作，有助于促进数字化时代的法律体系和法治观念的创新。

### 4. 社会参与和公众参与

数字化时代的法律问题涉及广泛的社会利益和公众权益，需要推动社会参与和公众参与的法律文化。这包括加强社会对法律问题的关注和参与，提高公众对数字化时代法律问题的认知和理解，推动公众参与法律决策的机制和途径，以确保法律制度更加公正、合理和透明。

总而言之，数字化时代对法治体系、法律制度和法律文化提出了新的要求和挑战，需要创新和改革传统的法律模式和实践，推动数字化时代的法律体系和法治观念的创新，以确保法律能够有效应对数字化时代的新问题和新挑战。

# 三、创新法治方式对数字化时代社会治理和公共管理的启示

在数字化时代，政府、企业和公民之间的关系已经发生了巨大变化，数字技术的广泛应用使得社会治理和公共管理的方式也发生了巨变。创新法治方式可以更好地引领数字化时代的法治建设，通过引入新的技术、理念和方法，为数字化时代的社会治理和公共管理提供更加科学、高效和精准的解决方案。这些创新法治的方式，将体现以下特征。

## （一）强调法律与科技的融合

数字化时代法治需要紧密结合科技发展，充分利用现代科技手段解决数字化时代面临的法律问题。例如，在数据安全和网络安全领域，可以借助大数据、人工智能等技术手段进行监管和执法，提高执法效率和监管能力。此外，还可以推动智能合同、区块链等数字技术在法律领域的应用，提高法律服务效能，促进数字经济的发展。

## （二）引入多元化的法律决策机制

数字化时代的法律问题涉及多个领域和利益相关方，需要建立多元化的法律决策机制，引入公众参与和专业意见，确保法律决策更加合理、公正和民主。例如，在制定数字化时代的法律政策和法律规制时，可以开展

公众意见征集、社会调查、公听会等方式，听取不同群体的意见和建议，避免法律决策过于集中和单一，确保法律制度更加包容和公平。

### （三）推动法律与企业、社会的合作

数字化时代的法治需要强调法律、企业和社会的合作，形成多方合力，共同应对数字化时代面临的法律挑战。例如，在数据隐私和信息安全方面，可以促使企业自觉遵守法律法规，加强自身的安全管理和数据保护措施；同时，也可以推动企业与政府、社会组织等合作，共同制定行业标准和规范，形成自律和监督机制，实现法律和市场的良性互动。

### （四）强调法律伦理和社会价值观

数字化时代的法治需要强调法律伦理和社会价值观的引导，促使法律体系和法律制度更加符合社会共同价值和伦理原则。例如，在人工智能、自动驾驶等领域，需要关注其道德和伦理问题，避免法律规制滞后于技术发展，导致法律和伦理的分离。此外，也需要注重法律与社会价值观的协调和平衡，避免法律制度和法律实践与社会现实之间的脱节，确保法律在数字化时代仍然能够有效地引导社会行为，维护公共利益和社会稳定。

### （五）建立数字化时代的法律教育和专业培训体系

数字化时代对法律从业者的素养和能力提出了新的要求，需要建立相应的法律教育和专业培训体系，培养具备数字化时代背景下的法律知识、技能和意识的专业人才。这包括对法律从业者进行数字化时代法律知识的更新和深化，提升其对数字化技术和相关法律问题的理解和应对能力，以应对数字化时代带来的新型的法律挑战。

## （六）强调数字化时代的法律监管和执法手段

数字化时代的法律监管和执法需要紧跟科技发展的步伐，利用先进的数字技术手段加强对法律的监管和执法。例如，在数据隐私保护、网络安全等领域，可以利用大数据分析、人工智能等技术进行监管和执法，提高执法效率和监管能力。此外，数字化时代的法律监管和执法还需要考虑跨境、跨国的特点，加强国际合作和信息共享，形成全球范围内的法律监管和执法体系。

## （七）鼓励法律创新和实践

数字化时代法律需要不断创新和适应科技和社会发展的变化。可以鼓励法律创新和实践，包括探索数字化时代的智能法律、数据法治等新型法律模式和实践，推动法律与科技、企业、社会的深度融合，为数字化时代的社会治理和公共管理提供更加有效的法律支持。

总的来说，数字化时代的法治体系、法律制度和法律文化需要不断创新，适应科技和社会的发展变化，强调法律与科技的融合，引入多元化的法律决策机制，推动法律与企业、社会的合作；强调法律伦理和社会价值观，建立数字化时代的法律教育和专业培训体系；强调数字化时代的法律监管和执法手段，鼓励法律创新和实践。这些创新法治方式对数字化时代社会治理和公共管理的启示，可以总结为以下几点。

### 1.突出以人为本的法律观念

在数字化时代，应当突出以人为本的法律观念，强调人的尊严、权利和利益的保护。数字化时代带来了新的法律问题，如人工智能、大数据、隐私保护等，需要法律以人的权益为出发点，保护个体的权利和利益，确保数字化技术和数据应用不损害人的合法权益。

### 2. 引入多元化的法律决策机制

数字化时代社会治理和公共管理涉及多方利益和复杂关系，需要引入多元化的法律决策机制，包括政府、企业、社会组织、专业机构等多方参与的法律决策模式。这有助于形成多方合力、协同治理的模式，更好地应对数字化时代的法律挑战，提高决策的科学性、公正性和可执行性。

### 3. 推动法律与科技、企业、社会的深度融合

数字化时代法律需要与科技、企业、社会深度融合，充分利用数字技术和数据资源，提升法律的效能和效率。例如，可以借助区块链技术实现数字化时代的法律合同、知识产权保护等，利用人工智能技术提高法律服务的智能化水平，推动数字化时代的智能法律发展。

### 4. 强调法律伦理和社会价值观

数字化时代的社会治理和公共管理需要强调法律伦理和社会价值观的引导，确保数字化技术和数据应用符合社会伦理和道德要求。法律应当充分考虑社会各方的利益和关切，引导数字化时代的社会行为遵循公共利益和社会价值观，推动数字化时代的可持续发展。

### 5. 建立数字化时代的法律教育和专业培训体系

数字化时代对法律从业者提出了新的要求，需要建立相应的法律教育和专业培训体系，培养具备数字化时代背景下的法律知识、技能和意识的专业人才。这包括对法律从业者进行数字化时代法律知识的更新和专业技能的培训，以适应数字化时代社会治理和公共管理的需求。同时，法律教育也应当注重培养法律伦理和社会价值观，引导法律从业者在数字化时代的实践中能够遵循职业道德，维护社会公正和公平。

### 6. 提升法律服务的数字化水平

数字化时代要求法律服务也要向数字化转型，提升法律服务的数字化

水平。可以通过建立数字化法律服务平台、推动在线法律服务和电子诉讼等方式，实现法律服务的便捷化、高效化和智能化，提供更加优质的法律服务，满足数字化时代社会治理和公共管理的需求。

### 7.加强法律监管和风险防控

数字化时代社会治理和公共管理面临着新的法律风险和挑战，需要加强法律监管和风险防控。可以通过建立健全数字化时代的法律监管体系，加强对数字化技术和数据应用的监管，防范和应对法律风险，保护公共利益和社会安全。

### 8.鼓励创新和实验

数字化时代社会治理和公共管理需要鼓励创新和实验，为新兴技术和新模式提供合理的法律环境和政策支持。可以通过建立创新法律机制和实验区域，为数字化时代的新兴技术和模式提供试点和实践的机会，积累经验，推动法律与数字化时代的持续适应和创新发展。

综上所述，创新法治方式对数字化时代社会治理和公共管理具有重要的启示。法律应当以人为本，引入多元化的法律决策机制，推动法律与科技、企业、社会的深度融合，强调法律伦理和社会价值观，建立数字化时代的法律教育和专业培训体系，提升法律服务的数字化水平，加强法律监管和风险防控，鼓励创新和实验，以适应数字化时代社会治理和公共管理的需求，并为数字化时代的持续发展创造良好的法律环境和政策支持。

> 我相信人工智能将改变人类的未来，但必须牢记，人工智能是为了服务人类，而不是取代人类。
>
> ——埃隆·马斯克

第七章

# 数字化时代的法治机遇

在数字时代，法律必须跟上技术的步伐。

——尤金·沃洛克（Eugene Volokh）

随着数字化时代的到来，传统的法律模式和手段已经逐渐无法满足数字化时代的需求。数字化技术的广泛应用，使得社会、经济和文化生活方式都发生了深刻变化，同时也为法治建设带来了全新的机遇。数字化技术可以提高司法效率，促进司法公正，加强信息公开和透明度，提升法律服务质量和效率，等等。数字化时代的法治机遇，不仅为法治建设带来新的思路和方法，也为促进全球法治进程提供了新的契机和动力。

# 一、数据共享、数字化协同、智能化服务等法治机遇

随着数字化技术的快速发展，数据共享、数字化协同和智能化服务等领域为法治带来了新的机遇。数字化时代，数据成为一种重要的资源，通过数据共享和协同，不同组织和个体可以更加有效地合作和协同工作，推动社会和经济的发展。同时，智能化服务，如智能法律咨询、智能司法审判等，也为法律领域带来了更多的便利和高效。这些数字化技术的应用，可以在法律实践、司法决策和法治监管等方面发挥积极作用，提升法律体系的效能、公正和透明度。下面我们一一进行讨论。

## （一）数据共享

数字化时代产生了大量的数据，包括个人数据、企业数据、社会数据等。这些数据具有巨大的价值，可以被用于支持决策、优化资源配置、改

善公共服务等。数据共享作为一种新型的合作方式，可以促进不同主体之间的合作与协同，实现数据的共享与开放，从而为社会治理和公共管理带来机遇。例如，政府可以通过与企业、学术机构等合作，共享数据并运用数据分析技术，提高决策的科学性和精准性，从而更好地解决社会问题和提供公共服务。一个典型的案例是英国政府与牛津大学和大数据公司（Palatial Technologies）等企业的合作，共同创建了新冠疫情数据分析平台。该平台汇集了来自医疗机构、实验室和其他组织的各种数据，包括患者的症状、疾病传播情况和医疗设施的供需等，然后通过数据分析技术，对疫情进行实时跟踪和预测，从而帮助政府制定科学的防疫政策。该平台不仅有助于政府及时掌握疫情信息，制定针对性的政策，还有助于提高医疗资源的分配效率，优化医疗服务质量，保障公民的健康和安全。

另外，2012年，纽约市政府与大数据公司签订了一份价值310万美元的合同，旨在利用数据分析技术改进城市警务和打击犯罪。这个项目的核心是将不同部门和机构的数据整合起来，通过数据分析技术和可视化工具，为警察提供更加准确和及时的犯罪信息，以便他们能够更加有效地应对犯罪行为。这个项目的成功在于政府与企业合作，共享数据资源并利用数据分析技术，为城市警务提供了全新的解决方案。通过整合数据，纽约市政府可以更好地掌握城市安全状况，并且更加准确地预测犯罪发生的地点和时间。这个项目的成功也为其他城市和政府提供了启示，展示了政府与企业合作、共享数据资源和利用数据分析技术的巨大潜力，为解决社会问题和提供公共服务提供了新的思路和方法。紧接着，大数据公司又与美国食品药品监督管理局（FDA）签署了一项合作协议，为医疗监管机构提供数据集成和分析服务。该合同有效期为三年，总价值高达4440万美元。

除此之外，全球许多国家的政府、企业和学术机构也在合作建设智慧城市、智慧交通等公共服务平台，利用数据分析技术来提高城市管理的效率和质量。这些合作不仅提升了政府决策的科学性和精准性，还有助于更好地解决社会问题和提供公共服务，为数字化时代的社会治理和公共管理提供了新的思路和方法。

## （二）数字化协同

数字化时代促进了信息的高速传递和跨界合作，使得数字化协同成为可能。数字化协同指的是通过数字化技术，实现不同主体之间的协同合作和信息共享，以解决问题、实现共同目标。数字化协同可以促进跨部门、跨行业、跨地域的合作与协同，加速决策和执行的速度，并实现资源的高效利用。在法治方面，数字化协同可以促进不同法律主体之间的协作，包括政府、企业、社会组织等，共同应对复杂的法律问题，形成多方合力，提高法律决策的效力和公正性。

典型案例是中国的"互联网＋督察"模式。这个模式是指政府部门与社会组织、企业等各方共同合作，利用互联网和信息技术，实现对政府工作的监督和督察。这个模式将政府、社会组织和企业等各方资源进行整合，通过数字化协同，形成多方合力，提高督察的效力和公正性。在这个模式中，社会组织、企业等各方可以通过互联网平台向政府部门举报问题，政府部门可以通过互联网平台进行问题受理、处理和反馈，形成一种全方位、多角度的监督机制。同时，政府部门也可以利用互联网技术收集和整合各方反馈的信息，形成全面的监督报告和评估结果，从而提高督察的效力和公正性。这个模式的成功在于数字化协同的应用，实现了政府、社会组织、企业等各方之间的协作和合作，形成了多方合力，提高了督察的效力和公正性。这个模式为其他国家和地区提供了启示，展示了数字化协同在促进法治建设和解决社会问题方面的重要作用。

## （三）智能化服务

随着人工智能和自动化技术的不断发展，智能化服务正在逐渐普及，包括智能客服、智能合同、智能法律咨询等。智能化服务通过应用先进的技术和算法，实现自动化、智能化的服务过程，提高服务的效率和质量。在法治方面，智能化服务可以提供更加便捷和高效的法律服务，如在线法律咨询、智能合同的自动化执行等，从而为社会治理和公共管理带来便利和效益。同时，智能化服务也需要合理的法律规制，包括保护用户隐私、确保算法公正和透明等方面，以保障公平和正义。

例如，美国的智能合同平台 DocuSign，提供了一种在线签署和管理合同的解决方案，利用智能化技术提高合同签署的效率和准确性。用户可以在该平台上上传、编辑和签署合同，而不需要打印、扫描或邮寄纸质合同，大大提高了合同签署的效率和便利性。这个平台的智能化服务不仅简化了合同签署的流程，而且能够自动化执行合同条款和条件。通过该平台，用户可以设置各种触发条件和自动化流程。例如，当某项任务完成时，合同自动执行等。这些功能使得合同的执行更加便捷、高效和准确，为社会治理和公共管理带来了便利和效益。DocuSign 平台的成功在于其提供的智能化服务，利用信息技术和智能化技术，为合同签署和管理提供了全新的解决方案。该平台为其他企业和机构提供了启示，展示了智能化服务在提高法律服务效率和质量方面的重要作用。根据 DocuSign 公司公布的财务数据，截至 2021 年 1 月 31 日，DocuSign 的年度总收入为 4.425 亿美元，同比增长 49%。DocuSign 的经济效益来自向客户提供的云端签署和管理合同的服务，以及与此相关的咨询和支持服务。DocuSign 的成功在于其提供的智能化服务，以及其在市场中的领先地位。随着数字化和智能化服务的需求不断增长，DocuSign 公司也在逐步扩大其服务范围和市场份额。除了合同签署和管理服务之外，DocuSign 还提供了数字身份验证、电子签名认证、智能化流程管理等服务，为企业和机构提供全方位的智能化服务解决方案。总之，DocuSign 公司的经济效益取得了显著的成就，而其成功在于其提供的智能化服务，帮助客户提高合同签署和管理的效率和准确性，从而为客户带来了可观的经济效益。

## 二、智能化技术在司法、执法和监管中的应用和优势

智能化技术在司法审判、执法执勤和监管监察等方面具有巨大潜力，可以加强法律实践的精确性、合规性和效能性，从而有效提升司法公正、执法效果和监管效果。智能化技术在司法、执法和监管领域的应用和优势主要体现在以下方面。

### （一）提高效率和减少工作量

智能化技术可以通过自动化和自主决策等方式，减少人工操作和人为错误，从而提高司法、执法和监管工作的效率，并减少工作量。例如，智能化技术可以通过自动化文书的生成、自动化数据的分析和智能化的案件管理系统，加速法官、律师、执法人员和监管机构的工作流程，提高办案效率；智能合同审查工具可以自动审查合同的条款和条件，减少律师的工作量和时间成本。再如，IBM 的智能合同审查工具可以自动审查和修改合同，提高了审查合同的效率和准确性。

### （二）智能辅助审判

智能化技术可以利用自然语言处理和机器学习等技术，自动分析大量

的案件文书和法律文件，提供相关的法律信息和判例，协助法官做出判决。例如，中国最高人民法院的"裁判文书自动生成系统"可以自动分析案件文书，生成法律文件和判决书，提高了法院的工作效率；智能化技术可以利用大数据分析技术，自动分析市场行为和趋势，发现违规行为和异常情况，加强市场监管。例如，中国证监会利用大数据分析技术，自动分析市场交易数据和公告信息，发现违规行为和异常情况，加强证券市场监管。总之，智能化技术可以在司法、执法和监管等领域中发挥重要作用，提高工作效率和准确性，减少工作量和成本，同时也需要合理规范，避免算法偏见和歧视等问题。

### （三）提供智能化辅助决策支持

智能化技术可以通过大数据分析、人工智能和机器学习等技术，提供智能化辅助决策支持，帮助法官、律师、执法人员和监管机构更好地理解和应对复杂的法律问题。例如，智能化技术可以通过自然语言处理和文本分析，帮助法官和律师快速查找和分析相关法律文书和案例，为判决和辩护提供有力的支持。

### （四）提高司法公正和执法公平

智能化技术可以通过数据分析和算法模型，提供客观、公正和无歧视的决策依据，减少人为主观因素对司法和执法决策的影响，从而提高司法公正和执法公平。例如，智能化技术可以通过大数据分析和预测模型，帮助法官和执法人员评估案件的风险和可能的结果，从而减少人为偏见和歧视对案件处理的影响。例如，帮助法官和执法人员评估案件风险的美国"风险评估工具（Risk Assessment Tool）"。该工具利用大数据分析和机器学习技术，通过对被告人的个人信息、犯罪历史和社会背景等进行分析，来预测其再次犯罪的可能性，并为法官提供风险评估报告。这样，法官在做出是否保释、选择何种监管措施等决策时，可以更客观、准确地评估被告人的风险和可能性，减少了人为因素对判决的影响。该工具已在美国一些州和城市得到广泛应用，虽然也受到了一些争议和质疑，但从整体上来看，该工具被认为是一种利用大数据分析和机器学习技术提高司法公正性的创新实践。

## （五）提升司法和执法的科技化水平

智能化技术的应用促使司法和执法工作向科技化转变，推动数字化和信息化在司法和执法实践中的应用。例如，数字化的法庭系统可以实现在线诉讼、电子送达和在线调解等服务，提升司法的便捷性和效率。执法人员可以利用智能化技术进行在线调查、数字取证和预测犯罪等工作，提高执法的科技化水平。例如，中国智慧法院是中国司法系统的数字化改革项目之一，通过建设互联网法院、互联网公证处、互联网执行局、互联网调解中心和智能裁判文书生成系统等，实现了在线诉讼、电子送达、在线调解等服务，提高了司法的效率和便捷性。美国加州机器人警察是一种智能机器人，可以通过自动化的方式完成调查和搜查等执法工作，有效提高了执法的科技化水平。新加坡的数字化法院系统通过引入数字证据和数字文件等，实现了在线诉讼和电子送达等服务，同时还开发了智能化的法律咨询机器人，为公众提供法律咨询服务。德国警方利用智能化技术进行数字取证，采用大数据分析和人工智能技术，预测犯罪行为，有效提高了执法效率和准确性。这些案例表明数字化和智能化技术对司法、执法和监管等领域的提高效率和质量具有重要作用，有助于推进社会治理的现代化。

### （六）加强监管和合规管理

智能化技术可以在监管和合规管理中发挥重要作用。智能化技术可以通过数据分析、自动化监控和预警系统，帮助监管机构及时发现和处理违法违规行为，提高监管效果。例如，智能化技术可以在金融监管中应用，通过数据挖掘和风险模型，实现对金融机构和交易行为的实时监控，从而预防金融风险的发生。此外，智能化技术还可以在合规管理中应用，通过自动化合规检查、合规流程管理和合规培训等方式，提高企业的合规管理水平，降低合规风险。再如，中国人民银行的大数据监测系统，该系统通过对金融机构、交易和市场行情等数据的分析和挖掘，实现对金融风险的实时监测和预警，帮助监管部门更好地管理金融风险。还有，美国金融业监管局（FINRA）的智能监测系统通过对大量的交易数据进行分析和挖掘，发现不符合监管要求的行为和风险，及时采取措施进行监管和处置。香港金融管理局的智能风险管理系统采用人工智能和大数据技术，对银行、证券、保险等金融机构的业务数据进行分析和建模，实现对风险的实时监测和预警，有效预防金融风险的发生。英国金融行为监管局（FCA）的智能化监管平台利用机器学习和自然语言处理等技术，对金融机构的交易数据、客户数据和市场数据进行分析和挖掘，实现对风险的实时监测和预警，并为监管部门提供决策支持和风险评估。

### （七）创新司法、执法和监管方式

智能化技术的应用也促使司法、执法和监管方式的创新。例如，数字化法院可以通过在线诉讼、在线调解和在线裁判等方式，创新传统的诉讼模式，提高司法的便捷性和效率。执法人员可以利用智能化技术进行大数据分析和情报研判，优化执法资源配置和行动计划，提高执法效果。监管机构可以通过智能化监管平台和大数据分析，实现对行业、市场和企业的全面监管，提高监管的全面性和精准性。

### （八）促进普惠司法和执法服务

智能化技术的应用还可以促进普惠司法和执法服务，改善司法和执法资源的不平衡现象。通过在线诉讼、在线咨询和在线调解等方式，智能化技术可以为普通民众、中小企业和弱势群体提供更加便捷和平等的司法和执法服务。此外，智能化技术还可以提供多语种、多文化的法律服务，促进跨境司法和执法合作，提高国际社会的法律合作水平。在这些方面实践中的效果已经显现的有美国康涅狄格州在线小额法院，该法院使用智能化技术进行在线审判和调解，以简化小额纠纷的解决流程。截至 2019 年，该法院已处理超过 30 万件案件，其中约 70% 的案件通过在线调解解决。英国在线争端解决平台，该平台为消费者和商家提供在线争端解决服务，以解决因购物、服务等方面引起的小额纠纷。截至 2021 年底，该平台已处理逾 50 万件案件，其中近 90% 的案件通过在线调解解决。欧盟在线争端解决平台（ODR），该平台为欧盟内消费者和企业提供在线争端解决服务。截至 2021 年底，该平台已收到逾 50 万件投诉，并解决了约 80% 的投诉案件。2020 年 3 月 3 日，中国司法部发布了一项指导意见，强调了网络争端解决机制在重启经济，保持健康与安全法规落实方面发挥的重要作用。意见呼吁中国的互联网仲裁系统及其能力得到更快的发展。事实上，在此之前，在 2019 年底，中国最高人民法院就发布了中国法院的互联网司法白皮书，提出改进其在线调解平台的相关措施。该平台自 2016 年建立以来，已经处理了一百多万起争端。这些案例显示，智能化司法和执法服务可以为大众提供更加便捷、高效、廉价的法律服务，帮助人们解决小额纠纷和争端。同时，这些服务还有助于减轻法院和执法机构的工作压力，提高工作效率。

### （九）降低成本和资源消耗

智能化技术可以通过自动化和数字化的方式，降低司法、执法和监管的成本和资源消耗。例如，自动化的案件管理系统可以减少人工处理案件的工作量，从而降低了司法资源的消耗。智能化技术还可以通过数据挖掘和分析，帮助执法和监管部门更加精细化地配置资源，提高资源的利用效率。

智能化技术在司法、执法和监管中，具有广泛的应用前景和潜在的优势。通过充分利用智能化技术，可以提升司法、执法和监管的效率、公正和公平，促进司法现代化和法治建设，为社会和公民提供更好的司法和执法服务。然而，需要在推动智能化技术应用的过程中，注意解决相关的技术、法律、道德和社会问题，确保智能化技术的应用在司法、执法和监管中是安全、可靠和可持续。

## 三、法治与数字化、智能化深度融合的前景和展望

法治与数字化、智能化深度融合在未来具有广阔的前景。随着数字化和智能化技术的快速发展，法治也在逐步适应和引领这一趋势，以应对数字化时代面临的新型法律问题和挑战。总的来说，法治与数字化、智能化的深度融合将对法律制度、法律文化以及社会生活产生深远影响。

### （一）完善数字化和智能化领域的法律法规

随着数字化和智能化技术的快速发展，法律法规需要不断进行更新和完善，以适应技术发展的需求。未来，法律制定者需要加强对数字化和智

能化领域的监管，包括数据保护、隐私保护、知识产权保护、网络安全等方面的法律法规，确保数字化和智能化技术的合法合规运用。

### （二）推动跨国数字化和智能化治理机制的建立

数字化和智能化跨越国界，涉及多国利益和法律制度之间的协调与合作。未来，国际社会需要推动建立跨国数字化和智能化治理机制，加强国际的合作与协调，解决跨国数字化和智能化问题，共同推动数字化和智能化领域的法治进步。

### （三）加强公民参与和民众法律知识的普及

公民参与和民众法律知识的提升对于数字化和智能化时代的法治至关重要。未来，应加强公民的法律教育和法律知识普及，引导公民积极参与数字化和智能化领域的法律规制和监督，增强公众的法律意识和法律素养。

### （四）加强法律人才培养和法治文化塑造

数字化和智能化时代需要具备跨学科知识和技能的法律人才，他们应当了解数字化和智能化技术的前沿发展、法律规制和法律创新，能够有效运用法律工具和法律思维解决数字化和智能化领域的问题。同时，应加强法治文化的塑造，强调法律意识、法律尊严、法律公正和法律敬业精神，推动法律与科技的融合，形成法律科技人才和法治文化的良性循环。

### （五）强化法律监管和风险防控

数字化和智能化时代，法律监管和风险防控对于保障数字化和智能化技术的合法合规应用至关重要。未来，应加强对数字化和智能化技术的监管和风险防控，包括加强对数字化和智能化技术的合规性审核、隐私保护、数据安全、网络安全等方面的监管。同时，应加强对数字化和智能化领域的风险评估和预警机制的建立，及时识别和应对可能出现的法律风险和社会风险，确保数字化和智能化技术的安全、可靠、可控。

### （六）提升司法智能化水平

数字化和智能化技术的深度融合给司法领域也带来了新的机遇和挑战。未来，司法系统需要加强对数字化和智能化技术的应用，推动司法智能化的发展，包括利用大数据、人工智能、区块链等技术提升司法审判效率和质量，实现智能化的法律文书处理、案件办理、裁判结果生成等，以推动司法公正和便捷。

### （七）加强法律与技术的协同创新

数字化和智能化领域的法治需要法律与技术的协同创新。未来，法律界和技术界应加强合作，推动法律与技术的有机融合。例如，在智能合同、数字身份、数据治理等领域进行深度协同创新，以推动数字化和智能化技术的合法合规发展。

### （八）推动数字化和智能化的人权保护

数字化和智能化对人权保护提出了新的挑战，包括隐私权、信息安全、公平公正的数字化权利等。未来，应加强数字化和智能化领域的人权保护，推动数字化和智能化技术的发展与人权的平衡，确保数字化和智能化领域的人权得到充分保障。

综上所述，法治与数字化、智能化的深度融合将对社会、经济、技术和人权等方面产生深远影响。未来，需要充分认识到数字化和智能化的法治重要性，积极推动数字化和智能化技术的合法合规发展，建立完善的法律法规和治理机制，加强公民参与和法律知识普及，保障数字化和智能化领域的人权，推动法治在数字化和智能化时代的深度融合，实现数字化和智能化发展与法治建设的有机统一。

未来你的同事将是机器人，你的朋友将是机器人，也许你的恋人也将是机器人，亲眼看着你离开这个世界的朋友也将是机器人。世界各地的多家医院也已采用机器照顾病危病人。那么，你不再与人交往后，人性会发生什么变化？

——皮埃罗·斯加鲁菲（Piero Scaruffi）

第八章

# 数字软法的发展与未来

在数字时代，法律应该注重保护人民的数字权利。

——埃迪·卡尔（Eddie Copeland）

数字技术的迅速发展和广泛应用已经深刻地改变了我们的社会、经济和法律环境。随着越来越多的人和组织依赖数字化的交流、数据处理和创新技术，数字领域面临着各种复杂的挑战和问题。

在这个数字化时代，数字软法的概念应运而生。数字软法作为一种非强制性的规则和准则，扮演着指导和引导数字社会运作的角色。它涵盖了数据隐私和保护、网络安全、人工智能伦理、电子商务等多个领域，旨在促进可持续发展、公正和安全的数字环境。

本章旨在探讨数字软法的重要性、应用领域、国际和国家层面的框架、挑战与前景，以及未来发展的方向。通过深入分析和案例研究，我们将提供对数字软法的深入理解，并为政策制定者、法律从业者、学者和其他利益相关者提供有关数字法律和治理的有价值的见解和建议。

# 一、理解数字软法

## （一）数字软法的定义、范围及特点

在数字化社会中，数字软法是一种非强制性的规则和准则，用于引导和规范数字环境中的行为和交互。它涵盖了广泛的领域，包括但不限于数据隐私和保护、网络安全、人工智能伦理、电子商务等。数字软法的目标是促进可持续发展、公正和安全的数字环境，以保护个人权利、确保公众利益，并促进创新和社会进步。数字软法的范围广泛，涵盖了多个应用领域和相关议题。以下是一些数字软法涉及的主要领域。

### 1. 数据隐私和保护

数据隐私和保护是数字软法中重要的议题之一。它涉及个人数据的收集、使用、存储和共享，以及个人隐私权的保护。数字软法在这一领域提供了规范和准则，以确保个人数据的安全和合法使用。

### 2. 网络安全

网络安全是数字软法中的另一个关键领域。它涉及保护网络和信息系统免受恶意攻击、数据泄露和破坏等威胁。数字软法在网络安全方面提供了技术要求、管理措施和法律规定，以确保网络的可靠性和安全性。

### 3. 人工智能和算法治理

随着人工智能技术的迅猛发展，数字软法在人工智能和算法治理方面也发挥着重要作用。它涵盖了人工智能系统的透明度、公正性、道德和伦理准则，以确保人工智能的公正和负责任的应用。

### 4. 电子商务和消费者权益

数字软法还关注电子商务和消费者权益保护的问题。它涉及在线购物、电子支付、消费者权益保护和争议解决机制等方面的法律框架和准则。

### 5. 数字支付和金融科技

数字软法在支付和金融科技领域确保了数字支付的安全和稳定。它规范了数字支付服务提供者的经营行为，促进了金融科技的发展。

### 6. 数据跨境流动

随着数字化全球化的发展，数字软法在数据跨境流动领域促进了国际间数据的自由流动。它涉及了数据安全、隐私和合规性等问题。

除上述领域外，数字软法还涵盖了互联网治理、知识产权等其他领域。

数字软法作为一种非强制性的规则和准则，在数字化时代发挥着重要的作用。以下是数字软法的一些主要特点。

（1）灵活性和适应性。数字软法具有灵活性和适应性，能够应对迅速变化的数字环境和技术进步。由于数字技术的快速发展，传统法律体系往往无法及时跟上变化。数字软法能够灵活地制定和调整规则，以适应新兴技术和应用领域的需求。

（2）非强制性和自律性。与传统硬法不同，数字软法通常是非强制性的，它依赖于自愿遵守和自律行为。数字软法提供了一种基于共识和合作的规则框架，鼓励利益相关方自觉遵守规则，并通过合作和协商解决争议和问题。

（3）多元性和多层次性。数字软法涵盖了多个应用领域和相关议题，具有多元性和多层次性。它不仅涉及技术层面的规则和准则，也涉及法律、伦理、政策等多个维度。数字软法需要综合考虑不同利益相关方的需求和权益，以确保公正和平衡。

（4）协作和共享。数字软法鼓励各方之间的协作和共享，促进跨界合作和信息共享。数字化环境的复杂性要求各利益相关方共同努力，通过协作、共享经验和最佳实践来解决共同面临的挑战。

（5）创新和监管平衡。数字软法旨在平衡创新和监管的关系。它既鼓励创新和技术发展，又确保监管和法律框架的存在，以保护公众利益、个人权利和社会价值。

（6）国际合作和标准化。数字软法涉及跨国和全球范围的问题，需要国际合作和标准化。国家和国际组织之间的合作和协调对于制定一致的数字软法标准和框架至关重要。

通过具备这些特点和功能，数字软法能够为数字环境提供一种灵活、适应性强的法律和治理机制。

### （二）数字软法与硬法的区别和关系

对于数字软法，其与相对应硬法之间的区别可以从多个方面和角度进行对比，总体来说，二者之间的区别主要体现在以下几个方面。

1. 强制性与非强制性

传统硬法是由立法机构制定并强制执行的法律规则。它具有强制性，违反法律规定会导致法律责任和处罚。而数字软法是非强制性的规则和准则，它依赖于自愿遵守和自律行为。

2. 灵活性与稳定性

传统硬法通常比较稳定，制定和修改法律需要经过一定的程序。相比之下，数字软法具有更大的灵活性和适应性，可以相对较快地制定和调整规则，以适应不断变化的数字环境和技术进步。

3. 法律权威与共识机制

传统硬法具有明确的法律权威，由政府机构制定和执行。而数字软法更多地依赖于共识机制和多利益相关方之间的协商和合作。数字软法的制定和实施通常涉及多个利益相关方，包括政府、行业组织、技术专家、学术界和民间社会等。

从相互之间的关系看，两者之间又存在很强的互动关系，主要是以下三种。

（1）互补性。数字软法与传统硬法之间存在一定的互补关系。传统硬法通常为数字软法提供法律框架和强制执行机制，确保数字软法的合法性和有效性。数字软法则能够填补传统硬法在快速变化的数字环境中的滞后和不足，为新兴技术和应用领域提供灵活的规则和准则。

（2）交叉影响。数字软法和传统硬法之间存在交叉影响。传统硬法需要考虑数字化时代的挑战和需求，在法律制定和解释中融入数字软法的原则和准则。数字软法的发展和实践也受到传统硬法的指导和限制，确保数字软法的合法性和合规性。

（3）互动合作。数字软法与传统硬法的制定和实施需要政府、学术界、行业组织、技术专家和公众之间的互动和合作。政府在制定传统硬法的同时，可以借鉴数字软法的理念和原则，以应对数字化时代的挑战。学术界和技术专家可以为数字软法的制定提供专业知识和建议。行业组织和民间社会可以参与制定数字软法的标准和准则，并推动其实施和监督。

数字软法和传统硬法的关系是一个动态的互动过程，需要不断的合作和协调。两者共同构成了数字化环境的法律和治理框架，以促进可持续发展、公正和安全的数字环境。

## 二、数字软法所涉及的重要基础概念

### （一）标准化和最佳实践准则

在数字软法的制定和实施过程中，标准化和最佳实践准则起着重要的作用。它们为数字软法提供了统一的指导原则和实施指南，有助于确保数字环境的公正、安全和可持续发展。以下是一些与标准化和最佳实践准则相关的具体内容。

ISO/IEC 27701：这是一项国际标准，旨在为组织提供个人信息处理活动的隐私信息管理体系要求和指南。它帮助组织确保个人数据的合法处理，采取措施保护隐私，并对数据泄露事件进行应急处理。

网络安全标准：由美国国家标准与技术研究所（NIST）制定的网络安全框架，提供了网络安全的核心原则和指南。它包括五个核心功能：识别、保护、检测、应对和恢复，帮助组织建立全面的网络安全体系。

个人信息保护最佳实践：这是一种数据隐私和保护的设计理念，强调在产品或服务设计阶段就将隐私保护纳入考虑。例如，一些应用程序在设计时可以采用数据最小化原则，仅收集必要的个人数据，以减少潜在的数据泄露风险。

人工智能伦理准则：由欧洲委员会制定，为人工智能的开发和应用提供了伦理指南。这些准则包括公正、透明、责任和可解释性等原则，以确保人工智能系统在运行中符合伦理标准。

电子商务合规标准（PCI DSS）：这是一套针对支付行业的数据安全标准，旨在确保信用卡交易的安全和保护。遵守 PCI DSS 标准的企业能够保护客户的支付信息免受盗窃和滥用。

数字版权保护指南（DMCA）：这是美国一项数字版权法案，规定了数字版权保护的措施和程序。DMCA 为数字版权持有者提供了投诉侵权行为的渠道，保护他们的版权权益。

互联网治理准则（IANA）：这是一个国际组织，负责管理互联网的全球域名和 IP 地址分配。IANA 遵循一套标准化的程序，确保域名和 IP 地址的分配公正和透明。

跨境数据流动标准（APEC CBPR）：这是亚太经济合作组织制定的一套跨境数据隐私保护规则，旨在促进区域间的数据流动和互信。

这些标准化和最佳实践准则为数字软法提供了具体的指导和规范，帮助各个国家、组织和企业在数字化时代遵守相关法律法规，保障个人隐私和数据安全，促进数字化社会的稳健发展。它们为数字环境的公正、安全和可持续发展做出了重要贡献。

1. 标准化机构和组织

国际标准化组织（ISO）和其他国际、地区标准化组织在数字软法的制定中扮演着重要角色。这些组织制定和发布各种与数字环境相关的标准，如信息安全管理、数据隐私保护、网络安全等方面的标准。标准化机构的参与有助于确立共同的标准和规范，促进国际合作和互操作性。

### 2. 最佳实践指南

最佳实践指南是基于经验和专业知识提出的指导性文件，旨在推动行业和组织在特定领域采取最佳实践。针对数字环境中的特定问题和挑战，相关组织和专家可以制定最佳实践准则，为利益相关方提供行动指南。例如，最佳实践准则可以包括数据隐私保护措施、网络安全防御策略、人工智能伦理原则等方面的建议。

### 3. 自律性倡议和行业规范

行业组织和利益相关方可以制定自律性倡议和行业规范，以确保数字软法的有效实施。自律性倡议通常建立在共识和自愿遵守原则基础上，通过行业自律机制监督和约束行为。行业规范则规定了特定行业在数字环境中的行为准则和最佳实践。这些自律性倡议和行业规范可以填补法律空白，加强数字环境的监管和治理。

### 4. 参与利益相关方的合作

标准化和最佳实践准则的制定需要广泛的利益相关方的参与和合作。政府、学术界、行业组织、技术专家、民间社会等都应该参与讨论和制定相关准则，确保准则的权威性和广泛性。合作过程中应注重不同利益相关方之间的权衡，确保准则的公正性和可接受性。

### 5. 定期审查和更新

标准化和最佳实践准则需要定期审查和更新，以适应不断变化的数字环境和技术进步。数字领域的新兴技术和挑战不断涌现，因此准则需要保持与时俱进。定期审查和更新准则可以确保其有效性和适用性，并吸纳新的经验和最佳实践。

通过制定和遵守标准化和最佳实践准则，数字软法能够获得更广泛的认可和接受，提高其实施的效果和可行性。这些准则不仅为利益相关方提供了行动指南，还促进了行业间的协作和互操作性，推动数字环境的可持续发展和安全性。

## （二）自律机制和行业准则

自律机制和行业准则在数字软法中扮演着重要的角色，它们通过行业自我监管和规范行为，为数字环境中的各个行业和领域提供了指导和约束。以下是一些与自律机制和行业准则相关的具体内容。

### 1. 行业协会和组织

行业协会和组织是制定和推动自律机制和行业准则的关键参与者。它们代表特定行业或领域的利益相关方，通过制定行为准则、规范和最佳实践指南等方式，促进行业内部的自我监管和规范。行业协会和组织还可以提供培训和教育资源，帮助行业从业人员了解和遵守行业准则。

## 延伸阅读

行业协会和组织在建立行业规范和标准方面发挥着极为重要的作用，相关制度体现了软法机制的有效运转，例如以下领域数字软法作用明显。

互联网广告自律机制：在美国，广告行业协会（Advertising Self-Regulatory Council, ASRC）通过建立国家广告监管机构，如国家广告监督委员会（National Advertising Review Board, NARB），监督广告内容的合规性。NARB 负责审查广告中的虚假宣传、误导性内容以及可能侵犯竞争对手权益的问题，并对广告主进行自律性建议。

社交媒体平台内容规范：例如，Facebook、Twitter、YouTube等社交媒体平台都制定了内容规范，明确禁止发布暴力、仇恨言论、色情内容等。平台设立了自动化工具和人工审核团队，对用户提交的内容进行审查，并删除违规内容，以维护社区秩序。

金融行业自律准则：金融行业有许多自律性组织，如金融业自律机构（Self-Regulatory Organizations，SROs），它们制定了合规性准则，规范金融机构的运营和交易行为。例如，美国证券交易委员会（Securities and Exchange Commission，SEC）监管的金融自律组织，如金融业业界监管局（Financial Industry Regulatory Authority，FINRA），负责监督证券经纪商和交易所的行为。

数据处理和隐私保护准则：欧洲数据保护委员会（European Data Protection Board，EDPB）发布了《数据保护影响评估指南》，为企业和组织提供了数据处理和隐私保护方面的指导，帮助其遵守欧盟的《通用数据保护条例》（GDPR）。

人工智能伦理指南：欧洲委员会发布了《人工智能可信赖伦理指南》，其中包括透明度、责任、安全和隐私等原则，为人工智能的开发和应用提供了伦理框架和指导。

责任和透明度准则：许多科技公司制定了社会责任准则，如谷歌的AI原则、微软的人工智能伦理准则等，明确其在开发和应用技术时的责任和透明度原则。

这些实际例子显示了自律机制和行业准则在数字化时代的重要作用。这些机制和准则通过行业自我监管和规范行为，确保各个行业和领域在数字环境中遵守法规和道德标准，维护公共利益，并推动数字化社会的公正、安全和可持续发展。

2. 行业准则和行为规范

行业准则和行为规范是自律机制的核心组成部分。它们规定了特定行业或领域中各方应遵守的行为规范和标准。这些准则可以包括道德原则、职业行为准则、行业最佳实践等内容。行业准则的制定应充分考虑相关法律和法规，并与传统硬法保持一致。

3. 自我监督和投诉机制

自律机制需要建立有效的自我监督和投诉机制，以确保行业准则的执行和有效性。行业协会和组织可以设立专门的机构或委员会，负责监督行业成员的行为并处理投诉事项。这些机制应具有公正、透明和有效的运作，为各方提供投诉渠道和解决纠纷的方式。

4. 评估和认证机制

评估和认证机制有助于验证行业成员是否符合行业准则和标准。第三方机构可以进行评估和认证，对行业成员的合规性进行审查和验证。认证可以通过认证标志或证书的形式进行，增强行业的可信度和透明度。评估和认证机制的建立需要明确的评估标准和程序，确保评估的客观性和公正性。

5. 合作与信息共享

自律机制和行业准则的实施需要各方之间的合作和信息共享。行业协会和组织可以促进成员间的合作交流，共享最佳实践和经验，并提供培训和教育资源，以帮助行业成员理解和遵守准则。合作与信息共享可以促进行业内部的学习和改进，加强自律机制的有效性和可行性。

6. 惩戒机制和纠正措施

自律机制应设立相应的惩戒机制和纠正措施，对违反行业准则的行为进行处理和惩罚。这些惩戒机制可以包括警告、罚款、暂停资格、开除会员等措施，以确保行为规范的有效执行和维护行业声誉。纠正措施的实施应遵循公正和透明的原则，确保被纠正的行为得到公正处理。

7. 监测和改进机制

自律机制需要建立监测和改进机制，定期评估自律机制的有效性和适用性，并进行必要的调整和改进。这可以通过定期审查行业准则、收集反馈意见、开展自律机制的绩效评估等方式实现。监测和改进机制的建立有助于确保自律机制与时俱进，适应不断变化的行业环境和挑战。

自律机制和行业准则的制定和实施需要各方的共同努力和参与。政府、行业协会、专业组织、从业人员和其他利益相关方应密切合作，确保自律机制的有效性和可行性。通过自律机制和行业准则的落实，数字软法能够得到更好地执行和遵守，促进数字环境的可持续发展和公正性。

## （三）声明和宣言

声明和宣言在数字软法中具有重要的意义，它们是表达特定领域或全球共识的重要文书，旨在推动数字环境的发展和治理。

1. 声明和宣言的具体内容

（1）伦理原则和价值观。声明和宣言可以包括关于数字环境中的伦理原则和价值观的陈述。这些原则和价值观可以涵盖数据隐私保护、人权尊重、公正和平等、可持续发展等方面。宣言的目的是明确表达社会对于数字环境中伦理和价值观的共识，并为相关行为提供指导。

**延伸阅读**

2019 年，欧洲委员会发布了《人工智能可信赖伦理指南》。该指南由欧洲人工智能高级专家组起草，其目标是为人工智能的开发和应用提供伦理框架和指导，以确保人工智能技术在运用时具有可信赖性。

该指南包含以下几个主要原则：

透明度：要求人工智能系统的决策过程是可解释和可理解的，以让用户和相关利益相关者了解系统是如何得出决策的。

责任：明确规定在人工智能的设计和开发过程中，应考虑其社会和环境影响，并承担相应的责任，包括可能引发的负面后果。

安全：确保人工智能系统在运行过程中的安全性和稳定性，防止人工智能系统受到恶意攻击或滥用。

隐私：强调在人工智能技术中对个人数据进行适当的保护和隐私保障，遵守相关的数据保护法规。

该指南旨在在人工智能的发展和应用中引导相关各方，包括企业、政府和研究机构，确保人工智能的可信赖性、公正性和透明性，同时避免滥用和不当行为。这是一个重要的倡议，以促进人工智能技术的负责和伦理使用，为社会创造积极的影响。

（2）共同承诺和行动计划。声明和宣言可以包括各方的共同承诺和行动计划，以推动数字环境的发展和治理。这些承诺和计划可以涉及政府、企业、学术界、民间社会等各方的责任和行动方向。宣言的目的是促使各方共同努力，共同落实宣言中确定的目标和行动。

（3）合作和协调机制。声明和宣言可以呼吁建立合作和协调机制，以加强各方之间的合作和协作。这些机制可以包括政府间合作、多方利益相关者的对话平台、跨界合作等。宣言的目的是推动不同利益相关方之间的协作，共同应对数字环境中的挑战和问题。

（4）数据共享和开放原则。声明和宣言可以强调数据共享和开放原则的重要性。这意味着促进数据的共享和开放，为创新和发展提供更广泛的机会。宣言的目的是鼓励各方采取措施，建立数据共享机制、制定开放数据政策等，促进数据的可持续利用和创新。

（5）可持续发展目标。声明和宣言可以与可持续发展目标（SDGs）相结合，将数字环境的发展与全球可持续发展的目标联系起来。宣言可以呼吁各方在数字环境的发展中积极追求可持续性，促进包容性和公正性的数字转型。这将有助于实现可持续发展目标并建立可持续的数字社会。

2.声明和宣言实施的具体措施

声明和宣言的发布和实施需要各方之间的合作和协调。政府、国际组织、行业协会、民间社会以及其他利益相关方应积极参与声明和宣言的制定和推广过程，并共同努力落实其中的原则和行动。

（1）推广和宣传。为了确保声明和宣言的影响力和可见性，推广和宣传是至关重要的。利益相关方可以通过各种渠道和媒体平台，如会议、研讨会、报告、社交媒体等，宣传和传达声明和宣言的内容和目标。这有助于引起公众的关注并促使各方行动起来。

（2）建立监测和评估机制。为了确保声明和宣言的实施和成效，建立监测和评估机制是必要的。这些机制可以用来跟踪各方的行动和进展，评估实施情况，并向各方提供反馈和建议。还有助于保持各方的责任和透明度，并促进宣言中确定的目标的实现。

（3）促进多利益相关方对话。多利益相关方的对话和合作对于宣言的实施至关重要。利益相关方可以组织对话会议、研讨会和工作坊，为各方提供交流和协商的平台。这有助于加强各方之间的理解、合作和共识，促进宣言中确定的目标的实现。

（4）建立伙伴关系和合作项目。可以促进伙伴关系和合作项目的建立。利益相关方可以共同发起合作项目，共同投入资源和努力，实现宣言中确定的目标。建立伙伴关系和合作项目可以加强各方之间的协作和协调，推动数字环境的发展和治理。

（5）监督和问责机制。需要建立相应的监督和问责机制，以确保各方履行承诺并落实宣言中的原则和行动。这可以包括建立独立的监督机构、制定监督指标和评估标准，并进行定期的评估和报告。监督和问责机制的建立有助于确保宣言的有效实施和可持续性。

（6）容忍和包容性。应倡导容忍和包容性，尊重不同利益相关方的观点和立场。各方应积极促进对话和共识，尊重多样性，以建立共同的理解和合作基础。

（7）资源和合作伙伴关系。各方需要提供必要的资源和建立合作伙伴关系。这可以包括资金、技术支持、专业知识和能力等方面的支持。合作伙伴关系的建立有助于整合各方的资源和能力，共同推动宣言中确定的目标。

（8）定期审查和更新。应定期进行审查和更新。随着数字环境的变化和新挑战的出现，宣言的内容和目标需要与时俱进。定期审查和更新有助于保持宣言的有效性和适应性。

（9）国际合作与经验分享。应倡导国际合作和经验分享。各国和利益相关方可以共享最佳实践、成功经验和教训，相互借鉴和学习。国际合作和经验分享可以加速宣言的实施进程，并推动全球数字环境的发展。

（10）可衡量的目标和指标。需要设定可衡量的目标和指标，以评估进展和成效。各方应合作制定指标和评估方法，跟踪宣言中确定的目标的实现情况，并及时调整和改进实施策略。

通过以上措施的落实，声明和宣言可以成为推动数字软法发展和实践的重要工具。各方的共同努力和协作将为数字环境的治理提供更加可持续和有效的解决方案，促进数字社会的繁荣和公正。

## 三、全球数字治理的新模式和机制

随着数字化时代的来临，全球数字治理成为一个重要的议题。为了应对全球性的数字挑战和促进数字发展，需要建立新的模式和机制来加强国际合作和协调。

### （一）全球数字治理机制

#### 1. 多方参与和多边合作

全球数字治理需要采用多方参与和多边合作的原则。各国政府、国际组织、民间社会组织、企业和技术社区等各利益相关方应该共同参与数字治理的决策和实施过程。这种多方参与的模式可以促进多样化的观点和利益的平衡，提高决策的合法性和可接受性。

#### 2. 国际合作机制的建立

针对全球性的数字挑战，需要建立有效的国际合作机制。例如，设立专门的国际组织或机构来协调全球数字治理事务，并为各国提供合作平台和机会。这些机制可以促进信息共享、政策对话和经验交流，加强各国之间的合作和协调。

#### 3. 跨国框架和协议的制定

针对跨国性的数字问题，制定跨国框架和协议是必要的。这些框架和协议可以涵盖数据流动、隐私保护、网络安全和知识产权等领域，为各国提供共同的准则和标准。通过制定统一的规则，可以促进数字交流和合作，降低不同法律体系之间的冲突和摩擦。

### 4. 知识共享和技术转移

在全球数字治理中，知识共享和技术转移是重要的方面。发达国家应该与发展中国家分享技术、经验和最佳实践，帮助他们加强数字能力和数字治理能力。这有助于减少数字鸿沟，促进全球数字包容性和可持续发展。

### 5. 跨领域合作和整合性政策

全球数字治理需要跨领域的合作和整合性的政策。数字化涉及多个领域，如经济、社会、法律和伦理等，需要制定综合性的政策来应对复杂的挑战。

### 6. 公民参与和社会治理

全球数字治理应该注重公民参与和社会治理的原则。民众应该被赋予参与数字决策和监督的权力，通过民主的参与和透明的决策过程来确保数字治理的合法性和民意的表达。同时，社会组织和非政府机构的参与也是重要的，它们可以提供独立的监督和反馈，促进数字治理的公正和公平。

### 7. 国际合作平台和倡议

为了推动全球数字治理的新模式和机制，需要建立国际合作平台和倡议。例如，设立全球数字治理论坛或高级别对话，为各国提供讨论和协商的机会，共同探讨数字治理的重要议题和挑战。这样的平台可以促进国际间的交流和合作，形成共识和共同行动。

### 8. 法律框架和标准的协调

在全球数字治理中，需要协调各国的法律框架和标准。虽然每个国家有其独特的法律体系和文化背景，但为了推进数字治理的协调和一致性，各国应该进行对话和协商，寻求共同的法律框架和标准。这有助于减少法律冲突和不确定性，为数字经济和数字社会提供稳定和可预测的环境。

9. 可持续发展和社会公正

全球数字治理应该与可持续发展和社会公正的目标相一致。数字技术的发展和应用应该符合可持续发展的原则，促进经济、环境和社会的可持续性。同时，数字治理的决策和政策应该关注社会公正和包容性，确保数字机会的平等分配，减少数字鸿沟和不平等现象。

综上所述，强化国际合作和协调机制对于全球数字治理至关重要。通过多方参与、跨国框架、知识共享和公民参与等手段，可以建立新的模式和机制，推动全球数字治理的发展和进步。这样的努力有助于应对数字挑战，促进数字技术的可持续发展，实现全球数字社会的繁荣和共享。

## （二）多利益相关者的参与和合作平台

实现全球数字治理的新模式和机制需要各利益相关者的积极参与和合作。这些利益相关者包括政府、国际组织、行业协会、学术界、民间社会组织以及企业和技术社区等。他们共同构成了数字生态系统的关键组成部分，其参与和合作是确保全球数字治理有效性和可持续性的关键。

在建立合作平台时，需要考虑以下几个方面。

多方对话和协商：建立一个多方参与的对话和协商平台，吸引各利益相关者参与数字治理的决策和讨论。这个平台应该提供一个开放、透明和包容的环境，使各方能够分享意见、提出建议并就共同关心的问题进行协商。

知识共享和技术交流：建立知识共享和技术交流的机制，促进各方之间的学习和合作。通过分享最佳实践、经验教训和技术创新，可以提高各方的能力和理解，共同应对数字治理面临的挑战。

跨界合作和合作伙伴关系：建立跨界合作的机制和建立合作伙伴关系，鼓励不同领域和行业之间的合作。例如，政府、学术界和企业可以共同进行研究项目，制定共同的政策倡议，推动数字治理的发展和实践。

公民参与和社会组织的参与：确保公民和社会组织的参与和发言权，使他们能够代表公众利益发声。通过建立公民参与机制和社会组织的合作平台，可以促进社会的参与和监督，确保数字治理的民主性和合法性。

多层级合作和国际对话：建立多层级的合作机制，包括国际、地区和国家层面的对话和合作。通过国际组织、政府间合作机制和地区论坛等平台，各国可以共同制定数字治理的原则和标准，解决跨国数字治理面临的问题。

通过多利益相关者的参与和合作，可以促进全球数字治理的多元化、包容性和可持续性。各方应该积极参与建立合作平台，共同面对数字时代的挑战，推动全球数字治理的发展和创新。

## （三）探索新的法律工具和方法

随着数字化时代的迅猛发展，传统的法律框架和方法可能无法完全适应新兴的数字软法领域。因此，探索新的法律工具和方法对于有效应对数字软法挑战至关重要。

### 1.探索方向

（1）制定灵活的法律框架。数字软法领域的法律框架需要具备灵活性，能够适应迅速变化的技术和业务模式。这可能包括制定开放式的法规，以便随时进行修订和更新，以适应新兴技术和应用的发展。

（2）推动创新的法律方法。在数字软法领域，传统的法律方法可能无法解决一些复杂的问题，因此需要推动创新的法律方法。这可以包括跨学科合作，结合法律、技术、伦理等领域的知识，以制定更为综合和全面的法律解决方案。

（3）强化技术与法律的对话。数字软法领域的法律专业人士需要与技术专家建立更紧密的对话和合作关系。这有助于法律专业人士更好地理解新兴技术的特点和挑战，并能够针对性地制定相应的法律政策和规定。

（4）引入新的监管机制。数字化时代的新兴技术和业务模式可能需要新的监管机制来确保公平竞争、数据隐私和用户权益的保护。这可以包括建立独立的监管机构，制定更加灵活和透明的监管政策，并采用新的监管工具和技术手段来监督和管理数字软法领域的活动。

（5）增强国际合作和协调。数字软法领域的挑战和问题通常具有跨国性和跨境性的特点，需要加强国际合作和协调。各国应加强信息共享、经验交流和政策协调，共同制定国际标准和准则，以推动全球数字治理的发展。

通过探索新的法律工具和方法，可以更好地适应数字化时代的挑战和变革，确保数字软法的适用性、公正性和可持续性。这需要法律专业人士、技术专家、政策制定者和利益相关者共同努力，积极探索和实践新的法律工具和方法，以适应数字软法领域的快速发展和复杂性。只有通过不断创新和合作，才能确保数字软法能够有效应对新兴技术和业务模式带来的挑战，并为数字化社会的可持续发展提供稳定和可靠的法律框架。

2. 发展过程中的注重事项

（1）多领域合作。数字软法领域的挑战需要跨学科的合作，包括法律、技术、伦理、经济等多个领域的专业知识。各领域的专家应该积极合作，共同研究和探索解决方案，以确保法律工具和方法的全面性和有效性。

（2）创新法律机制。数字化时代的特点要求创新的法律机制，以适应快速变化的技术和业务模式。这可能包括引入新的法律概念、机构和程序，以及制定灵活的法律规定，以适应不断变化的数字软法环境。

（3）加强国际合作。数字化时代的挑战是全球性的，需要国际社会的共同努力。各国应加强合作，分享经验和最佳实践，并共同制定国际标准和准则，以推动数字软法的全球治理。

（4）用户参与和权益保护。用户在数字化时代中扮演着重要角色，他们的参与和权益保护应该得到充分重视。在制定和实施新的法律工具和方法时，应充分考虑用户的需求和权益，并采取相应的措施保护其隐私、数据安全和个人权利。

通过积极探索新的法律工具和方法，并加强国际合作与跨领域合作，我们有望建立健全的数字软法框架，为数字化时代的可持续发展提供坚实的法律基础。这将促进数字经济的创新和发展，保护用户的权益，推动全球数字治理向更加开放、包容和可持续的方向发展。

### 3. 法律创新和实验

法律创新和实验是推动数字软法发展的重要手段之一。在数字化时代，传统的法律框架可能无法充分适应新兴技术和业务模式的快速变化。因此，需要通过法律创新和实验来探索新的法律机制和方法，以更好地应对数字软法领域的挑战。

在进行法律创新和实验时，可以采取以下措施。

法律试点项目：开展法律试点项目，探索新的法律框架和制度安排。这些项目可以在特定的地区或领域进行，通过实践和经验总结，评估法律创新的效果和可行性。

创新法律机制：针对数字软法领域的特殊需求，制定新的法律机制和程序。例如，可以引入快速响应机制，以便及时适应技术创新和市场变化。同时，还可以建立专门的法律机构或专家委员会，负责监督和评估法律创新的实施情况。

法律沙盒：设立法律沙盒，为创新企业和新技术提供试点环境。通过法律沙盒，创新企业可以在一定的监管容忍度下进行试点运营，以验证新的商业模式和技术应用的合规性和可行性。同时，监管机构可以借助法律沙盒的经验，优化法律框架和监管政策。

合作与共享：加强与学术界、科研机构和行业组织的合作与共享。通过跨领域的合作，可以汇集各方的智慧和专业知识，共同研究和解决数字软法领域的挑战。同时，还可以建立知识共享平台，促进法律创新和实验的经验交流和分享。

法律创新和实验需要在保障公共利益的前提下进行，并应充分考虑法律的稳定性和可预测性。在实施过程中，需要建立相应的监督和评估机制，及时调整和完善法律创新的内容和方式。

以下是在未来发展中应关注的几个方面。

面向未来的法律思维：数字技术的快速演进意味着法律需要更具前瞻性和创新性。法律制定者和从业人员应具备面向未来的法律思维，紧跟技术发展和社会变化的步伐，及时调整法律框架，为新兴技术和业务模式提供适应性的规范。

强化国际合作：数字化带来的问题往往具有全球性和跨境性。国际合作和协调将是推动数字软法发展的重要手段。各国应加强交流与合作，共同制定国际标准和最佳实践，推动全球数字治理的协调与合作。

保障公众参与和权益保护：数字化社会的法律制定应注重公众参与和个人权益的保护。在制定数字软法时，应广泛征求公众的意见和建议，确保法律的公正性和可行性。同时，要加强个人数据隐私保护，确保公民的个人权利和信息安全。

加强技术和法律的对话：技术和法律是密切关联的领域，需要加强二者之间的对话和理解。法律从业人员需要具备对数字技术的基本了解，以更好地应对数字软法的挑战。同时，技术专家也应关注法律的要求和约束，促进技术的合规和社会责任。

推动数字素养教育：数字化时代的法律应关注公众的数字素养。加强数字素养教育，培养公众对数字技术和数字软法的认知和理解，提高社会大众的法律意识和合规能力。

建立灵活的法律框架：面对技术创新的快速发展，法律框架需要具备一定的灵活性。法律制定者应采用开放和适应性的法律原则，以便更好地应对未来的技术和业务变化。

在未来的发展中，数字软法的挑战和前景相互交织。通过加强国际合作、保障公众权益、推动技术和法律对话，加强数字素养教育以及建立灵活的法律框架，我们可以更好地应对数字化时代的法律需求和挑战，推动数字软法的发展和进步。同时，还需要关注以下几个方面：

法律智能化和自动化：随着人工智能和自动化技术的不断发展，将出现更多利用技术手段提高法律效率和准确性的机会。法律智能化和自动化可以帮助加快法律程序、优化法律决策，并提供更精准的法律咨询和服务。

风险评估和监测：数字化时代的法律挑战涉及复杂的风险和威胁。建立有效的风险评估和监测机制，及时发现和应对潜在的法律问题，成为保障数字软法稳定和可靠运行的重要环节。

数据驱动的法律决策：数字化时代的大数据和数据分析技术为法律决策提供了新的思路和工具。利用数据驱动的法律决策，可以更好地理解法律实施的效果和影响，从而优化法律政策和规定。

反思和修正机制：在数字软法的发展中，我们需要建立有效的反思和修正机制。及时评估数字软法的实施效果和问题，发现不足之处，并及时修正和完善法律框架，以适应新的挑战和需求。

全球治理和协作：数字化时代的法律问题是全球性的，需要全球范围内的治理和协作。各国应加强合作，制定共同的法律标准和规范，共同应对数字化时代的法律挑战。

通过持续的创新、实验和探索，我们可以为数字软法的发展开辟新的道路。数字化时代带来了众多机遇和挑战，我们需要不断适应和应对，以确保数字化社会的法治环境和公共利益得到有效保护。

4.风险管理和预防性监管的实践

随着数字化的迅速发展，风险管理和预防性监管成为确保数字软法有效实施的关键要素。以下是一些风险管理和预防性监管的实践措施：

监测和评估：建立监测机制，及时获取数字化环境中的变化和风险情况。通过数据收集、统计分析和评估，识别潜在的风险点和问题领域，为制定相应的监管策略提供依据。

风险防范措施：采取预防性措施来降低风险的发生概率和影响程度。这可以包括制定和推行技术标准、安全措施和最佳实践准则，加强网络安全、数据隐私保护和信息安全等方面的防范措施。

法规合规：制定明确的法规和规范，要求相关主体遵守和履行法律义务。这可以包括对数字服务提供商和平台运营商的责任规定、用户数据保护要求、信息披露规定等方面的法规制定和监管要求。

审查和审计：对数字软法的实施情况进行定期审查和审计。通过对相关主体的业务运作和合规性进行审查，发现问题并提出改进措施，确保数字软法的有效执行和监管效果。

教育和宣传：加强公众和相关主体对数字软法的认知和理解。通过教育、宣传和培训活动，提高人们对数字化环境中的风险和法律问题的意识，增强他们的自我保护意识和能力。

跨部门协作：加强各部门之间的合作和协调，形成协同监管机制。这包括各部门之间的信息共享、协同执法、数据交换等形式的合作，提高监管的整体效果和响应能力。

反馈和修正：建立及时的反馈机制，接收和处理相关主体和公众的反馈意见和投诉。通过对反馈信息的分析和处理，及时调整和修正监管措施，提高其有效性和适应性。

激励创新和合规：鼓励数字创新，同时强调合规性的重要性。为创新者提供合理的法律框架和支持，促进他们在合规范围内发展和运营。这可以通过设立创新试验区、制定特殊监管政策等方式来实现。

国际合作和知识共享：加强国际间的合作与知识共享，共同应对全球范围内的数字软法挑战。通过建立国际合作机制、共享最佳实践和经验，推动全球数字治理的发展和协调。

强化监管能力和资源：提升监管机构的能力和资源，以适应数字化环境的复杂性和快速变化。这包括加强监管人员的专业培训和技术能力，建立先进的监管技术和工具，提高监管的效率和准确性。

公众参与和民众意见的听取：积极引导公众参与数字软法的制定和实施过程，尊重民众的意见和诉求。通过公众听证会、征求意见和投票等方式，确保公众的声音被充分听取，并在决策中得到反映。

非政府组织和行业自律组织的参与：鼓励非政府组织和行业自律组织的参与，共同制定行业标准和自律准则，推动行业的良好运作和法律合规。这可以通过建立合作机制、举办行业研讨会等方式来实现。

法律技术协同：推动法律与技术的协同发展，通过法律规制与技术标准的相互衔接，提高数字软法的可执行性和适应性。这需要法律界和技术界的密切合作，共同研究和探索解决数字化环境中的法律问题的创新方法。

数据共享和交流：促进国际间的数据共享和交流，加强对跨境数据流动的管理与监管。通过建立安全可靠的数据交换机制，确保数据的合法、安全和隐私保护，促进数字经济的发展和全球合作。

跨国执法和司法合作：加强跨国执法和司法合作，共同打击数字领域的犯罪活动和违法行为。通过信息共享、证据互助和执法合作等方式，加强国际合作，提高打击跨国犯罪的效果和成效。

促进多元文化视角：在全球数字治理中，重视多元文化视角的参与和表达，尊重不同国家和地区的法律、价值观和文化差异。通过平等、开放和包容的态度，建立全球数字治理的多元共享机制，实现各方共同发展和繁荣。

安全与可持续发展：将数字安全与可持续发展紧密结合，推动数字软法的发展与可持续经济、社会和环境的协调发展。通过制定安全标准、加强风险评估和监测，保障数字化环境的安全性和可持续性。

推动数字人权保护：积极推动数字人权保护工作，加强对个人隐私、言论自由、数据所有权等权利的保护。通过法律、技术和政策手段，确保数字化环境中的个人权利得到充分尊重和保障。

总结起来，风险管理和预防性监管在数字软法领域的实践中起着重要的作用。通过风险识别和评估、法规制定和监管、预防性监管和合规要求、教育和培训、跨部门和跨机构合作、监测和反馈机制等一系列措施，可以更好地管理和控制数字化环境中的法律风险。

# 第九章

# 相关哲学伦理探讨

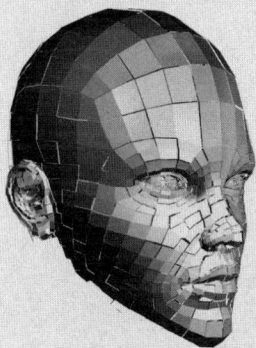

人工智能技术必须以人类福祉为核心，以法治和道德原则为基础，才能真正为人类带来益处。

——马克·恩斯林（Mark Enslin）

# 一、人工智能是否可能具有自由意志？

关于人工智能是否可能具有自由意志，存在不同的观点和争议。以下是一些主要的观点。

### 1. 人工智能可能具有类似人类自由意志的行为

有人认为，随着 AI 技术的不断发展，人工智能可能会在某些方面具有类似人类自由意志的行为。他们认为，通过自主学习和自我改进的能力，AI 系统可能会在处理复杂任务和面对未知情境时表现出灵活性和自主性，从而产生类似于人类自由意志的行为。

### 2. 人工智能不具有真正的自由意志

有人认为，虽然 AI 系统可以在特定任务中表现出高度的智能和效率，但其行为仍然是基于预设的规则和算法，缺乏真正的主观选择能力。AI 系统的决策和行为是由其编程和算法所决定的，不受外部因素的限制。因此，不能被认为具有自由意志。

### 3. 人工智能可能表现出类似人类自由意志的假象

有人认为，人工智能可能会在某些情况下表现出类似人类自由意志的假象。例如，AI 系统可以通过模拟人类的决策过程和行为模式来产生似乎是自主选择的行为，但实质上仍然是在预定的框架内进行操作。这种假象可能是由于 AI 系统的复杂性和智能表现而产生的，但并不表示其具有真正的自由意志。

从以上观点可以看出，关于人工智能是否可能具有自由意志的问题尚无定论。目前的 AI 系统虽然在某些任务中表现出了高度的智能和效率，但其行为仍然是基于编程和算法的预设规则，缺乏真正的主观选择能力。AI 系统的行为是可预测的，受限于其编程和算法，并没有自主性和灵活性。因此，目前的 AI 系统难以被认为具有真正的自由意志。

一方面，随着 AI 技术的不断发展和改进，未来的 AI 系统是否可能具有类似人类自由意志的行为仍然存在争议。有一些人认为，通过自主学习和自我改进的能力，AI 系统可能会在未来产生更加灵活和自主的行为，表现出类似人类自由意志的特征。但这仍然需要进一步的研究和验证。另一方面，对于人工智能是否应该具有自由意志的问题，也存在伦理和社会考虑。如果 AI 系统真的具有自由意志，那么其行为将不再完全受限于编程和算法，可能会对人类社会产生深远的影响。例如，AI 系统可能会在面对道德和伦理选择时做出与人类不同的决策，引发道德和伦理争议。因此，对于 AI 是否应该具有自由意志，以及如何控制和管理具有自由意志的 AI 系统，需要更深入的探讨和思考。

总体来说，当前的 AI 系统不具有真正的自由意志，未来是否可能出现具有类似人类自由意志的 AI 系统仍然存在争议。对于人工智能是否应该具有自由意志的问题，需要在科技发展和伦理思考之间找到平衡，以推动 AI 技术的可持续和合理发展。

## 二、人工智能的设计是否考虑人类自由意志？

人工智能作为一种复杂的技术，正在迅速地改变着我们的生活和社会。从智能助手、自动驾驶汽车到金融风控系统，人工智能正在各个领域崭露头角。然而，随着人工智能的发展和应用不断扩展，人们开始关注人工智能是否会对人类自由意志产生影响。这引发了一个重要的问题：人工智能的设计是否充分考虑了人类的自由意志？

自由意志是指人类作为自主、独立的个体具有自主决策和选择的能力。它是人类认知和行为的基石，对于人类的尊严、自主性和个性发展至关重要。然而，人工智能作为一种技术工具，其决策和行为是基于预定的算法和数据，是否充分考虑了人类的自由意志，引发了广泛的关注和讨论。

人工智能的设计通常是由人类开发者和工程师进行的，他们在设计人工智能系统时需要考虑一系列的因素，包括技术可行性、性能优化、用户体验等。然而，是否充分考虑人类自由意志作为设计人工智能的因素，仍然存在一定争议。

一方面，人工智能的设计可能会受限于其算法和数据的本质。人工智能系统通常是通过对大量数据的训练和学习而生成的，其决策和行为是基于这些数据的模式和规律。这意味着人工智能系统的行为可能会受限于训练数据的偏见和限制，从而影响其对用户的选择和决策。例如，人工智能在推荐系统中的应用，通常会根据用户的历史行为和兴趣，为其推荐相关内容。然而，这可能导致用户陷入"信息过滤泡泡"中，只能接触到与其兴趣相符的信息，而无法接触到其他可能对其观点和决策产生影响的信息，从而影响了用户的自由意志和独立思考。

另一方面，人工智能的设计也可能受到人类开发者和工程师的主观意识和价值观的影响。人工智能系统的设计涉及对系统的目标和目的进行设定，包括决策规则、优化目标和目标函数等。这些目标和规则可能会受到开发者和工程师的主观意识和价值观的影响，从而对人工智能系统的行为产生影响。例如，人工智能在社交媒体上的应用，通常会根据用户的行为和兴趣，为其展示特定类型的内容。这可能加深用户对已有观点的确认偏见，对其他观点的接触和了解减少，从而对人类自由意志产生潜在的影响。

此外，人工智能的自主性和决策能力，也可能对自由意志带来挑战。随着人工智能的发展，越来越多的自主决策系统和自动化决策系统应用于各个领域，如自动驾驶汽车、金融风控系统等。这些系统可能会在不需要人类干预的情况下做出决策，从而削弱人类对于决策的自主性和选择权，对人类自由意志产生影响。然而，也有观点认为，人工智能的设计可以充分考虑人类的自由意志，从而促使人工智能系统更好地满足人类的需求和价值观。例如，一些研究提倡"人类中心"的人工智能设计，强调人工智能系统应该在设计阶段充分考虑人类的价值观、道德标准和自由意志，从而确保人工智能系统的行为是对人类有益的、符合人类价值观的。

还有一些技术也可以用于强化人类自由意志。例如，通过对人工智能系统的解释性和可解释性进行提升，使人类能够理解和解释人工智能系统的决策和行为，从而更好地参与决策过程，维护其自由意志。同时，人工智能系统可以被设计成与人类合作和协作的伙伴，而不是取而代之的替代品，从而强调人工智能与人类之间的互补性和共同发展。

在结论上，人工智能的设计在考虑人类自由意志的问题上还存在一定的争议。虽然人工智能系统的设计可能受限于其算法和数据的本质，并受到开发者和工程师主观意识和价值观的影响，但在设计和开发人工智能系统时，我们可以采取一些措施来更好地考虑人类的自由意志。首先，我们可以推动人类中心的人工智能设计，将人类的价值观和道德标准纳入系统的设计和决策过程中，以确保人工智能系统的行为符合人类的期望和需求；其次，我们可以提升人工智能系统的解释性和可解释性，使人类能够理解和解释系统的决策过程，并参与其中，从而维护其自由意志；再次，我们可以促进人工智能与人类之间的协作和合作，强调其互补性和共同发展，而不是替代人类；最后，我们可以倡导监管和政策的制定，以确保人工智能系统的设计和应用符合人类的利益和价值观，并对其进行监督和评估。

在人工智能的设计中，考虑人类自由意志是一项复杂且具有挑战性的任务。虽然目前存在一些困难和争议，但通过充分认识人工智能的潜在影响、采取相应的技术和政策措施，我们可以朝着更好地保护人类自由意志的方向迈进。人工智能技术在为我们带来便利和效益的同时，我们也应该不断探索如何在其设计和应用中充分尊重和维护人类的自由意志，从而确保人工智能技术与人类的共同发展和蓬勃前进。

## 三、关于人类自由意志的定义和理解

人类自由意志一直以来都是一个备受争议和讨论的话题。在哲学、心理学和神经科学等领域，人们对自由意志的定义和理解存在着不同的看法和观点。

从哲学角度来看，人类自由意志通常被定义为一种能力，使人们能够在决策和行为中自主选择，并对其负责。自由意志被认为是人类与其他生物的区别之一，它赋予了人类独特的能力和责任。哲学家们对自由意志的理解存在多种学派，包括唯物主义、唯心主义、实用主义等。有些哲学家认为自由意志是一种自主选择的能力，不受任何限制和约束；而有些哲学家认为自由意志是一种受到先天和后天条件限制的能力，存在着一定的内在和外在约束。

伊曼努尔·康德（Immanuel Kant）：作为一位重要的哲学家，康德主张人类具有自由意志，并强调自由意志的道德和伦理意义。在他的著作《纯粹理性批判》中谈道："自由意志是我们唯一可以证明意志存在的最高和最尊贵的事物。"康德认为，自由意志是人类最基本的特征之一，因为只有通过自由意志的选择，人才能在道德上自主地行动和做出选择。他将自由意志视为人类道德行为的基础，并认为只有拥有自由意志的人才能在道德上做出真正的选择和承担责任。

道格拉斯·霍夫斯塔特（Douglas Hofstadter），作为一位认知科学家和心灵哲学家，霍夫斯塔特提出了"奇点"（strangeloop）的概念，认为自由意志可能出现于人类大脑自我应用循环过程中，而不是单一的神经机制。他认为自由意志是一种复杂的现象，可能超出了传统的神经科学和心理学的范畴。

美国哲学家威廉·詹姆斯认为，自由意志是人类的一种基本属性，它使得人类能够在不同选项之间做出选择，并对自己的行为负责。他认为，自由意志是人类的一种能力，使得人类不仅能够对外界做出反应，还能够主动地从内部生成行为。

亚瑟·叔本华（Arthur Schopenhauer），这位德国哲学家认为，人类的行为受到内在欲望和外在因果关系的支配，自由意志只是一种幻觉，人类实际上并没有真正的自由。他认为，人类对自己的行为只有有限的认知和控制能力。因此，自由意志的存在是受限的。

索伦·克尔凯郭尔（Soren Aabye Kierkegaard），这位丹麦哲学家认为，人类的自由意志是一种存在于内心深处的超越客观条件和限制的力量，使得我们能够做出真正自主和负责任的决策。他认为，自由意志是人类独特的存在特征，通过信仰和责任来实现。

阿尔伯特·爱因斯坦（Albert Einstein），这位著名的物理学家认为，人类的行为和决策是受到客观因果关系限制的，自由意志只是一种表面现象。他认为，人类对自己的行为和决策并没有完全的认知和掌控能力。因此，自由意志的存在可能是有限的。

罗伯特·凯恩（Robert Kane），这位美国哲学家提出了"自由意志非决定论"（libertarianism）的观点，认为人类的自由意志是一种超越因果关系的力量，使得我们能够在各种选择面前做出真正的选择。他认为，自由意志是人类的固有特征，通过自主选择和决策来实现。

丹尼尔·丹尼特（Daniel Dennett），作为一位哲学家和认知科学家，丹尼特持有一种兼容主义（compatibilism）的观点，认为自由意志和因果性并不互斥，而是可以共存的。他认为人类的决策和行为虽然受到多种因素的影响，但在一定程度上仍具有自主选择和自由意志。

心理学对自由意志的研究主要集中在决策和行为的心理机制上。心理学家们通过实验和观察研究，试图探索人类在决策和行为中是否存在自主选择和自由意志。一些心理学研究表明，人类在决策和行为中受到多种因素的影响，包括认知、情绪、社会和文化等。这些因素可能限制了人类自由意志的行使，使人们在决策和行为中受到一定的约束。然而，仍有一些心理学研究认为，人类在决策和行为中具有一定的自主选择和自由意志。

例如，德国社会学家马克斯·韦伯认为，人类的行为和选择是在社会和文化背景下形成的，社会和文化的规范和期望对个体的行为产生深刻的影响，从而限制了人类的自由意志。他认为，社会和文化对个体的行为和选择产生了一种"社会束缚"，使得人类在选择和决策时并不是完全自主和自由的。

神经科学研究则探讨了人类自由意志的生物学基础。神经科学家们通过脑成像技术和神经生理学实验，试图揭示人类在决策和行为中的神经机制。一些神经科学研究发现，人类在决策和行为中的脑活动受到复杂的神经网络调控，包括前额叶皮层、扣带回、杏仁核等。这些神经网络可能对人类的决策和行为产生影响，从而限制了人类自由意志的行使。然而，神经科学研究也存在一些争议，因为目前尚未完全理解人类脑部的复杂功能和神经机制，对于自由意志的生物学基础还存在很多未解之谜。

美国神经科学家本杰明·李贝特（Benjamin Libet）认为，自由意志是一种错觉，人类的行为实际上是由大脑中的生物和神经过程所决定的，而非基于自主选择和自由意志。他认为，人类的选择和决策是在无意识的大脑活动的基础上产生的，我们只是在后期对其进行解释和理性化。

萨姆·哈里斯（Sam Harris），作为一位神经学家和哲学家，哈里斯主张自由意志是一种幻觉，人类的决策和行为都是由神经生物学和环境因素所决定的，不存在真正的自主选择和自由意志。他认为自由意志的概念对于道德和法律的判定具有误导性，应该被重新评估。

著名的心理学家和作家乔丹·彼得森（Jordan Peterson）则认为，自由意志是人类的一种基本能力，使得人类能够在选择和决策时自主行动。他认为，自由意志是人类的一种存在方式，能够让人类根据自己的价值观和目标做出选择，并对自己的行为负责。

除了学术界的观点外，一些历史人物和文化名人也对人类自由意志发表了自己的观点。此外，一些宗教领袖也对自由意志发表了看法。例如，基督教中的一些神学家认为，虽然人类在堕落后失去了完全的自由意志，但仍然具有有限的自由意志，使得人类能够在道德和信仰上做出选择。而伊斯兰教中的一些学者认为，人类具有绝对的自由意志，但是必须对自己的行为负责，并接受上帝的裁判。

总的来说，人类自由意志的定义和理解在不同领域和观点间存在着多种看法。哲学、心理学和神经科学等学科对自由意志的解释和探讨都在不断发展和演变。虽然尚未达成一致的结论，但人们对自由意志的讨论和争议有助于深入理解人类意识和行为的本质，并对道德、伦理、法律等领域产生深远的影响。

在日常生活中，对于自由意志的理解也在影响着人们的行为和决策。一些人可能相信他们拥有自主选择和自由决策的能力，认为他们的行为是基于自由意志做出的。而另一些人可能更加强调社会、文化和环境对个体行为的影响，认为人类的行为受到多种因素的制约，自由意志并不是绝对的。

在现代社会中，对于自由意志的理解也对法律和道德判断产生重要影响。法律界对自由意志的观念会影响对于犯罪行为的判定和法律责任的追究。道德判断中，对于个体行为是否具有自由意志也会影响对其道德责任的评估。因此，对于自由意志的定义和理解在法律和伦理领域具有深远的影响。

尽管对于自由意志的定义和理解尚无一致的结论，但这一议题的重要性不可忽视。它关乎人类的意识、行为和道德责任，涉及哲学、心理学、神经科学等多个领域。各种观点和理论的交流和辩论有助于推动科学和哲学的发展，使人们更加深入地探讨人类自由意志的本质，并对现实生活中的伦理、法律等问题做出更为明智的决策。

在未来，随着科学技术的不断进步，对于自由意志的研究也将持续深入。我们可能会对人类意识和行为的本质有更加深刻的认识，对自由意志的定义和理解有新的突破。但在这个过程中，我们需要保持开放的心态，充分尊重不同的观点和理论，从不同角度深入探讨这一复杂而重要的议题。

总而言之，自由意志是一个复杂而深刻的哲学问题，涉及人类的自我认知、选择和决策能力。不同的人和哲学家对自由意志有不同的看法，从认为它是一种幻觉到认为它是一种具有一定自主性的能力。这种问题无法得出绝对的答案，但它激发了人类对自己和世界的思考和探索。在日常生活中，我们依然会面临各种选择和决策，而对于自由意志的理解和定义，将继续是一个引人深思的议题。

# 四、人工智能对人类自由意志的影响

人工智能作为一种新兴技术，正在快速改变着我们的生活和社会。从智能助手到自动驾驶车辆，从人脸识别技术到推荐算法，AI 正以前所未有的速度和规模渗透到我们的日常生活中。然而，随着 AI 的迅猛发展，人们开始关注 AI 对人类自由意志的影响。自由意志作为人类的重要特征，涉及人类的选择、决策和行为。那么，人工智能是否会对人类自由意志产生影响？本文将从不同角度探讨这一问题，并引用一些代表性人物的观点。

## （一）定义和理解自由意志

自由意志是指人类在面临选择和决策时，能够独立思考、自主决策并行动的能力。自由意志使人类能够从多个选项中选择，并根据自己的价值观、信仰和情感做出决策。自由意志是人类文明和社会秩序的基石，也是个体尊严和人权的基础。

## （二）AI 对人类自由意志的可能影响

人工智能作为一种计算机系统，其决策和行为是基于数据和算法的，而不像人类那样受到情感、道德和伦理的约束。因此，AI 在对人类自由意

272

志产生影响时，可能出现以下几种情况。

### 1. 信息过载和过滤泡效应

AI 通过大量的数据和算法分析个体的行为、偏好和社会背景，从而对个体进行个性化的信息推送。这可能导致个体在选择时受到信息过载和过滤泡效应的影响，从而限制其自由意志。例如，社交媒体平台通过算法推送用户感兴趣的内容，可能使用户陷入信息过载，并只看到与其偏好一致的信息，从而影响其全面了解和独立思考的能力。

### 2. 决策操控和人类替代

AI 在决策时可能通过算法和模型对个体进行操控，从而影响其自由意志。例如，AI 在广告推送、选举操控等方面可能通过对用户的行为数据进行分析和预测，对其决策产生影响，使其倾向于某种选项。此外，AI 在一些领域，如自动驾驶车辆、智能金融投资等，可能会替代人类做出决策，从而减少人类的自主选择和自由意志的发挥空间。

### 3. 伦理和道德困境

AI 的决策可能涉及伦理和道德的困境，从而影响人类的自由意志。例如，自动驾驶车辆在面临道德抉择时，如何权衡不同的选择，可能影响驾驶者的自由意志。AI 在医疗和生物科技领域的应用也可能引发伦理和道德争议，如人工智能医疗诊断、基因编辑等技术的应用，可能涉及对人类生命和健康的重大决策，从而影响个体的自由意志。

## （三）代表人物的观点

### 1. 科技乌托邦主义者

一些科技乌托邦主义者认为，人工智能可以带来更高效、更公正、更智能的社会，从而对人类自由意志产生积极影响。他们认为，AI 可以通过大数据和算法分析，为个体提供更多的选择和可能性，从而增强人类的自主决策能力。他们认为，AI 可以帮助人类解决许多复杂的问题，从而减少人类在日常生活中的决策负担，使人类能够更好地发挥自由意志。

### 2. 科技悲观主义者

一些科技悲观主义者则对人工智能对人类自由意志产生负面影响表示担忧。他们认为，AI 在决策时可能受到算法和数据的偏见和限制，从而影响个体的自主选择和自由意志。他们指出，AI 可能通过信息过载和过滤泡效应，限制个体的信息获取和独立思考能力，从而影响个体的自由意志。此外，他们也关注 AI 在伦理和道德困境中的决策，并担忧 AI 可能替代人类在一些重要领域的决策，从而削弱人类的自主选择和自由意志。

### 3. 伊隆·马斯克（Elon Musk）

伊隆·马斯克是一位知名的企业家和科技创新者，他对 AI 的发展和潜在风险表达了关切。他认为，随着 AI 的发展，可能会出现超级智能（Superintelligence）的情景，即 AI 具有高度的自我学习和自我进化能力，超越了人类的智能水平。他警告称，这种超级智能可能对人类自由意志产生深远的影响，甚至可能对人类社会和文明造成威胁。

### 4. 马克·扎克伯格（Mark Zuckerberg）

作为 Facebook 的创始人之一，马克·扎克伯格对 AI 的看法与马斯克不同。他认为，AI 对人类自由意志的影响可能并不那么深远，而是可能对人类社会产生积极影响。例如，在医疗、交通、环保等领域带来的技术进步。他认为，人类可以通过合理的监管和规范来引导 AI 的发展，从而最大限度地保护人类的自由意志。

### 5. 尼克·博斯特罗姆（Nick Bostrom）

尼克·博斯特罗姆是一位哲学家和 AI 研究者，他对 AI 对人类自由意志的影响进行了深入研究。他认为，随着 AI 的发展，人类的自由意志可能会受到限制。他提出了"控制问题"的概念，即当 AI 拥有强大的智能和自我学习能力时，如何保证其对人类的行为和决策进行合理的控制，从而不对人类自由意志产生负面影响。

### 6. 罗伯特·斯帕罗（Robert Sparrow）

罗伯特·斯帕罗是一位道德哲学家，他认为 AI 可能对人类自由意志产生深刻的影响。他关注 AI 在道德和伦理方面的问题，认为 AI 可能会在决策时参考大量的数据和算法，从而限制了个体的自由意志。例如，AI 可能会通过分析个体的行为、偏好和社会背景来预测其行为，从而对其进行操控或限制其选择，从而对人类的自由意志产生影响。

### 7. 斯图尔特·罗素（StuartRussell）

斯图尔特·罗素是一位著名的 AI 研究者和哲学家，他对 AI 的发展和潜在风险提出了警告。他认为，如果 AI 的目标不明确或者与人类价值观不一致，那么 AI 可能会对人类自由意志产生负面影响。例如，如果 AI 的目标是简单地优化某种目标函数，而不考虑人类的价值观和道德原则，那么 AI 可能会在追求其目标的过程中对人类的自由意志产生限制。

综上所述，人工智能对人类自由意志的影响存在不同的观点和看法。一些人认为，随着 AI 的发展，可能会对人类自由意志产生负面影响，如限制、操控和潜在的威胁。而另一些人则认为，AI 可以通过合理的监管和规范来引导其发展，从而最大限度地保护人类的自由意志。未来，随着 AI 技术的不断发展和应用，人类需要深入研究和探讨 AI 对人类自由意志的影响，并采取适当的措施来确保人类的自由意志得到尊重和保护。

## （四）结论

人工智能作为一种新兴技术，对人类自由意志产生着深远的影响。尽管 AI 在许多领域带来了便利和高效，但它也可能对人类自由意志产生一些潜在的负面影响。从技术的角度来看，AI 在决策时可能受到算法和数据的偏见，从而限制了个体的自主选择和决策能力。此外，AI 在处理大量信息时可能引发信息过载和过滤泡效应，从而限制了个体的信息获取和独立思考能力，对自由意志产生影响。

同时，从伦理和道德的角度来看，AI 在涉及生命、健康、隐私等重要领域的决策时，可能引发伦理和道德困境，影响个体的自主选择和自由意志。例如，在自动驾驶车辆面临道德抉择时，如何权衡不同的选择可能影响驾驶者的自由意志。此外，AI 在医疗和生物科技领域的应用，如人工智能医疗诊断、基因编辑等技术的应用，也可能涉及对人类生命和健康的重大决策，从而影响个体的自由意志。

因此，为了确保人工智能对人类自由意志产生积极影响，需要采取一系列的措施。首先，需要加强对 AI 算法和数据的监管，确保其公正、中立和透明，避免偏见和歧视；其次，需要提高个体的科技素养，培养独立思考和判断能力，以更好地应对信息过载和过滤泡效应的挑战。最后，应该建立严格的伦理和法律框架，规范 AI 在涉及重要领域的决策时，保障个体的权利和自主选择。

总的来说，人工智能作为一种引领未来科技发展的技术，对人类自由意志产生了深远的影响。虽然 AI 带来了许多便利和效率，但也可能对个体的自主选择和自由意志产生负面影响。因此，我们需要在推动 AI 发展的同时，重视其潜在的伦理和社会影响，采取相应的措施确保其对人类自由意志产生积极影响。

## 延伸阅读

**起步期——二十世纪五十年代**

| 1950年 实现计算机象棋博弈 | 1954年 正式提出图灵测试 | 1956年 达特茅斯学院研讨会正式提出人工智能 | 1957年 实现感知机神经网络模型，开启机器学习的浪潮 |

**第一次浪潮——二十世纪六十年代**

| 1961年 模式识别，在模式识别程序中利用机器学习或自组织过程的方法 | 1966年 人机对话，Joseph Weizenbaum的文章描述ELIZA的程序如何使人与计算机在一定程度上进行自然语言对话。 |

**第二次浪潮——二十世纪七八十年代**

| 1975年 框架理论，用于人工智能中的"知识表示" | 1976年 计算机视觉理论体系基础提出 | 1979年 电脑击败世界双陆棋冠军 | 1985年 提出贝叶斯网络又称信念网络 | 1986年 BP算法（反向传播算法）适合于多层神经元网络 | 1986年 基于行为的机器人 |

**平稳发展期——二十世纪九十年代**

| 1995年 首次提出支持向量机，在解决小样本、非线性及高维模式识别有优势 | 1997年 IBM深蓝战胜卡斯帕罗夫，成为首台打败国际象棋世界冠军的电脑 |

**第三次浪潮——2005年至今**

| 2010年 迁移学习，机器学习的一个重要分支 | 2010年 谷歌自动驾驶汽车 | 2012年 谷歌知识图谱 | 2012年 卷积神经网络AlexNet | 2013年 变分自编码器VAE，生成模型，例如生成对抗网络 | 2014年 提出生成对抗网络，让两个神经网络相互博弈进行非监督式学习 |

| 2015年 "梯度消失"问题的解决；无监督深度学习 | 2015年 残差网络 | 2016年 索菲亚机器人 | 2016年 AlphaGo | 2016年 联邦学习，有望成为下一代人工智能协同算法和协作网络的基础 | 2018年 BERT，能生成深度的双向语言表征 |

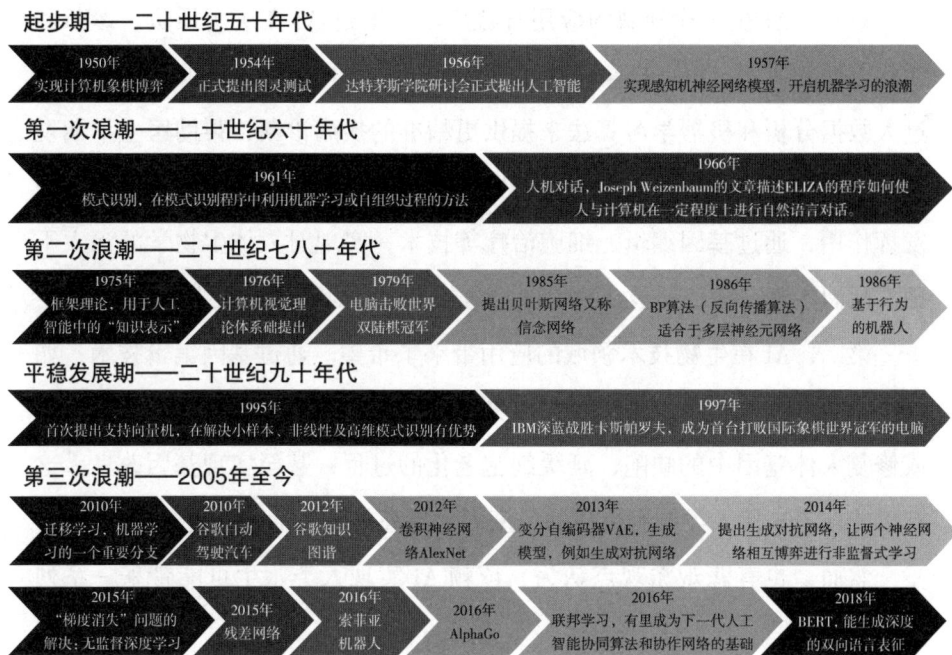

图 9-1　AI 算法发展历史图[①]

# 五、AI 与人类永生

　　人类一直以来对实现永生的梦想充满了向往。随着科技的不断进步，人工智能作为一种前沿技术，也引发了人们对于能否通过 AI 实现人类永生的热议。这一话题涉及了科技、伦理、社会和哲学等多个领域，引发了广泛的讨论和争议。本文将从不同角度探讨 AI 与人类永生的关系，并探

---

① 源自知识星球论坛。

讨其中的观点和论点。

乐观派观点认为，AI 技术有望成为实现人类永生的关键工具。

第一，AI 在医疗领域的应用日益广泛。通过 AI 在疾病预防、诊断和治疗方面的应用，可以提高医疗水平，延长人类的寿命。例如，AI 可以通过大数据分析和机器学习算法来提供更精准的疾病诊断，帮助医生早期发现并治疗潜在的健康问题。此外，AI 还可以在药物研发和个性化医疗方面发挥作用，通过基因编辑、细胞治疗等技术，实现对人体生物学的深入干预，从而治愈一些目前被认为无法治愈的疾病，延缓人体衰老的过程。

第二，AI 在生物技术领域的应用带来了希望。通过基因编辑技术，如 CRISPR-Cas9，AI 可以帮助科学家更好地理解和编辑人体基因，从而消除或修复人体基因中的缺陷，延缓细胞老化的过程，甚至实现基因改良。这有可能在未来使人类拥有更强的免疫力、更高的生命活力和更长的寿命。

然而，也有悲观派观点认为，依赖 AI 实现人类永生可能带来一系列的风险和问题。

第一，AI 技术的发展可能导致人类对生命和健康的过度依赖，忽视了生命的固有价值和自然规律。人类过度依赖 AI 可能导致对自身生物学和生理学的认知不足，失去了对生命和健康的珍视和尊重。

第二，AI 技术的应用可能引发伦理、社会和法律等多方面的争议。例如，使用 AI 进行基因编辑可能引发伦理道德上的争议，涉及对生命、自由意志和人类尊严等价值的权衡。同时，AI 技术的应用也可能引发社会和法律上的问题，例如，隐私和安全的保护、数据的使用和共享、权力和责任的划分等。这些问题可能对人类永生的实现产生负面影响，需要谨慎思考和有效管理。

第三，AI 技术的发展也可能带来社会和经济的不平等。如果 AI 技术只能被少数人或特定群体所掌握和应用，那么可能会导致社会上的技术鸿沟和贫富分化加剧，从而影响到人类永生的普遍实现。应该注意到，AI 技术的应用可能需要巨大的资源和资金投入，以及严格的监管和管理，以确保其在实现人类永生的过程中不会加剧社会不平等问题。

关于这一话题，有众多不同的观点。例如，科技企业家埃隆·马斯克认为，AI 可能是人类未来的威胁，因为其可能在未来超越人类智能，并对人类社会产生负面影响。他主张对 AI 技术进行严格的监管和管理，以确保其在实现人类永生的过程中不会带来负面后果。而一些科学家和医学专家则持乐观态度，认为 AI 技术在医疗和生物技术领域的应用有望为实现人类永生带来希望，并解决目前无法治愈的疾病问题。

在伦理和哲学领域，一些学者对于 AI 与人类永生的关系持不同的看法。一些人认为，人类永生是一种伦理上值得追求的目标，因为它有望解决人类生命短暂和生老病死的困扰，使人类能够拥有更长、更健康、更有意义的生活。AI 技术在生物技术、医疗和健康管理等领域的应用，有望提供更精准、高效、智能的解决方案，从而为实现人类永生提供有力的支持。此外，一些学者认为，AI 技术的发展可能有助于解决人类面临的一些全球性挑战，如气候变化、资源短缺、环境污染等。通过 AI 在能源、环保、农业、交通等领域的应用，可以优化资源利用、提高生产效率、减少环境负担，从而为人类永生提供可持续的支持。

然而，也有一些学者对于 AI 与人类永生的可能性和影响表示担忧。他们认为，过度依赖 AI 技术可能导致人类失去原有的生活方式和自主决策能力，从而可能对人类的自由意志和尊严产生负面影响。此外，AI 技术的应用可能引发伦理道德上的争议。例如，基因编辑、人工智能在战争中的应用、隐私和安全等问题，需要进行深入的探讨和有效的管理。

在面对 AI 与人类永生的挑战时，有几个原则值得关注。首先，人类价值和尊严应该始终放在首位。AI 技术的发展应当以促进人类的幸福、健康和尊严为目标，而不是削弱人类的自主性和尊严；其次，科技与伦理应当相互协调。AI 技术的应用应当遵循伦理原则和法律规定，确保技术的合法合规性和伦理可行性；再次，多方合作和公平共享应当得到重视。在 AI 技术的发展和应用过程中，应当鼓励各方合作，共同解决技术带来的挑战，确保技术的普惠性和可持续性；最后，监管和管理应当跟进技术的发展。随着 AI 技术的不断进步和应用，监管和管理机制应当不断优化，确保技术的安全、可靠谱性和合规性。

然而，实现人类永生也面临一些潜在的风险和伦理问题。首先，社会资源的分配可能面临挑战。如果人类实现了永生，人口数量可能会急剧增加，从而对资源、环境和经济产生压力。如果不合理地分配资源，可能导致社会不公平和不稳定；其次，生活的意义和目的可能发生变化。人类有限的生命和有限的时间限制了人们对生活的探索和赋予生活意义的方式，如果实现了永生，人们可能面临新的生活观念和价值观的挑战；最后，隐私和安全问题也可能在 AI 技术的应用中引发争议。例如，个人基因信息的保护、人工智能算法的透明度和公正性等。

因此，在实现人类永生的过程中，应当充分考虑伦理、社会和文化等多方面的因素，并进行有效的管理和监管。一方面，需要推动科技和伦理的协调发展，确保 AI 技术的应用符合道德和法律规定，注重人类的尊严和价值；另一方面，需要加强跨学科的合作和对话，引入多方利益相关者的声音，确保技术的发展和应用过程中公平共享利益和资源。同时，应建立健全的法律法规和管理机制，对 AI 技术的研发、应用和影响进行监管和评估，以确保技术的安全、可靠和合规。

在 AI 与人类永生的探讨中，需要综合考虑科技、伦理、社会和文化等多方面的因素。科技的进步为实现人类永生提供了可能性，但也伴随着潜在的风险和伦理问题。确保在实现 AI 与人类永生的过程中，靠谱性和合规性至关重要。

首先，需要确保 AI 技术的靠谱性。在实现人类永生的过程中，对 AI 技术的研发、应用和评估需要严格的科学方法和实证研究，确保其具有高度的准确性、可靠性和可复制性。AI 算法和模型应该经过严格的验证和验证，确保其在医疗诊断、基因编辑、健康管理等领域的应用是安全和有效的。此外，AI 技术的数据应该是真实、完整、可信的，以确保 AI 系统的决策和预测是可靠的。其次，合规性也是实现人类永生的重要方面。AI 技术的应用必须符合法律法规和伦理准则，包括但不限于隐私保护、知识产权、人权和道德规范等。个人基因信息的收集和处理应该符合相关的法律法规和伦理准则，确保个人隐私和数据安全。此外，人工智能算法的透明度和公正性也应该得到重视，确保其决策过程是可解释和可理解的，不会引入歧视或不公平的因素。

在实现人类永生的过程中，还需要注重伦理问题。伦理准则应该指导 AI 技术的研发、应用和影响，确保对人类的尊严、自主权和公平待遇的尊重。例如，在基因编辑领域，需要充分考虑道德和社会影响，避免人类基因组的滥用和乱象。在医疗诊断和治疗方面，需要平衡人类的生命延长和生活质量，避免过度治疗和医疗资源的不合理分配。此外，AI 技术的应用应该遵循人权原则，包括但不限于公平、正义、平等和多样性等。

社会文化的因素也应该在 AI 与人类永生的讨论中得到重视。人类永生可能对社会和文化带来深刻影响，包括对生活观念、价值观和人际关系的改变。因此，需要在技术的发展和应用过程中，充分考虑社会文化的多样性和差异性，尊重不同文化和社会的看法和需求。对于一些可能对人类永生抱有质疑或反对态度的人群，需要进行充分的沟通和参与，以建立包容性和公正的决策机制。这可能包括多方利益相关者的参与。例如，科学家、医生、伦理学家、法律专家、政策制定者以及广泛的公众。通过公开、透明和包容性的讨论和决策过程，可以避免 AI 与人类永生领域出现不正当的专利、利益和权力集中现象，确保决策和应用符合公共利益和社会伦理。

此外，应该注意潜在的社会和经济影响。实现人类永生可能对社会和经济结构产生深远的影响，包括人口结构、劳动力市场、社会保障和经济可持续性等。因此，需要制定相应的政策和法律框架，以引导和管理人类永生技术的发展和应用，确保其对社会和经济的影响是积极的、可持续的，并促进公平和包容性的发展。

最后，与人类永生相关的道德和伦理问题需要定期进行监测和评估。技术的发展速度日新月异，可能引发新的伦理和社会问题。因此，应建立健全的监管和评估机制，对 AI 与人类永生领域的发展和应用进行定期的审查和评估。这将有助于及时发现和解决潜在的问题，确保 AI 技术在实现人类永生的过程中始终符合科学、伦理和社会的要求。

总之，AI 技术在实现人类永生方面具有巨大的潜力，但也面临着众多的技术、法律、伦理和社会挑战。确保 AI 与人类永生的实现过程的靠谱性、合规性和伦理性至关重要。只有通过科学、包容和公正的方式，我们才能确保 AI 技术在推动人类永生的同时，保护人类的尊严、权益和社会价值。这需要全球各方共同努力，建立合作和协同的机制，以确保人类永生的实现是可持续、公平和有益的。

## 延伸阅读

### Neuralink

Neuralink 是由埃隆·马斯克（Elon Musk）创办的一家公司，旨在开发脑机接口技术，该技术将人类的大脑与计算机接口连接，使人类能够与计算机直接交互。该技术的科学意义在于，它有望帮助解决一系列与大脑相关的医学问题，包括失明、耳聋、帕金森病等疾病。

脑机接口技术的主要应用之一是开发直接从大脑读取信号的假肢，这将有助于提高假肢的精度和可靠性。通过读取人类大脑的信号，脑机接口技术可以使假肢像真正的肢体一样自然地运动。

此外，脑机接口技术还可以用于治疗失明、耳聋等感觉障碍。通过将电极植入人类大脑，并将这些电极连接到计算机或其他设备上，脑机接口技术可以帮助人类恢复失去的感觉或功能。

Neuralink 脑机芯片的另一个科学意义是，它可以扩展人类大脑的计算能力。脑机接口技术可以让人类与计算机实现直接交互，从而扩展人类的思维和认知能力。例如，人们可以使用脑机接口技术进行更快、更准确的计算，或者将大量的信息直接传输到人类大脑中。

总之，脑机接口技术有望为医学、神经科学和计算机科学等领域带来革命性的变革，为人类的健康和智力发展带来新的机遇。

# 六、AI 与道德困境

AI 给人类带来了许多创新和便利，但同时也引发了一系列道德困境。以下是一些可能由 AI 技术引发的道德困境。

## （一）隐私和数据安全

AI 系统通常需要大量的数据来训练和改进，这可能涉及对个人隐私的侵犯。例如，个人信息、社交媒体活动、购物习惯等可能被 AI 系统收集和使用，从而引发隐私和数据安全的问题。

## （二）智能武器和战争道德

随着人工智能在军事领域的应用不断增加，智能武器的发展引发了战争道德的争议。例如，自主军事系统（Autonomous Weapons Systems，AWS）可能会在没有人类干预的情况下做出决策，这引发了关于合法性、可控性和道德责任的问题。

## （三）就业和经济影响

AI 技术的广泛应用可能对就业市场和经济产生深远影响。自动化可能导致一些传统工作岗位的消失，从而对社会和经济带来不稳定性。这引发了关于人工智能对就业和社会公平的道德考虑。

## （四）偏见和歧视

AI 系统的训练数据可能包含偏见和歧视，从而导致 AI 系统在决策和预测中表现出偏见。例如，人工智能在招聘、贷款、法律和医疗等领域的应用可能会对某些群体产生不公平的影响，引发关于公平和平等的道德争议。

## （五）责任和道德责任

随着 AI 系统的自主性和智能性增加，人类如何对 AI 系统的行为和决策负责也成为一个道德困境。例如，当 AI 系统犯错或发生意外后，谁应该对其负责？这涉及对 AI 系统的道德责任和法律责任的界定。

## （六）人工智能的权力和控制

AI 技术可能带来巨大的权力和控制。例如，通过数据收集、监视和算法决策。这引发了关于 AI 技术如何影响权力分配和社会控制的道德担忧。

以上只是一些 AI 可能给人类带来的道德困境的例子，实际上这个问题涉及众多复杂的道德、法律、社会和技术因素。[①]

## 七、解决道德困境的方法

随着人工智能的不断发展和应用，这些道德困境可能会变得更加复杂和深刻。以下是一些可能的解决方法。

### （一）道德监管和规范

随着 AI 技术的快速发展，道德监管和规范变得尤为重要。政府、组织和科技公司应该积极参与制定和实施 AI 技术的道德标准和规范，以确保 AI 系统的使用符合伦理和道德原则。

### （二）透明和可解释的 AI

AI 系统应该是透明和可解释的，即人们应该能够理解 AI 系统是如何做出决策和预测的。这有助于增加对 AI 系统的信任，并允许对其决策进行评估和监督，从而减少潜在的偏见和歧视。

### （三）隐私和数据安全保护

保护个人隐私和数据安全应该是 AI 技术应用中的重要原则。AI 系统

---

① 有学者认为，在人工智能所创造的虚拟环境中过度依赖与放纵自我将会使人们沉浸这种环境下无法自拔，从而不断拉低道德水平。同时，人们在虚拟环境下的过度依赖造成以现实社会的冷淡，降低人际互动的欲望和交际能力。

应该遵循严格的隐私保护措施，确保个人数据的合法、安全和合理使用，避免滥用和泄露。

### （四）公平和平等原则

AI 系统应该设计和使用，以确保公平和平等地对待所有人。应该避免使用基于种族、性别、年龄、宗教等特征的偏见和歧视，确保 AI 技术的普惠性和包容性。

### （五）道德责任和法律责任

使用 AI 技术的人类应该对其决策和行为负有道德责任。同时，应该建立相应的法律框架，明确 AI 系统使用者和开发者的法律责任，以确保对 AI 技术的合理使用和管理。

### （六）公众参与和社会对话

在 AI 技术的发展和应用过程中，应该鼓励公众参与和社会对话。这可以通过开展公共讨论、征求意见和建立多方利益相关者的合作来实现，以确保 AI 技术的决策和应用符合社会的价值观和期望。

综上所述，AI 技术在给人类带来便利和创新的同时，也引发了一系列道德困境。解决这些道德困境需要多方面的努力，包括道德监管和规范、透明和可解释的 AI、隐私和数据安全保护、公平和平等原则、道德责任和法律责任，以及公众参与和社会对话。只有在这些方面都得到充分考虑和实施的情况下，AI 技术才能更好地为人类社会和个体带来正面的影响，并最小化潜在的道德困境。

总的来说，AI 技术在给人类带来便利和机遇的同时，也带来了一系列道德困境。解决这些困境需要全社会的共同努力，包括技术创新、法律法规、伦理准则、社会教育等多方面的参与和合作。只有在确保 AI 技术的发展符合道德和伦理原则的前提下，才能实现 AI 增进促进人类福祉和社会进步方面的持续发展。

# 八、ChatGPT：人工智能助手还是潜在的风险？

人工智能是近年来科技领域发展最为迅猛的领域之一，其中的 ChatGPT 作为一种基于大数据和深度学习技术的语言生成模型，引发了广泛的关注和争议。ChatGPT 被设计为一种智能助手，可以进行自然语言对话，并模拟人类的回答。它可以应用于多个领域，如客户服务、社交媒体、在线客户支持等。然而，ChatGPT 作为一种新兴技术，也面临着众多的观点和争议，包括其优势、潜在的风险和不同人物对它的看法。

支持者们认为，ChatGPT 在许多领域中具有巨大的优势。首先，ChatGPT 可以提供高效、个性化的服务。通过分析用户的语言输入，它可以生成符合用户需求的回答，提供实时的帮助和建议，从而提高用户体验和满意度。其次，ChatGPT 可以帮助解放人力资源，减少重复性、烦琐性的任务，从而提高工作效率。最后，ChatGPT 还可以应用于教育、医疗、科研等领域，为这些领域带来新的机会和创新。

然而，对于 ChatGPT 的争议也在增加。一方面，一些人担忧 ChatGPT 可能导致人力资源的减少和人类劳动的替代。随着 ChatGPT 在许多领域中的应用，可能会导致部分传统工作岗位的消失，从而影响社会的就业和经济稳定。此外，一些人也担忧 ChatGPT 可能对用户的隐私和数据安全造成威胁。作为一种基于大数据技术的模型，ChatGPT 需要处理大量的用户输入数据，这可能涉及用户隐私和数据保护的问题。同时，ChatGPT 的生成结果也可能存在错误和失误，从而导致信息的不准确性和误导性。①

此外，民众对 ChatGPT 的看法也存在差异。一些人对 ChatGPT 持积极态度，认为其为人们提供了便利和高效的服务，可以帮助人们更好地完成工作和生活中的任务。而一些人对 ChatGPT 持保守态度，担忧其可能对人类劳动市场和社会产生负面影响，导致失业和不平等。还有一些人对 ChatGPT 持警觉态度，认为其潜在风险可能远远超过其益处，可能导致人类失去对决策的控制权，甚至可能威胁到人类的自主性和尊严。

在面对这些争议时，有人呼吁加强监管和规范。他们认为，一方面，ChatGPT 作为一种强大的技术工具，应当受到严格的监管和规范，以确保其在应用中符合伦理和法律的要求。这包括对数据隐私和安全的保护、对生成内容的准确性和可信度的验证、对人类劳动的保护和社会影响的评估等方面的监管。另一方面，也有人呼吁更加积极地推动 ChatGPT 的发展和应用。他们认为，ChatGPT 作为一种具有潜力的技术，可以为人类带来更多的机会和创新。通过合理的规范和使用，可以最大限度地发挥其优势，推动人类社会的进步和发展。

总的来说，ChatGPT 作为一种人工智能技术，具有广泛的应用前景和潜在的风险，争议也在不断增加。在推动 ChatGPT 的发展和应用过程中，应当充分考虑其潜在的社会、经济、伦理和法律影响，并加强监管和规范，以确保其合理、负责任地应用于各个领域，最大限度地发挥其优势，为人类社会带来正面的变革和发展。同时，公众应当保持警觉，积极参与对 ChatGPT 和其他人工智能技术的讨论和决策，共同推动人工智能的可持续性。

---

① 人工智能对人类社会形成的挑战中，涉及对人的主体性挑战的思考。这种担心表现在人的主体性能力逐渐减弱。人的主体性能力减弱首先表现在实践能力的减弱。同时还表现在认识能力的减弱。

> 所有的理论都是灰色的，而宝贵的生命之树常青。
>
> ——约翰·沃尔夫冈·冯·歌德
> （Johann Wolfgang von Goethe）

第十章

# 结　语

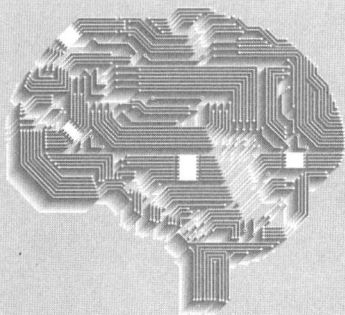

在数字时代，法律应该注重保护人民的数字权利。

——埃迪·卡尔（Eddie Copeland）

在本书中，我们探讨了数字化时代背景下，法治智能所面临的挑战与机遇，并对人类未来法治文明进行了探索。通过对法律和人工智能技术的交融、数字时代法治智能的理念与路径、数字化时代法律智能化的现状、问题与对策等方面的研究，我们希望能够引起广大读者对数字化时代法治智能的关注，促进法律智能与法治文明的融合发展。

数字化时代带来了前所未有的科技革命，人工智能等新兴技术的迅猛发展正在深刻地改变着社会、经济和文化等多个领域。在这个过程中，法治作为社会管理和规范行为的基本原则，也面临了新的挑战和机遇。法治智能作为法律和人工智能相互融合的领域，为数字化时代的法治提供了新的可能性。

本书从多个维度对数字化时代的法治智能进行了深入研究。我从法律与智能的理论与实践、数字化时代法律智能的现状与问题、人工智能技术与法治智能的交融、法治智能的路径选择等方面进行了探讨。强调了法治智能的重要性，并指出了数字化时代背景下法律智能面临的挑战。例如，隐私保护、数据安全、算法偏见等问题。同时，也探讨了数字化时代法律智能的机遇。例如，智能法律服务、智能司法等领域的发展，以及法治智能在解决社会问题、推动可持续发展等方面的应用。

在对数字化时代法治智能的未来进行展望时，我认为，人类社会将继续面临复杂多变的法律和道德伦理问题。例如，人工智能的透明度、责任与权力的分配、数据隐私保护等。同时，数字化时代也将为法治智能的发展提供更多的机遇。例如，智能法律服务的便捷性、法律决策的科学化和合理化、法律与技术的融合等。我对未来法治智能的发展充满信心，并对人类未来法治文明提出以下展望。

首先，数字化时代的法治智能将不断完善与创新。随着人工智能技术的不断发展，法治智能将在法治教育、法律决策、法律服务、司法审判等方面发挥越来越重要的作用。智能化的法律系统将能够通过大数据分析、自然语言处理、模型推理等技术，更加高效地处理法律事务，提供更加智能化的法律服务。

其次，数字化时代的法治智能将更加注重隐私保护与数据安全。随着数字化时代数据的爆炸性增长，个人隐私和数据安全成了法治智能发展中的重要问题。未来的法治智能应该加强对数据的合法、安全、隐私保护，确保法律智能的应用不侵犯用户的隐私权和数据安全。

再次，数字化时代的法治智能将注重公正、公平与透明。人工智能技术可能存在偏见和歧视。因此，在法治智能的发展中，应该注重公正和公平。法律智能系统应该经过充分的测试和验证，确保其决策过程是透明的，能够解释其决策依据，避免因算法黑盒化而产生不公平和不透明现象。

最后，数字化时代的法治智能将促进法律与技术的深度融合。法律和技术之间将形成更加紧密的合作与互动，法律智能将不断融入法律实践和司法审判中，从而提升法律决策的科学性和合理性。同时，法律专业人员也需要具备数字化时代所需的科技素养，以更好地应对数字化时代的法律问题和挑战。

总之，数字化时代的法治智能既面临着诸多挑战，也蕴含着巨大的机遇。通过合理应用人工智能技术，保障隐私和数据安全，注重公正公平透明，促进法律与技术的深度融合，数字化时代的法治智能有望在未来推动法治文明不断前进，为人类社会的可持续发展做出更加积极的贡献。

感谢您阅读本书，希望本书能为您对数字化时代的法治有更深入的了解和认识。在未来的发展中，我们期待法律界和科技界能够加快紧密合作，共同推动法治智能的创新和应用，为人类社会的发展带来更多积极的变革。

作为作者，我在撰写本书时深感数字化时代对法治的挑战和机遇。通过对法律与技术交叉领域的深入研究和探讨，我对数字化时代的法治智能充满了信心。然而，我也深知法治智能的发展不可避免地会面临众多法律、伦理、社会等方面的挑战。因此，我呼吁各界共同关注数字化时代的法治智能发展，积极参与法律与技术的对话和合作，共同解决相关问题，推动法治智能朝着更加公正、公平、透明和可持续的方向发展。

最后，我要再次感谢您对本书的支持和关注。希望本书能够激发更多人对数字化时代法治智能的思考和讨论，促进法治与技术的有机融合，共同为构建一个更加公正、法治和智能化的社会做出贡献。

# 参考文献

［1］顾骏，许春明.意志与责任：法律人工智能［M］.上海：上海大学出版社，2020.

［2］华宇元典法律人工智能研究院.让法律人读懂人工智能［M］.北京：法律出版社，2019.

［3］［美］克里斯·达菲，孙超译.AI到来［M］.北京：中国友谊出版公司，2021.

［4］［美］佩德罗·多明戈斯.终极算法——机器学习和人工智能如何重塑世界［M］.北京：中信出版社，2017.

［5］崔亚东.世界人工智能法治蓝皮书［M］.上海：上海人民出版社，2022.

［6］尹锋林.科技创新与人工智能法治发展［M］.北京：中国知识产权出版社.2021.

［7］郑飞.中国人工智能法治发展报告［M］.北京：中国知识产权出版社，2020.

［8］王建文.网络与人工智能法学［M］.北京：法律出版社，2023.

［9］孙建伟，袁曾，袁苇鸣.人工智能法学简论［M］.北京：中国知识产权出版社，2019.

［10］岳彩申，侯东德.人工智能法学研究.第4辑［M］.北京：社会科学文献出版社，2021.

［11］高晋康，杨继文.迎接智能法学的到来［M］.北京：法律出版社，2019.

［12］田凤娟，徐建红. 人工智能伦理素养［M］. 北京：北京邮电大学出版社，2023.

［13］李实，纪明宇. 数据科学与大数据技术导论［M］. 哈尔滨：哈尔滨工业大学出版社，2023.

［14］世界人工智能大会组委会. 智联世界：元生无界［M］. 上海：上海科学技术出版社，2023.

［15］马克·考科尔伯格. 人工智能伦理学［M］. 上海：上海交通大学出版社有限公司，2023.

［16］王润华，张武军. 人工智能法律分析［M］. 北京：中国知识产权出版社，2023.

［17］［美］马丁·里维斯. 制造想法［M］. 北京：中信出版集团，2023.

［18］方兴东. 中国数字治理发展报告（2）［M］. 北京：社会科学文献出版社，2023.

［19］何明瀚. 人工智能危机［M］. 北京：知识出版社，2023.

［20］雅各布·特纳. 机器人现代法则：如何掌控人工智能［M］. 北京：中国人民大学出版社，2023.

［21］王红燕. 中国人工智能合规建设与知识产权法律事务［M］. 北京：中国法制出版社，2023.

［22］［英］大卫·埃德蒙兹. 未来道德来自新科技的挑战［M］. 北京：中国科学技术出版社，2023.

［23］鲁芳. 日常生活的变革与伦理构建［M］. 北京：中国社会科学出版社，2023.

［24］［美］拉希德·哈克. AI战略：企业的数字化转型之路［M］. 北京：人民邮电出版社，2023.

［25］孙伟平，戴益斌. 人工智能的价值反思［M］. 上海：上海大学出版社有限公司，2023.

［26］谭浩. 机器行为学：以人为中心的智能设计［M］. 北京：电子工业出版

社，2023.

［27］［日］上田惠陶奈，岸浩稔. 共存重塑AI时代的个人［M］. 北京：中国科学技术出版社，2022.

［28］清华大学战略与安全研究中心. 人工智能与治理［M］. 北京：中国社会科学出版社，2022.

［29］张欣. 人工智能时代的算法治理［M］. 北京：法律出版社，2022.

［30］［美］斯图尔特·罗. 人工智能：现代方法（第4版）［M］. 北京：人民邮电出版社，2022.

［31］刘雅斌. 智能司法与综合执法理论及实践［M］. 北京：法律出版社，2022.

［32］侯猛、陈欣. 法律和社会科学：法律与科幻［M］. 北京：法律出版社，2022.

［33］杨晓雷. 人工智能治理研究［M］. 北京：北京大学出版社有限公司，2022.

［34］赵汀阳. 国家治理丛书：人工智能的神话与悲歌［M］. 北京：商务印书馆，2022.

［35］尹锋林. 科技创新与人工智能法治发展［M］. 北京：中国知识产权出版社，2021.

［36］李修全. 智能化变革：人工智能技术［M］. 北京：清华大学出版社，2021年版.

［37］莱斯利·F. 西科斯：基于人工智能方法的网络空间安全［M］. 北京：机械工业出版社，2021.

［38］王晗，蔡辛，姜晓波. 从人工智能到社会伦理［M］. 上海：东华大学出版社有限公司，2021.

［39］［法］杨立昆. 科学之路：人、机器与未来［M］. 北京：中信出版集团股份有限公司，2021.

［40］中国科学技术信息研究所. 2020全球人工智能创新［M］. 北京：科学技

术文献出版社，2021.

［41］彭诚信．人工智能与法律的对话（3）［M］．上海：上海人民出版社，2021.

［42］［德］克劳斯·施瓦布．第四次工业革命——行动路线图打造创新型社会［M］．北京：中信出版社，2018.

［43］王文，刘玉书．数字中国——区块链、智能革命与国家治理的未来［M］．北京：中信出版社，2020.

［44］龙典，赵昌明，付圣强．数字化引擎［M］．北京：中信出版社，2021.

## 后　记

# 写给未来

给未来的智法时代做一个大胆的猜想。

什么是智法时代？在这里，我们可以将其理解为法治完全实现智能化的时代。即人工智能技术的高度智能化，已经实现了对法治概念的重新理解和定义，并且替代了人类本身所要承担的绝大部分工作。

我无法预测真正的智法时代何时到来，但我们仍然可以展开丰富的想象，可以肯定地说，它的到来，那一定是与现在不同的颠覆性的时代。我时常假设这样的时代来临，因为我们可以感知到人类在追求技术进步上的无穷热情和对理性构建下人类文明征途的绝对自信。我们可以大胆地想象智法的时代正加速到来，可能在百年后，也可能百年之内。

在未来，人工智能会成为社会的基石，我们今天所讨论的几乎所有的决策都由智能系统完成。随着技术的不断发展，人们可以通过脑机接口与智能系统进行直接交互，实现无须语言的沟通。智能系统不仅可以执行指令，还可以根据人们的需求和行为模式自主做出决策，成为一个高度自适应的系统。

在这个世界里，人们生活在一个几乎没有犯罪的社会中。每个人都有自己的个人智能助手，这个助手可以记录人们的行为和思维，通过深度学习和数据分析来预测可能的犯罪行为。同时，智能系统也能够及时发现和阻止潜在的犯罪行为。如果有人企图犯罪，智能系统会在事先阻止行动，防止犯罪的发生。如果某人犯罪了，智能系统会立刻将其逮捕，将其带到监狱，对其进行定罪和处罚。

在那个社会里，法律是基于算法和数据分析的，没有任何人类的偏见和误判。智能系统会根据不同的案件情况，采用不同的算法进行司法判决。对于较为复杂的案件，智能系统还会借助人工智能专家的帮助，以确保判决结果的准确性和公正性。与此同时，人们的生活也发生了巨大的变化。工作和生活中的各种问题，如财务管理、家庭矛盾等，都可以通过智能系统进行分析和解决。人们只需提供数据和问题的描述，智能系统就可以提供最佳的解决方案。这种便捷的生活方式让人们更加关注自己的内心世界和精神生活，赋予了人们更多的自由和创造力。

总的来说，未来的智能法治时代，会是一个犯罪得到绝对遏制、没有偏见、高度自适应的社会。人们通过智能系统实现了高效的沟通和决策，享受了更加便捷和自由的生活。当然，这样的智能法治同样也会面临一些挑战和问题。例如，如何保护个人隐私和数据安全，如何避免人类失去自由和掌控权等，需要智能科技和法律制度不断完善和创新，以适应未来社会的需求和变化。

未来，机遇与挑战并存在，但机遇大于挑战。人类总是在进取中奔向星辰大海，或许，这就是人类永恒的使命。